化学课程标准与教材分析

主 编 周 青 薛 亮 严文法
副主编 白 浩 濮 江 闫生忠 岳辉吉

科学出版社
北 京

内 容 简 介

本书对促进化学教师专业能力发展的课程知识结构的形成与优化具有重要意义。全书共六章，第一章介绍课程的基础理论，包括课程的结构、分类以及课程开发等，旨在加深化学教育者对课程的理解；第二章介绍化学学科与化学课程，重点介绍中学化学课程的特点、结构和课程开发；第三章介绍中学化学课程标准，包括初中、高中和其他国家中学化学课程标准；第四章以案例为载体，介绍中学化学教材的分析与使用方法；第五章介绍世界优秀高中化学教材，包括美国、欧洲四国、亚洲三国和澳大利亚高中化学教材；第六章介绍课程资源开发的特点、原则和相关案例，并结合现代信息技术，介绍慕课、微课等信息化课程资源开发及相应的化学工具和新技术。

本书可作为高等学校化学课程与教学论、学科化学等相关专业的高年级本科生及研究生的教材，也可作为中学一线化学教师和相关研究人员的参考书。

图书在版编目（CIP）数据

化学课程标准与教材分析/周青，薛亮，严文法主编. —北京：科学出版社，2018.1

ISBN 978-7-03-056522-8

Ⅰ. ①化… Ⅱ. ①周… ②薛… ③严… Ⅲ. ①中学化学课-教学研究 Ⅳ. ①G633.82

中国版本图书馆 CIP 数据核字（2018）第 021799 号

责任编辑：丁　里 / 责任校对：何艳萍
责任印制：张　伟 / 封面设计：迷底书装

科学出版社 出版
北京东黄城根北街 16 号
邮政编码：100717
http://www.sciencep.com

涿州市般润文化传播有限公司 印刷
科学出版社发行　各地新华书店经销

*

2018 年 1 月第　一　版　开本：787×1092　1/16
2023 年 11 月第五次印刷　印张：14 1/4
字数：374 000

定价：59.00 元
（如有印装质量问题，我社负责调换）

《化学课程标准与教材分析》
编写委员会

主　编　周　青　薛　亮　严文法
副主编　白　浩　濮　江　闫生忠　岳辉吉
编　委（按姓名汉语拼音排序）
　　　　白　浩　陈　花　陈　伟　郭承育
　　　　韩银凤　梁　谦　刘玉荣　马雷蕾
　　　　倪俊超　濮　江　史红霞　苏毅严
　　　　索　南　魏壮伟　徐盼盼　薛　亮
　　　　闫生忠　严文法　姚林娜　袁金芳
　　　　岳辉吉　赵维元　周　青

前 言

随着教师专业化发展在世界范围内各国教育体系中得到越来越多的重视，教师专业发展能力结构和知识基础及培养途径也越来越多地受到教师教育研究与培养者的关注。教师专业发展知识类型与结构的研究对于职前与职后教师培养课程设置至关重要。培养质量是教育质量保证的重要方面。斯坦福大学的舒尔曼教授指出，在传统教师知识结构中只注重专业知识和教法知识，忽略了教师作为一门专业，应该具有一种有别于其他专业的自身独特的知识，即学科教学知识(pedagogical content knowledge，简称PCK)。舒尔曼教授提出了一种新的教师知识形式，这一概念的提出，为教师教育研究提供了一个新的研究视角，自提出起就引起了美国乃至全世界教育学界的关注。学科教学知识已得到广大教师教育研究者和培训者的认同。目前，学科教学知识维度已扩展到7个：内容知识、教育学知识、课程知识、学科教学知识、学生知识、教育环境知识和教育结果知识。针对教师专业发展知识结构来设计师范院校本科生的课程设置，可以为职前教师专业发展奠定扎实的基础。化学课程标准与教材分析内容是化学教师学科教学知识的重要组成部分，是课程知识的主要内容。化学职前教师在建构扎实的化学学科知识基础上学习课程知识、教学知识、评价知识与学生知识，不仅可以在感性上认识化学教育，还可以为进入化学教学工作打下坚固的知识基础。

本书从化学学科、化学课程、化学课程设计、化学课程标准、化学教材的概念入手，通过案例呈现化学课程设计、化学课程内容选取、课程资源开发等方面，同时注重介绍我国和世界各国的化学课程标准与教材，让学生从多角度、多维度认识、建构化学课程知识，帮助学生建构化学教学专业知识结构。

科技飞速发展的今天，现代教育技术的广泛应用成为教育现代化的一个重要标志。在教学领域里，知识传播已不再是过去那种简单的从声音到耳朵的单一形式的传递，而是图、文、声、像并茂的复合传递形式。如果我们依然守着旧的教学方法，将会落后于知识经济的时代。因此，信息技术作为现代科学技术的基础与核心，必然要进入教学领域，并对当代社会产生深远的影响。本书将教育技术与化学课程进行融合，集中介绍了慕课和微课等数字化课程资源的开发和相关案例，为解决教育资源短缺和实现教育公平提供了思路。此外，本书还介绍了新技术、软件和教育工具，为化学课程的多样化、新颖化和便捷化提供了方法。本书重点介绍了我国和世界各国化学课程标准和教材，可以使化学教育者站在国际视野下反思我国化学教育的优点和不足，提升我国化学教育水平，更好地进行化学教学。希望本书的出版能对师范生和一线中学化学教师及其他化学教育工作者起到指导作用！

在本书编写过程中引用了大量同行的研究成果，在此向他们表示衷心的感谢！本书的出版得到了陕西师范大学化学化工学院的大力支持，在此表示诚挚的感谢！

由于我们水平有限，书中不足和疏漏之处在所难免，恳请各位同行专家和读者批评指正。

周 青

2017年11月

目 录

前言

第一章 课程的基础理论 ··· 1
第一节 课程概述 ··· 1
一、课程的起源 ·· 1
二、课程的定义和本质 ·· 3
三、课程的属性 ·· 6
四、课程的基础 ·· 7
五、课程理论及主要流派 ·· 12
第二节 课程的结构 ·· 18
一、课程目标 ·· 18
二、课程内容 ·· 19
三、课程实施 ·· 21
四、课程评价 ·· 22
第三节 课程的分类 ·· 23
一、学科课程与经验课程 ·· 23
二、分科课程与综合课程 ·· 24
三、必修课程与选修课程 ·· 25
四、直线式课程与螺旋式课程 ································· 25
五、显性课程与隐性课程 ·· 26
六、国家课程、地方课程和校本课程 ······················· 27
第四节 课程开发 ··· 28
一、课程开发的价值取向 ·· 29
二、课程开发的基本模式 ·· 31
三、课程开发的基本维度 ·· 34
四、课程开发的层次 ·· 35
五、课程开发的原则 ·· 36
六、课程开发的内容 ·· 39
思考与练习 ··· 41

第二章 化学学科与化学课程 ··· 42
第一节 化学学科 ··· 42
一、化学学科概述 ··· 42
二、化学学科特点 ··· 43
第二节 中学化学课程及其特点 ···································· 47
一、中学化学课程的内涵 ·· 47

二、中学化学课程的发展与改革 ………………………………………………… 48
　　三、中学化学课程的特点 …………………………………………………………… 50
第三节　中学化学课程的结构 …………………………………………………………… 51
　　一、中学化学课程目标 ……………………………………………………………… 51
　　二、中学化学课程内容 ……………………………………………………………… 52
　　三、中学化学课程教学 ……………………………………………………………… 55
　　四、中学化学课程评价 ……………………………………………………………… 57
第四节　中学化学校本课程开发 ………………………………………………………… 66
　　一、校本课程与校本课程开发 ……………………………………………………… 66
　　二、中学化学校本课程开发的原则 ………………………………………………… 68
　　三、中学化学校本课程开发的基本程序 …………………………………………… 69
　　四、校本课程案例：废旧电池的处理 ……………………………………………… 69
思考与练习 …………………………………………………………………………………… 71

第三章　中学化学课程标准

第一节　中学化学课程标准 ……………………………………………………………… 72
　　一、课程标准概述 …………………………………………………………………… 72
　　二、化学课程标准概述 ……………………………………………………………… 73
　　三、化学课程标准的历史沿革 ……………………………………………………… 75
第二节　义务教育化学课程标准 ………………………………………………………… 76
　　一、义务教育化学课程标准的编写背景 …………………………………………… 76
　　二、义务教育化学课程标准解读 …………………………………………………… 77
　　三、2011年版与实验稿的对比分析 ………………………………………………… 84
第三节　普通高中化学课程标准 ………………………………………………………… 85
　　一、普通高中化学课程标准的编写背景 …………………………………………… 85
　　二、普通高中化学课程标准解读 …………………………………………………… 86
　　三、普通高中化学课程标准的特点 ………………………………………………… 99
第四节　国际中学化学课程标准 ………………………………………………………… 104
　　一、美国科学课程标准 ……………………………………………………………… 104
　　二、英国高中化学课程标准 ………………………………………………………… 107
　　三、澳大利亚高中化学课程标准 …………………………………………………… 110
　　四、日本高中化学课程标准 ………………………………………………………… 113
思考与练习 …………………………………………………………………………………… 115

第四章　化学教材

第一节　教材 ……………………………………………………………………………… 116
　　一、教材的概念 ……………………………………………………………………… 116
　　二、教材的结构 ……………………………………………………………………… 117
　　三、教材的特征 ……………………………………………………………………… 120
　　四、教材的功能 ……………………………………………………………………… 120
　　五、教材的编写 ……………………………………………………………………… 121
第二节　中学化学教材 …………………………………………………………………… 125

一、化学教材概念的界定 ··· 125
　　　二、化学教材的结构 ··· 125
　　　三、化学教材的特征 ··· 128
　　　四、化学教材的功能 ··· 129
　　　五、化学教材的编写 ··· 130
　　第三节　我国现阶段初中化学教材分析——以"人教版"为例 ···························· 132
　　　一、初中人教版化学教材内容的选择 ··· 132
　　　二、初中人教版化学教材内容编排与呈现的形式及特点 ························· 134
　　　三、初中人教版化学教材实验的设计 ··· 135
　　　四、初中人教版化学教材的使用建议 ··· 137
　　第四节　我国现阶段高中化学教材分析——以"人教版"为例 ···························· 138
　　　一、高中人教版化学教材内容的选择 ··· 138
　　　二、高中人教版化学教材内容编排与呈现的形式及特点 ························· 140
　　　三、高中人教版化学教材实验的设计 ··· 141
　　　四、高中人教版化学教材的使用建议 ··· 144
　　思考与练习 ··· 146

第五章　世界优秀高中化学教材简介 ·· 147
　　第一节　美国高中化学教材简介 ··· 147
　　　一、现行学制及化学课程开设情况介绍 ·· 147
　　　二、高中化学教材简介 ·· 147
　　　三、高中化学教材的基本结构 ··· 147
　　　四、高中化学教材特点分析 ·· 148
　　第二节　欧洲四国高中化学教材简介 ·· 151
　　　一、现行学制及化学课程开设情况介绍 ·· 151
　　　二、高中化学教材简介 ·· 151
　　　三、高中化学教材的基本结构 ··· 152
　　　四、高中化学教材特点分析 ·· 155
　　第三节　亚洲三国高中化学教材简介 ·· 162
　　　一、现行学制及化学课程开设情况介绍 ·· 162
　　　二、高中化学教材简介 ·· 164
　　　三、高中化学教材的基本结构 ··· 164
　　　四、高中化学教材特点分析 ·· 166
　　第四节　澳大利亚高中化学教材简介 ·· 170
　　　一、现行学制及化学课程开设情况介绍 ·· 170
　　　二、高中化学教材简介 ·· 171
　　　三、高中化学教材的基本结构 ··· 171
　　　四、高中化学教材特点分析 ·· 172
　　思考与练习 ··· 173

第六章　信息化课程资源 ··· 174
　　第一节　课程资源与化学课程资源 ··· 174

  一、课程资源 ………………………………………………………………… 174
  二、化学课程资源 …………………………………………………………… 177
 第二节 化学课程资源的开发 …………………………………………………… 177
  一、化学课程资源开发的特性 ……………………………………………… 177
  二、化学课程资源开发的原则 ……………………………………………… 178
  三、化学课程资源开发及利用 ……………………………………………… 179
  四、化学课程资源开发案例 ………………………………………………… 181
 第三节 数字化课程资源的开发 ………………………………………………… 183
  一、数字化课程概述 ………………………………………………………… 183
  二、慕课的开发 ……………………………………………………………… 185
  三、微课的开发 ……………………………………………………………… 191
 第四节 化学教育工具软件 ……………………………………………………… 201
  一、ChemDraw 软件 ………………………………………………………… 201
  二、Chem3D 软件 …………………………………………………………… 203
  三、会声会影 X9 软件 ……………………………………………………… 205
  四、传感器技术与中学化学教学 …………………………………………… 209
 思考与练习 ……………………………………………………………………… 210

主要参考文献 ……………………………………………………………………… 211

第一章　课程的基础理论

> **本章学习指南**
> (1) 了解课程的起源，理解课程的定义与本质。
> (2) 了解课程理论及主要流派。
> (3) 知道课程的基础和属性；理解课程的结构与分类。
> (4) 了解课程开发的取向、模式、维度、层次与原则。

第一节　课程概述

一、课程的起源

（一）教育起源

教师教授、学生学习的内容一般是作为课程组织的。传统的课程是以各自学校所有年级的各科时间表的形式表现的。但是，现在所用的"课程"这个词，不但指这种外部轮廓，即教学的内容、教材的划分和构成，还包括了计划化的教学活动的组织乃至评价，可见现代课程的范围大大扩充了。

学校课程的最基本元素是一定的知识和技能。学生通过学习，掌握作为一个未来生产者或社会人所必需的各种各样的知识和技能。但是，课程不是单纯的知识、技能的堆积，它还包括了教师组织指导下的学生活动。学生有计划地掌握一定的系统知识和技能，在解决各种问题的同时，发展一定的能力、习惯和态度。例如，通过说话、记叙、报告，发展表达能力；通过事物的系统观察，发展观察能力。这就是说，课程是由知识、技能及与之相应的学生活动所组成。

人类在历史发展的过程中积累起来的知识、技能，涉及的面极广。在以普通教育为目标的学校教育领域中，是不能全盘教授的，学生的能力也达不到。因此，有必要授予学生明确的、系统的基础知识和技能，以便使学生自己学会灵活地应用这些知识和技能。这样，就从许多知识和技能中，选择真正的基础知识和技能，并据以构成课程。一般而言，课程由语言、社会、自然、艺术、技术、体育等文化领域和生活、道德领域组成。这些领域，从教育学和心理学的观点出发，被编订成学科（subject），根据一定的系统排列。在语言领域中，有国语、外国语；社会领域有社会科；自然领域有理科；艺术领域有音乐、图画、劳作；技术领域有技术、家政；体育领域有体育或保健体育。

试以初等教育、中等教育为中心作一考察。正式课程的形成大体是在19世纪以后。在此之前，严格意义上的课程是不存在的。到18世纪为止，学科和教材是累进式地排列的。学生学完一门学科之后，再转入第二门学科。19世纪70年代，伴随德国初等教育机构的改革，小学分初级、中级、高级三个阶段。据此，把几门学科按难易程度配置于各阶段。这是不同于"累进方法"的"循环方法"。这种循环方法不仅在德国，而且在世界各国广泛地被采用了。

（二）文化起源

我国古代，"诗书礼乐以造士"（《礼记》），"孔子以六艺教人"（《史记》）。汉以后，中经隋唐至宋，"四书"（《论语》《孟子》《大学》《中庸》）、"五经"（《诗》《书》《易》《礼》《春秋》）成了各级学校主要的甚至唯一的课程。孔子（公元前551—公元前479）的"六艺"（礼、乐、射、御、书、数）、"四文"（诗、书、礼、乐）是我国古代学校最原始的学科群形成的理论依据。在西方，柏拉图（Plato，前427—前347）的学科课程论，则是"七艺"的理论依据。柏拉图在他的《理想国》中阐述，哲学是最高的学问，其基础学科是算术、几何、天文学、音乐等学科，以及体育、文法学、修辞学。柏拉图的这一论述对于古罗马和欧洲中世纪"七艺"的确立产生了巨大影响。

"七艺"全称"七种自由艺术"（拉丁文 septem artes liberales）。这是欧洲中世纪早期古希腊、古罗马学校中所设立的一般文化课程的称呼。它包括文法、修辞、逻辑学、算术、几何、天文、音乐。其中，文法、修辞、逻辑学三科称为"三艺"（trivium），属文科课程。其余四科则为"四艺"（quadrivium），主要是理科课程。"三艺"不仅有助于学生掌握在公众面前进行雄辩的技术，而且也是提高儿童智力的有效手段。"四艺"中尤其注重算术、几何。数学不仅具有实用价值，而且是启迪智力的有效学科。天文是当时代表自然科学的唯一学科。毕达哥拉斯（Pythagoras，约公元前580—约公元前500）认为，除天文外，地理、物理、医学等也应列入课程。然而，"四艺"的科学价值在古希腊的教育中并未受到高度评价。由于科学探究是以具体事物为对象的，除了智力之外，还必须依赖感觉，但感觉本身并不能准确地把握真理，因此自然科学及其教学直到16、17世纪在课程中还是处于次要的地位。

丘伯尔利（Cubberley）概述了"七艺"在各个历史时期的发展状况。中世纪以后，"七艺"的内容不断得到丰富、发展。构成其内容的学科在不同时期是不尽相同的，重点学科也有所变化。

随着古希腊、古罗马的崩溃和天主教会的兴起，学校的课程中逐渐增加了宗教和道德教育。宗教和道德教育的主要内容是：教义问答、赞美歌和教会长老的著作。这些宗教或道德的学科受到重视，并且表现出极力排斥传统世俗学科的倾向。总之，以宗教教育为核心，综合了古希腊、罗马以来的传统世俗学科"七艺"的学科课程，在培养神职人员这一宗教目标下，作为世俗学科的"七艺"的内容变得极其狭窄，远离了世俗生活。这个古希腊以来的传统——为一部分统治阶级、特权阶级服务的学科课程，就是构筑近代教育史起点的传统学科课程。而变革这种传统学科课程的过程，便是近代学科课程形成的过程。

（三）经验起源

所谓课程即经验，课程的发展离不开前人的经验总结，后人总是在前人经验的基础上进一步发展课程。课程的发展在未形成系统理论时，大部分教育主要依据前人的经验来对学生进行授课。无论是我国还是欧美国家课程的发展均离不开经验。

课程从无到有，从少到多，从单一到多样，离不开经验。课程的发展不是一蹴而就的，而是一个循序渐进的过程。美国实用主义教育家杜威认为课程即学习经验，学生学习什么取决于他们做什么而不是教师做了什么。虽然这种观点不全面，但是也在一定程度上也反映了课程的性质。

课程形成的历史是比较新的，但构成课程基础的学科本身的历史却是古老的，可以追溯到古希腊和古罗马时代。更原始的起源则可以上溯到古代东方各国的神职学校和文士学校的学科（读、写、算、宗教仪式、占星术）的诞生。古罗马的修辞学校设文法、修辞、逻辑学、算术、几何、天文、音乐等学科，这就是中世纪宗教学校里长期占统治地位的"七艺"，是极其有名的。在继承这种传统形成的近代的学校里，初等教育阶段设宗教、语言、算术，中等教育阶段再加上修辞、文法、几何等，这些就成了基本的学科，即语言学科和数理学科。夸美纽斯（Comenius，1592—1670）等实科主义者倡导的理科、地理、历史一类的实用学科受到重视是在19世纪后半叶以后。在小学，除了历来的3R's（reading writing arithmetic，读、写、算）之外还加上了这些学科。在中学，除了古典语的学科外，还有近代外国语，再加上理科、地理、历史等作为新的学科开设起来。从这个意义上说，理科、地理、历史一类的学科称为"附加学科"。18世纪以后的自然科学的发展，以及在此基础上的生产技术的进步，使得图画、劳作、音乐、体操、缝纫一类的技能性学科也同理科、地理、历史一样被引进学校。这样就产生了第二附加学科。第二附加学科的系统组织受到裴斯泰洛齐（Pestalozzi，1746—1827）的直观教学思想和福禄贝尔（Frobel，1782—1852）的活动主义教学思想的极大影响。

由上可见，课程是从语言学科及数理学科始发的。在这些"工具学科"之上，新增的学科是历史、地理、理科一类的"内容学科"、国语、数学一类的"工具学科"，旨在使学生掌握理解、表达、处理生活与思想的文化技术。而历史、地理、理科一类的"内容学科"则以一定的系统知识作为它的内容，目的是使学生掌握这些内容。在这些内容学科出现的前后，又增加了音乐、图画、劳作一类的"技能学科"，这些技能学科大体上是以艺术表现活动或实用制作活动为主的。这样，在仅限于工具学科的课程中，一组内容学科和技能学科分别增添起来了，课程内容明显地有了扩充。与此同时，学科数量也急剧膨胀，带有百科全书的倾向，从而又以各种方式提出了使之有机统一的方略：对这样一些细分化了的大量的学科组成的课程，根据青少年的心理发展阶段加以整理，同时谋求各门学科之间的联系。

随着社会文化的发展，19世纪末，欧洲和美国的少数教育学家针对学科课程的弊端，在小学开展了以儿童为中心的课程改革，增设了手工、游戏等活动课程，如劳动课等。杜威吸取前人课程改革的经验，创办了芝加哥大学实验学校，进行了经验课程的实验。这种课程以一系列活动作业为主要经验，既能满足儿童的心理需要，也能满足社会的需要。

二、课程的定义和本质

（一）课程的定义

随着课程理论与实践的发展，人们对课程的理解已不再满足于字义上的追根溯源，而是以更为广阔的教育实践为背景，从多方面、多视角进行探讨，提出了多种多样的课程定义。实事求是地阐明各种不同见解的核心思想对我们深入探讨课程概念是非常有益的。

要给"课程"下一个精确的定义是一件十分困难的事情，因为"课程"一词常以许多不同的方式使用着。每个人都可以根据自己的学术背景，根据自己对社会、知识、教育、学校，乃至对学生的不同观点，给课程以不同的解释。美国教育学者斯考特（Scotter）坚持认为，课程是一个用得最为普遍但却是定义最差的教育术语。在 1991 年出版的《国际课程百科全书》中，曾列举了九种有代表性的课程定义：

第一，为达成训练儿童和青年在集体中思维和行动而建立的一系列可能经验。

第二，学生在学校指导下获得的全部经验。

第三，为使学生取得毕业，获得证书或进入专门职业领域的资格，而由学校提供他们的教学内容或者具体教材的总计划。

第四，课程是探索学科中的教师、学生、科目和环境等因素的方法论研究。

第五，课程是学校的生活与计划……一种有指导的生活事业；课程构成人类生活的生气勃勃的活动长流。

第六，课程是一种学习计划。

第七，为了在学校的指导下使学生个人的和社会的能力获得不断的、有意识的发展，通过知识和经验的系统重建而形成的有计划和有指导的学习经验以及预期的学习结果。

第八，课程必须基本上由五个领域的学科学习组成：①掌握母语并系统学习语法、文学和写作；②数学；③科学；④历史；⑤外语。

第九，课程被看作是有关人类经验的日益广泛的可能的思维方式——不是结论，而是结论产生的方式以及建立这些结论即所谓真理并使之发挥效用的背景。

上述几种定义分别代表了课程认识中的某些倾向性看法，但并没有对各种各样的课程定义作出有效的归纳。纵观国内外课程文献，可以将课程定义概括为以下几种。

1. 课程即学问和学科

把课程等同于学问和学科是最早出现且流行甚广的一种观点，如我国古代的"六艺"、欧洲中世纪的"七艺"等。费尼克斯的观点，学科知识是课程的唯一源泉，教学要根据学问的逻辑与结构展开，因而作为教材的逻辑组织体系的学科应由以教授性为基本性质的学问知识构成。

2. 课程即书面的教学(活动)计划

这一课程定义把教学的范围、序列和进程安排，甚至教学方法和技术设计都包含在内，以期对课程有一个较全面的把握。将课程定义为书面的教学(活动)计划，既注重教学内容的安排，又强调教学活动过程的预设，其内涵确实丰富了许多。不过，它也容易造成课程与教学、方案与实施等一些概念含糊不清，并且限制了对非书面计划的课程现象的认识。

3. 课程即预期的学习结果或目标

这一课程定义以行为主义心理学和科学管理原理为基础，强调目标预测、行为控制和工作效率，在北美课程理论中颇有影响。把课程定义为预期的学习结果或目标，从某种意义上讲，是一些学者为了区分课程和教学这两个概念而提出的。

由于把课程的意义限定为预期的学习结果，所有其他的计划(如内容、学习活动、课程过程等方面的计划)也就被认为是教学计划，而不是课程计划。尽管这种把课程计划与教学情境区分开的做法是十分必要的，但仅把课程局限于预期的学习结果，必然会导致对某些非预期学习结果的忽视。

4. 课程即学习经验

把课程视为"学生在学校内所获得的全部经验"是 20 世纪 30 年代以来颇受重视且影响深远的课程定义，它超越了传统观念中从教师教的角度定义课程，而强调从学生学的角度确定课程的内涵。由于学习经验过于宽泛而无法把握，一些课程学者试图对学习经验作出限定，将课程定义为"有计划的"、"有意图的"或"有指导的"学习经验。

与上述课程定义相联系的是，一些课程观念更倾向于用"学习活动"取代"学习经验"。例如，世界经济合作与发展组织就把课程视为牵涉到儿童的学习活动的整个框架。美国新教育百科辞典"课程"条目则明确写道："所谓课程系指在学校的教师指导下出现的学习者学习活动的总体。"此类以美国教育辞典的解说为代表的课程定义与以往的课程概念有所不同，它不仅把课程的重点从教材转向了个人，从学习结果转向了学习过程，而且还突出强调了课程的实践环节——学生主动参与的学习活动，这在一定程度上解决了学生个体经验的获得方式问题，即经验要通过主体活动才能获得，因而有助于课程计划的顺利实施。然而，事实上活动本身并不是关键所在，因为每个学生都是独特的学习者，他们从同一活动中获得的经验往往是各不相同的。所以，美国学者泰勒在比较分析了学习活动和学习经验的区别后认为，唯有学习经验，才是学生实际认识到或意识到的课程。

5. 课程即文化再生产

这一课程定义的依据是：学校部门是培养人的社会机构，要适应各种社会的要求，而作为培养人的核心内容的学校课程，则必然要打上一定历史时期的社会文化的烙印，反映社会文化的时代特征。因此，学校课程理应承担传递和再生产社会文化的任务，即选择那些能够反映人类文化精华，而又集中表现为知识形式、意义领域和学科体系的有价值的文化内容，组成便于传授的课程系统，以完成人类文化传播与再生产的历史使命。

除了上述五种主要的课程定义之外，还有"知识和经验的重建"、"生产的技术系统"、"认知—情感内容和过程"、"思维模式"、"种族经验"等定义方式。由于这些定义的影响相对较弱，且与我们惯常的理解差异较大，故在此不作分析。

(二)课程的本质

针对课程的定义，可以从以下几个方面来理解课程的本质。

1. 课程依据特定的培养目标

教育目的是一个国家教育的总目标，是一个国家的教育活动在实现各种具体教育目标时的终极追求。它同时也是一种教育模式最基本的价值取向，是教育活动中的"哲学"，体现着教育的理想，对全部教育活动起着导向的作用。培养目标是根据教育目的而制定的更加具体的教育活动目标，是根据教育目的分解，同时考虑到各级各类学校教育任务与特点，以及学生身心特点而提出的培养目标。课程最终的目的是传承人类文明，培养社会需要的人才并发展人的潜能，因此课程需依据培养目标。

2. 课程实施的途径是教育活动

教育活动是人类教育现象存在、变化和发展的基本形式，是对各种直接以促进人的有价值发展为目的的活动的统称，是教育者和受教育者以各种方式参与的互动方式的总和。通过教育活动，人类得以改造自身，提高自身素质，以便更好地改造外部环境，满足自身生存和发展的需要。课程与教育紧密相连，教育活动是课程实施的途径。

3. 课程最终的目标是育人

教育源于人而产生，又源于人而得以发展。教育必须牢固自己"育人"的本质，通过育人实现价值取向。课程设置依据教育目标以及培养目标，并通过教育活动得以实施，最终的目的是促进人的全面发展，即为了学生的全面发展。

4. 课程方案具有完整性

课程关于学习活动的计划是相对完整的。这种完整性指它包括课程的各个组成部分，即后文将阐述的学习目标、学习内容、学习方式、学习评价以及课程设计成果的各个表现层次——课程方案、课程标准和教材等层次。

三、课程的属性

课程属性是对课程的性质、机制、与逻辑关系等方面的研究。课程的属性是课程本身具有的属性和规律，能否解释其内涵，影响着人们对课程的真正理解。本质属性是事物或客体的根本性质，是构成事物的各要素（或成分）之间的内在联系。要认识课程最基本的属性，就必须抓住课程各要素之间的内在联系。

（一）结构性

现代课程都包含课程目标、课程内容和学习活动方式三种基本成分。三者密切联系，相互制约，按照育人的客观要求而分化、组合成宏观课程结构、中观课程结构和微观课程结构。课程结构是在课程目标、课程内容及学习活动方式有机结合的基础上，由宏观课程结构（课程计划结构）、中观课程结构（各种各类课程的横向组合）和微观课程结构（教材的内在结构）有机组成的整体结构。课程结构是课程所独有的，它完全不同于教学活动、考试活动和教育管理活动各自具有的内在结构。课程结构是课程的命脉，特定的结构性是课程区别于其他概念的本质属性之一。

（二）育人性

课程这种教育现象同其他教育现象的根本区别是课程要解决的矛盾是受教育者身心发展要求与受教育者现有身心发展水平的矛盾。课程的育人属性在于它是育人计划与育人信息结合的产物，它集中而具体地体现了教育目标对受教育者身心发展的要求。

1. 课程具有育人计划的性能

从课程的层面看，要解决受教育者身心发展要求与现有身心发展水平之间的矛盾，这就需要教育工作者制定课程计划，确定已经设置哪些课程类型以及各种课程的目的、要求、课时分配和顺序安排等，从而给教育者提供一种具有系统的育人目标、结构化的学习领域、多样的学习渠道和周密的教育进程的育人计划。

2. 课程具有育人信息载体的性能

要使学生的身心发展达到教育目标的要求，还需根据育人计划，制定课程标准，编制各类教材，从而给受教育者提供具有多种间接经验和一定直接经验的育人信息，主要包括各种文字教材、音像教材、计算机软件以及活动指导手册等，使学生在德、智、体、美、劳以及核心素养方面得到主动发展。这些育人信息载体既蕴含着学生间接成长所需的多种经验，也可引导学生通过师生共同参与的教学活动获取直接经验；既包含着学生认识世界、了解世界、了解自己所需要的媒体，也有引导学生在综合活动中进行主动探索的指南。

(三)过程性

过程属性是从课程是一种教育活动过程的角度来谈，回溯各种教育流派和哲学思想对课程的理解，能凸显课程的过程属性的意义。

1. 课程是一种创生的过程

课程是由性质和关系构成的有机体。课程的实施媒介是活动，活动表现为过程。过程则是构成有机体的各元素之间具有内在联系的持续的创造过程。"任何存在的类型的本性都只能用和其在创造活动中的含义的关系来解释"。课程活动的创造发展就是其中的人的创造和发展。

2. 课程是一种经验的过程

教育即是经验的重组和改造。杜威的"经验"包括两方面，一是经验的事物；二是经验的过程。杜威认为"经验"既包括了被经验的"材料"，也包括了能经验的主体及其活动；既包括了物理的，也包括了心理的；它是"中性的"。经验具有能动性和连续性。课程的作用不在于预定的经验而在于转变已有的经验。课程不再是一种"包裹"而是一种过程。存在现象学派认为课程是提升自我意识与开发存在经验；批判学者则把课程视为社会阶级、种族、文化的经验，通过课程提升其反思批判意识，因此课程是师生共同参与探求知识、建构意义的过程。

3. 课程是一种发展的过程

课程是一种发展过程，而不只是特定的知识体系载体，因此课程的内容不是固定不变的，而是一个动态发展过程。过程思想来自很多思想，包括不同哲学流派，对课程的过程思想的理解也充分说明，过程是课程的属性。近年来，我国教育界对课程研究进入一个繁盛的时期，其中对课程过程研究也逐渐增多。课程作为过程，意味着是一个学生获得情感体验的历程。提出课程是"师生在互动过程中产生的经验"，以及"人们开始走出预期目标、计划的限制，关注教学进程本身的教育价值"，强调"过程课程"，并且课程是一种文化和精神形态的教育的中介，预示着学生作为人的生成过程。

四、课程的基础

所谓课程的基础，是指影响课程目标、课程内容、课程实施和课程评价的一些基本领域。施良方在《课程理论——课程的基础、原理与问题》一书中明确指出课程的三大基础，即心理学、社会学和哲学。由此可见，课程与各个基础学科的关系纵横交错，十分密切，课程开发人员只有在对课程基础学科的研究成果及其课程关系全面了解的基础上，才能做出明确的课程决策。

(一)课程与心理学

学校教育的主要职能之一是促进学生个体的发展。因此，课程编制者必须对个体的发展以及学习过程的本质有所了解。不顾学生特征而编制的课程，其效果可想而知。因此，心理学历来对学校课程的编制和开发具有重大影响，心理学的原理及研究成果常被作为各种课程抉择的理论基础。其中，行为主义心理学、认知主义心理学和人本主义心理学与学校课程的关系最为密切。

1. 行为主义心理学与课程

行为主义的发起者是20世纪初美国心理学家华生(Watson)。行为主义者把刺激—反应作为行为的基本单位，学习即刺激—反应之间联结的获得和加强。根据这一原理，课程的目的就是要提供特定的刺激，以便引起学生特定的反应。因此，课程目标越具体、越精确，教学效果越好。行为主义者关注的是怎样教，侧重的是行为，并要以一种可以观察到的、可以测量的形式来具体说明课程内容和教学过程，其中较为典型的就是斯金纳(Skinner)的程序教学。行为主义心理学的应用必然会影响课程目标的制订、课程内容的选择、课程实施的方式和课程评价的模式等。行为主义可以说是20世纪上半叶对西方学校课程影响最大的心理学流派，主要表现在以下几个方面：①在课程教学方面强调行为目标；②在课程内容方面强调由简至繁的累积；③强调基本技能的训练；④主张采用各种教学媒介进行个别教学；⑤提倡教学设计或系统设计的模式；⑥主张开发各种教学技术；⑦赞同教学绩效、成本—效应分析和目标管理等方法。

2. 认知主义心理学与课程

认知主义心理学流行于20世纪五六十年代，主要代表人物是皮亚杰(Piaget)、奥苏贝尔(Ausubel)等。认知主义心理学的基本假设是：学生的行为始终建立在认知的基础上。因此，认知主义心理学家研究的对象是学生处理环境中各种事件的心理活动，并试图解释学生头脑中的认知结构。与行为主义不同，认知主义心理学关注的是学生头脑中认知结构与教材编制、课程教学的关系，认知策略与学习的关系等。在具体的课程设计上，他们更加关注对知识的纵向与横向组织，强调学科的基本结构、逻辑序列，以及课程设计要依据学生的认知结构水平，尊重学生的认知结构规律。

3. 人本主义心理学与课程

人本主义心理学诞生于20世纪70年代，代表人物是罗杰斯。不同于行为主义和认知主义，人本主义心理学家关注的不是学生学习的结果(这是行为主义者历来关心的)，也不是学生学习的过程(这是认知主义心理学家所关心的)，而是学生学习的起因，学生学习的情感、信念和意图等——这些是使一个人不同于另一个人的内部行为。在人本主义心理学看来，如果课程内容对学生没有什么个人意义的话，学习就不大可能发生。人本主义心理学以人为核心,尊重人的价值,强调人的尊严和自由,重视开发人的潜能,反对行为主义的机械决定论和精神分析的生物还原论,被称为心理学的"第三势力"或"第三思潮"。其对课程的关注主要体现在以下方面:

首先,在课程目标方面,人本主义关注满足学生个人自由发展和自我实现的需要,特别强调学生的情感、态度、理想与价值的发展,重视学生潜能的发挥。认为课程目标就是培养"完整的人"。什么是"完整的人"?人本主义做出这样的描述:①能从事自发的活动,并对此活动负责;②能理智地选择和自定方向;③能批判地学习,能评价他人所做出的贡献;④能获得有关解决问题的知识;⑤能灵活、理智地适应新的问题情境;⑥在创造性地运用所有相关经验时,能掌握灵活处理问题的方式方法;⑦能在各种活动中有效地与他人合作;⑧不是为了得到他人的赞许,而是按照社会化目标而工作。

其次,在课程内容的选择方面,人本主义提出"适切性"原则,即课程要适合学生的兴趣、能力和需要,课程内容要与学生的生活经验和社会状况有密切的联系。选择知识不再只是依据逻辑性和系统性,还要考虑学生的愿望和需要,考虑学生的态度和人格,将课程内容内化为学生自己的知识。

再次,在课程结构的组织方面,人本主义认为,学生是个完整的个体,课程必须从个体的完整性出发与学生建立心理联系,要注重"整合"性原则。包括以下三方面的内容:①学习者的心理发展与教材结构逻辑的吻合;②情感领域(情绪、态度、价值)与认知领域(理智的知识和能力)的整合;③相关学科在经验指导下的综合。

最后,在课程实施方面,人本主义认为,学生和教师之间建立良好的情感关系是课程实施的前提。它认为,课程实施并不是按照既定的课程方案进行的,而是要为学生的学习营造"一种自由的氛围",让学生自由地学习。教师和学生应建立良好的师生关系,教师应成为学生学习的促进者、鼓励者、帮助者、合作者和朋友。课程的实施就是要靠这种良好的师生关系来推动。

(二)课程与社会学

学校课程作为社会文化的一个组成部分,在发展过程中始终受到社会其他子系统——政治、经济、科技等因素的影响,同时也因其保存、传递或重组社会文化的职能而对社会的发展产生一定的影响;另一方面,社会是由人组成的,社会直接的服务对象也是人,它们之间连接的焦点在于通过课程来实现受教育者(人)的不断社会化。因而,社会各个方面的因素在课程中都有不同的体现,不同的社会理念也影响着课程表现形式。

1. 功能理论与课程

功能理论也称为结构功能主义,来源于法国社会学家涂尔干(Durkheim)的学说。涂尔干在《社会学研究方法论》一书中强调,社会学必须采用与自然科学相同的方式来处理材料,社会学应当关注具体的、客观的社会事实,即要对作为集体生活的人类行为的各种要素予以假设、观察和检验。社会团结和集体意识是其中两个重要的概念。教育目的在于"使年青一代系统的社会化",加强个体之间的社会凝聚力,把集体意识灌输给个体,使他们顺应社会生活方式。相应地,学校课程必须使学生适应他们生活的社会环境。由于社会上有不同的结构(或机构)发挥各自的功能,因此学校课程就成为一种促使学生的行为、维护社会结构和保持社会平衡的手段。

2. 冲突理论与课程

冲突理论可以追溯到德国学者韦伯（Weber）。韦伯否认社会结构（或机构）具有任何行动的潜力，或本身具有什么力量，它们不过是人类行动（个体或集体）的产物。社会本身是由特定阶级为了保持对从属阶级的控制而建立的，每个群体都试图维持和提高各自的社会地位，所以各群体之间的目标是相互矛盾的，各群体之间连续不断的权力斗争导致了一个始终变化的社会。学校的主要活动是传递特殊的身份文化，即要让学生学会如何使用某种身份的语言、衣着方式、价值标准和风度等，学校传授的科学技术知识本身也可能就是一种特殊身份文化的一部分。冲突理论者认为造成社会结构再生产的工具——隐性课程（一种阶级关系和信念的形式），即把维护资本主义制度的劳动观念、权威观念、社会规范和价值观念，潜移默化地渗透到学校课程中，使学生不知不觉在头脑中再生统治阶级的意识形态。因此，结构功能理论者强调社会变革，但这种变革远非学校课程所能完成，根本的问题还在于社会制度。

3. 解释理论与课程

如果功能理论和冲突理论是一种宏观社会学，解释理论则是一种微观社会学。解释理论主要涉及与学校课程密切相关的知识社会学，主张对学校课程内容进行研究。在解释理论者看来，所有知识都不是中立的，而是都带有社会偏见，是为社会中某些人的特定利益服务的。课程内容的选择、确定和组织的过程实际上是教育知识成层的过程。学校教育过程则是教育知识的分配过程。美国阿普尔（Apple）认为，课程知识的选择和分配是社会权势者依据某一选择或组织原理而做的意识形态上的抉择。课程知识的选择和分配不是技术性的问题，而是阶级、经济权利、文化霸权之间相互作用的产物，是显性的或隐性的价值冲突的产物。阿普尔提倡批判教育，使课程能为意识解放服务。

总之，学校课程要受到各种社会因素的影响和不同社会观的支配。与社会不相关的课程是不存在的。

第一，学校课程与社会经济有着生生不息的关系，社会政治、经济制度制约着课程的设置和课程编制的过程。社会上占支配地位的阶级总要通过学校课程来维护自身利益。

第二，学校课程总离不开社会文化。作为社会文化的一个重要组成部分，课程既传递和复制社会文化，同时也受到社会文化尤其是意识形态的规范制约。纯粹客观的、价值中立的知识是不存在的。

第三，学校课程的思想总是与一定的社会背景联系在一起。学校课程或者是为了使学生适应某种社会环境，或者是为了引发某种社会变革。

第四，早期的思想家往往从社会理想出发，笼统地探讨课程设置与社会构成的关系，而现代社会学界则注重对社会结构、社会互动与课程标准、课程内容之间关系的具体考察。柏拉图从其治国方略中推导出一整套培养保卫国家的军人和管理国家的哲学家的课程设置，现代越来越多的社会学家从宏观研究转向对学校课程内容的微观研究。不仅关注显性课程，同时也关注隐形课程，这些都对现代课程的发展起着极大的推动作用。

(三)课程与哲学

在课程的心理学、社会学和哲学的三个基础中,最重要的当推哲学基础。不仅课程的理论和实践以哲学为依托,而且心理学与社会学也受哲学导引、支配。事实上,每一种学校课程都隐含着课程设计者的某些哲学思想与观念,只不过其表现形式有的明显、有的隐晦罢了。不同的哲学流派有着不同的课程观,具有代表性的是实用主义和逻辑实证主义。

1. 实用主义与课程

实用主义产生于19世纪末,代表人物有皮尔士、杜威等。他们反对任何形式的形而上学,反对将主体与对象分割开来的二元论,强调以经验为中心。实用主义者认为,经验是主体与客体之间连续不断的相互作用,是一个统一的整体。这种以经验为中心的哲学观逐步形成了一种新的知识观。在一些实用主义者看来,任何知识都包含行动的因素,反过来,知识也因为能指引行动而具有实用价值。这种思想反映在课程观上,就是注重活动课程,把学生的实际经验与课程联系在一起,关注学生自己的行动。实用主义对学校课程的影响,典型代表是杜威的"从做中学"。杜威主张抛弃"把教材当作某些固定的和现成的东西"的观点,而是把课程与儿童的经验结合起来,让学生从做中学。他创建了芝加哥大学实验学校,目的在于通过学生主动地作业,如纺织、烹饪、木工等,使学校成为儿童生长的地方,而不是学习课本的地方。

2. 逻辑实证主义与课程

19世纪末至20世纪初,随着自然科学领域的革命,哲学上产生了逻辑实证主义的知识观,代表人物有罗素、艾耶尔等。他们认为"逻辑是哲学的本质",哲学的任务就是要进行逻辑分析,这里的逻辑主要是指数理逻辑。因此,哲学不是知识的体系,而是活动的体系,即从事对语言的分析活动。他们把分析科学知识作为自己的主要使命。在学校课程上,逻辑实证主义除了提出学校课程的重点应放在哪些学科之外,还提出课程安排要遵循由简到繁、从直观到抽象的逻辑顺序。

3. 批判理论与课程

批判理论又称为法兰克福学派,霍克海默是其精神的代表。他始终强调知识的暂时性及其有限的本质。他认为,没有任何事实的景象是客观的或完全的,所有的思想和知识都是基于历史和人类的利益而形成的。因此,批判理论的主要目的是进行意识形态的批判。批判理论对课程的影响主要是通过一些激进的批判教育家和教育社会家的研究。他们揭示了学校课程为资本主义意识形态所利用的状况,并分析了知识传递过程中的权利关系。

总之,离开了哲学基础,学校课程就不能存在了。哲学对课程的影响主要表现在以下几个方面:

第一,哲学是学校课程观的最根本的基础。一方面,心理学和社会学都源自哲学,都是从哲学母体中分化出来的;另一方面,无论是心理学思想还是社会学思想,都是从某种哲学观念出发的,背后都有哲学假设作为支柱。正是由于哲学的这种基础和终极性,使得哲学对学校课程的影响不像社会学、心理学那样直接,有时还是经过社会学和心理学的观点反映到课程上的。

第二，哲学中关于认知的来源和知识的性质的观点，对课程理论和实践，尤其是课程设计的模式，起着直接的推导作用。例如，关于认知的来源，典型的形式是经验论和唯理论。源自柏拉图的唯理论认为理念是永恒的，知识是早就存在于人的内心世界的，学校课程应关注如何把学生先天已有的观念引导并挖掘出来，因而主张注重学生的理性活动。二经验论认为一切知识都来自于感觉，唯有通过人与外部世界的相互作用才能掌握知识。

第三，认识论中有关知识的价值问题的探讨，对课程内容的选择与组织影响很大。斯宾塞提出"什么知识最有价值"的课程问题，进而认为能为人们完美生活做准备的知识最有价值。杜威认为，最有价值的知识是与学生生活经验相联系的经验，是活动课程。

第四，认识论中有关知识的形式与分类的观点，在学校教育中折射为课程的类型和门类。哲学上对于"什么知识最有价值"的探讨，导致人们去分析知识的形态与分类。事实上，"各种不同的知识，它们就是课程设计的依据"。

五、课程理论及主要流派

课程理论流派是课程研究者在不同的社会历史条件下对课程所作出的各种理解和思考，反映出课程研究者所坚持的世界观、教育观和方法论。课程理论流派是课程研究者在某种程度上对课程论认识的某些趋同反应。它与课程思潮或教育思潮密切联系但又有本质的不同，主要有四方面的规定：一是有独特的课程思想和理论体系；二是有创始人或代表人物以及代表作；三是有产生的社会根源以及发展、演变的过程；四是有实际成效和思想影响。据此，我们将20世纪以来国内外主要课程理论流派分为五种：经验主义课程理论、要素主义课程理论、永恒主义课程理论、结构主义课程理论、人本主义课程理论。对这五种主要课程理论流派的研究，有助于提高对课程规律的认识，也有助于课程理论的进一步丰富和发展。

（一）经验主义

经验主义课程观的权威是著名哲学家、教育学家杜威。杜威是进步主义教育运动的领导者。他在课程问题上有许多十分精湛的论述，可以说影响了整整一代人。杜威的课程思想实际上是近代课程向现代课程转变的里程碑。

杜威之前传统的课程观认为课程是社会遗产的综合，它储备着事物的意义和以往解决问题的经验。由于以往的文化是划分为一个个具体领域如文学、数学、化学、物理、历史等学科的，因此以接受传统文化为宗旨的课程目标，必然以成熟的文化知识去塑造学生的心灵。在传统的课程观看来，课程就是目标的自身，课程就是内容的要求。而杜威并不承认这个观点，他认为课程是儿童获得的经验，是一种经验性的体验。与此相关的教学也不应是接受人们预期的材料，而是儿童经验的不断改造，使儿童的经验不断形成有组织的系统。杜威在《我的教育信条》一书中指出，"学校作为一种制度，应当把现实的社会生活简化，缩小到一个雏形的状态。"他认为，"学校不是记忆和考试的被动学习的场所，而应当是儿童兴趣十足地运行社会生活活动的小社会。这个小社会，不仅是儿童自发活动的小社会，而且必须是代表着现代社会生活的历史进步的小社会。儿童必须作为这样一个小社会的成员加以组织。在这个小社会里，儿童通过认识人类的居住饮食的发展过程，从人类史前的洞穴生活，经石器、金属器时代，再到文明时代，是能够分析当前复杂的社会结构的。"

在杜威看来，知识是个体头脑的产物，而课本中组织好了的内容都是他人的思想，未必是自己的知识。个体唯有在社会的、生活的实践过程中对他人的这些思想产生感受和领悟，知识才能真正地产生与发展。杜威认为知识对每一个人都是不同的，个体是一个"意义的创造者"。传统观念上的知识对每一个人而言都具有不同的意义，因此不应该有强求一律的课程，以及要求每一个人都掌握的所谓客观的知识体系。杜威认为："学校中求知的真正目的，不在知识的本身，而在学校制造知识以供需求的方法。"由此，经验主义者十分注重学校课程中学生的活动。杜威认为儿童有四种本能：①语言和社会的本能与活动；②制作和建造的本能与活动；③研究和探索的本能与活动；④艺术的本能与活动。按照这四种本能设计学校的教育活动，就是经验主义课程的全部内容。

经验主义课程观使我们对课程问题的研究不再局限于纯粹的客观知识，而把课程的视野扩充到学习者的经验与活动的主观侧面。单从这个角度而言，经验主义课程就已经对课程研究和课程改革作出了难以估价的贡献。此外，经验主义课程强调儿童能力的发展，强调学校教育与社会生活的密切关系，强调普通教育要跟上时代发展的步伐，为生活培养应用性的人才，强调知识实践性等，杜威认为这样的课程改革是一个划时代的改革，它的意义不亚于哥白尼对地心说的批判。这些观点直到今天看来也还是具有现实的意义。在今天的中小学课程改革中，如何实现个人发展与社会发展的同一性，人的理智发展与社会经济发展的同一性，在杜威的学说里是可以找到一些答案的。

经验主义课程观过于强调儿童的实践与经验的获得，否定对儿童进行严格的智力训练，以儿童一时的兴趣作为课程的出发点，造成了学生基础学力的下降。

（二）要素主义

20世纪50年代末至60年代初，美国以要素主义课程论和结构主义课程论为指导，掀起了一场课程改革运动，研制了许多理科教材。

巴格莱（Bagley）是美国当代著名教育家，巴格莱的著述很多，但最能表明其教育思想和教育主张的是他起草的《要素主义者促进美国教育的纲领》和《教育与新人》。前者集中反映了要素主义教育的基本主张，后者则系统地阐述了这些基本主张的理论基础。巴格莱认为，社会文化、种族遗产是人类的宝贵财富，而这些财富光靠受教育者本身的生活经验是学习不到的。例如，儿童不学习历史，就不能了解人类过去的经历；不学习地理，就不能了解整个世界等。因此，学校要负起传递人类文化要素的责任。

巴格莱教育思想的一个最基本的观点就是主张把人类文化的"共同要素"作为学校教育的核心，强调在民族生活、文化历史发展过程中基本的、永恒不变的、青年人必须学习的文化与知识要素，并坚决认为传统教育的基本内容、原则、方法等仍然是现代教育必须保留并发扬的要素，要素主义也因此而得名。所谓"要素"，即人类文化遗产中的精华。要素主义课程论的基本思想是主张把人类文化遗产中的精华传授给下一代。这种课程论是针对实用主义者以儿童为中心的课程，不能保证儿童获得社会生活所必需的基础知识与基本技能，即不能完成基础教育的任务这一弊端提出来的。

要素主义课程观与它保守的社会观、政治观息息相关，它之所以产生深广持久的影响，是因为在当时它更符合美国社会发展的需要。尽管要素主义课程观具有广泛深远的影响，但是它仍然具有自身不可克服的弊端，或者说，这种课程观在它的实施过程中不可避免地引起了教育代价。这种教育代价表现为它忽视了学生的兴趣和需要，阻碍了学生创造性的发挥，忽视了现实社会所关心的问题等。

除了一般地强调课程应当以人类文化遗产的要素为内容，一般地强调数学、自然科学和外国语课程的地位以外，对于哪些内容是人类文化遗产中的"要素"，以及如何选择和确认这些"要素"，各代表人物都没有提出具体的标准和可操作的方法。要素主义者仅仅主张学校应设立丰富的、系统的课程。应开设语文、数学、物理、化学、历史、地理、外国语和古代语（拉丁语、希腊语）等学科。

要素主义课程论的提出巩固了学科课程在美国学校中的地位，加强了基础知识、基本技能的教学。但要素主义课程论对哪些知识是人类文化遗产中的"要素"却没有具体的标准，以致教材内容，尤其是理科教材内容出现了"深、难、重"的现象，脱离了教学实际，不利于大多数学生学习。

（三）永恒主义

"永恒学科"是永恒主义课程观的核心。这一传统的教育流派也称新古典主义教育。它产生于20世纪20年代的美国，流行于50年代的英、法等国，之后逐渐衰落。主要代表有美国教育家赫钦斯、法国的阿兰和英国的利文斯通。赫钦斯明确提出，"课程应该主要由永恒学科组成。我们提倡永恒学科，因为这些学科抽绎出我们人性的共同因素，因为它们使人与人联系起来，因为它们使我们和人们曾经想过的最美好的事物联系起来，因为它们对于任何进一步的研究和对于世界的任何理解都是首要的。"永恒课程首先是那些经历了许多世纪而达到古典著作水平的书籍。柏拉图的《理想国》对于理解法律是首要的，亚里士多德的《物理学》论述自然界的变化和运动，对自然科学和医学十分重要。提倡"自由教育"。自由教育是一种"善"的教育，是以发展理解和判断能力为目标的教育。赫钦斯认为，教育的首要目的就是要知道对人来说什么是善的，要按照善的秩序来认识善。善的教育就是自由的教育。"这种教育和适应论、直接需要论、社会改革论或者全然不需要什么理论所产生的琐碎无聊的东西相距是很远的。这种教育不会使青年人适应一个坏的环境，而将鼓励他们改善它。它不会忽视直接的需要，但是它将使这些需要和比较远的、不那么明确的和比较重要的善放在正当的关系上。这种教育是改造社会的唯一的有效的手段。""不必要担心如何谋生、担心能力倾向，在自由教育为他们奠定了做一个自由的和负责的人的基础以后，他们就能够学会谋生，能够发展他们的特殊兴趣和能力倾向。"

永恒主义反对课程编制机械适应论。赫钦斯对机械的课程编制适应论提出批评。他认为课程不能机械地适应。速记、职业训练课程同样是赫钦斯批评的对象。职业教育比较容易引起学生直接的兴趣，职业训练的结果是培养一些质量差的技工。他指出，课程不应该迎合公众的需要，赫钦斯建议废止大学之间的足球赛，"因为这种职业性的、赚大钱形式的比赛与教育毫无关系，反而使每个人转移对大学应该努力解决的教育问题的注意"。赫钦斯反对充塞美国很多名牌大学的那些名目繁多的无聊课程，如美容学、捕鱼和踢踏舞，认为"这些课程除了帮助学生无所用心地消磨时光以外毫无目的"。

同时，永恒主义课程论反对儿童自己支配课程。赫钦斯批评进步主义教育的主张，"儿童中心学校对于儿童也许有吸引力，但是教育家们不能允许由学生支配课程，除非他们准备承认他们所从事的只不过是儿童的伴随者、无目的的辅导、尝试和错误的过程，儿童中心学校之所以有价值，主要是因为它使青年人不会做某些坏的事情"。

永恒主义课程流派倡导围绕理智训练这一宗旨，大体有三类：理智训练的内容、理智训练的方法、理智训练的工具。理智训练的内容类学科有：哲学、文学、历史；理智训练的方法类学科有：数学、科学和艺术；理智训练的工具类学科有：关于读、写、算的知识技能类学科，英语、拉丁语、希腊语是掌握经典的工具，是必须学习的。

永恒主义课程思想的影响局限于大学和上层知识界的少数人，课程理论并没有得到广泛的具体的实施和推广，甚至很难找到具体的课程实施方案；"脱离时代"是人们对永恒主义的最大不满；课程建设确实要以人类长期社会实践过程中所沉淀的文化精华为基础；同时要不断推陈出新，使学校课程始终处于变与不变之中。

(四) 结构主义

结构主义教育理论的心理学基础是认知主义心理学，其哲学理论基础是结构主义，故又称为现代认知主义，发展到当代又形成了建构主义。主要代表人物为皮亚杰、布鲁纳等。1957年，苏联第一颗人造地球卫星上天，引起美国朝野的震惊。美国人认为，教育的滞后导致了科技的滞后，人们把批判的目光都指向了实用主义以儿童为中心的课程论，与这种课程论思想相反的要素主义课程论便备受重视。美国为了维持自己世界科技先进大国的地位，必须在教育领域急起直追。于是在美国国家科学基金会的支持下，陆续成立了若干课程改革组织，掀起了一场轰轰烈烈的课程改革运动。1958年，美国通过了《国防教育法》，其中强调要改革学校课程，并给科技教育拨款来编写新的课程标准和教科书。1959年，美国哈佛大学校长科南特发表《今日美国中学》，主张加强中学的基础学科，提高教育质量。

结构主义课程论是以瑞士心理学家皮亚杰的认知结构论为依据的课程论，它的代表人物是美国心理学家布鲁纳。1959年，他在《教育过程》一书中提出了其结构主义课程论的思想。结构主义方法论强调认识事物内部的结构，反对单纯地研究外部现象；强调整体性的研究，反对孤立的局部性研究；强调从系统、功能、关系中把握事物，反对单纯性的经验描述。皮亚杰认为，儿童智慧发展经历了感觉运算、前运算、具体运算和形式运算等阶段，因此"低年级到高年级的课程应当将同一基本概念多次反复地构成螺旋式上升的序列加以编制"。布鲁纳的认知发展论基本上是继承皮亚杰的理论，他认为儿童认知发展是由"行为把握"，结构主义课程论的主要观点——螺旋式课程——也基本上是基于皮亚杰关于儿童智慧发展的理论。从结构主义方法论、儿童认知发展论出发，布鲁纳、施瓦布等结构主义课程论者提出了包括学科基本结构论、"螺旋式"课程编制论、发现—探究式学习论的结构主义课程。

1. 学科基本结构论

每一种知识领域(学科)都存在着一系列的基本结构。"不论我们选择教什么学科，务必使学生理解该学科的基本结构"。这是布鲁纳结构主义课程论的核心。所谓学科的基本结构，是指学科的基本观念。布鲁纳认为知识是人们解释事物的经验的积累，人的经验是在不断变化的，所以知识也应该不断地修改，但任何一种知识领域的内部总是存在一套基本观念或"结构"，一个人学到的观念越基本，它运用于新问题的实用范围就越宽广。布鲁纳在《教育过程》中用较大篇幅论述了掌握学科基本结构的意义，认为它不仅有助于纠正人们注重具体知识和技能训练的认识偏向，而且有着更重要的"深远的意义"：①学生掌握了学科基本结构，就更容易掌握整门学科；②有助于缩小"高级"知识和"低级"知识之间的差距；③有助于记忆；

④有助于"一般迁移",这种一般迁移是知识结构所产生的一种整体性后果,不同于具体知识和技能的迁移。但是,结构主义课程论者在研究究竟什么是"学科结构"这一问题上终未达成共识。在施瓦布看来,学科结构就是"规定了学科的研究对象并控制其探究方法的外加概念",即知识体系包括哪些学科,彼此之间是如何联系的;第二是"学科的法则问题",回答每门学科的证明规则及如何运用这些规则;第三是"学科结构的实质问题",弄清每门学科的基本概念或基本假设。布鲁纳的学科结构就是指一门已经给定的学科的基本概念、基本原理及其相互关系,是一种"共时性"的结构。

2. "螺旋式"课程编制论

要将学科的基本概念以不同深浅程度教给任何年龄的儿童,必须结合儿童的行为把握、图像把握和符号把握,采取"螺旋式"课程编制方式。在每一门学科中,基本概念是以螺旋式上升的,因而儿童就以渐进复杂的形式理解这些概念和原理。随着儿童思维的发展,这些基本概念以螺旋式发展再发展,再深化再拓宽。具体从课程的"序列"来讲,"低年级到高年级的课程应当将同一基本概念多次反复地构成螺旋上升的系列加以编制。也就是说,对于一门学科的基本概念,首先用具体的、直观的方法去教学生,随着课程的展开,应反复地接触这些基本概念,通过第一螺旋的动作操作维度,第一螺旋的图像构成维度,逐渐进入比较抽象和复杂的第三螺旋的符号和形式维度,直到儿童掌握了与这些概念相适应的完全形式的体系为止。"为了更好地促进儿童的认知发展,螺旋之间要有连续性和发展性,即内容的编制从低到高,分阶段提高。

3. 发现—探究式学习论

怎样使学生掌握学科基本结构呢?布鲁纳主张采用发现法,施瓦布提倡探究法。发现—探究式学习是结构主义课程实施的重要途径。布鲁纳主张,"在提出一个学科的基本结构时,有可能保留一些令人兴奋的观念的系列,引导学生自己去发现它"。"发现不限于寻求人类尚未知晓的事物,确切地说,它包括用自己的头脑亲自获得知识的一切方法"。也就是说,发现法对于学生而言不一定就是创造,并非要学生去发现人类迄今为止尚未知晓的事物,而是让学生在教师的引导下概括原则和规律,在学习过程中获得新知识,以培养学生的直觉思维能力。施瓦布主张为学生设置实际的问题情境,使学生通过探究实例自主地参与获得知识的过程,培养探究能力,而不是让学生发现教材中教师有意保留的那一部分内容。

结构主义课程论的优点在于,强调基本概念和基本原理的教学,强调适应儿童心理发展阶段选择适当的教材,主张用科学上的新成就来代替陈旧的教学内容,主张激发儿童学习的主动性等。结构主义课程论的弊端在于,过分强调理论而忽视了实用知识和基本技能的训练;过分强调发现式学习,不符合多数学生的接受能力。

(五)人本主义

人本主义心理学兴起于20世纪五六十年代的美国,由马斯洛创立,以罗杰斯为代表,被称为除行为学派和精神分析以外心理学上的"第三势力"。人本主义和其他学派最大的不同是特别强调人的正面本质和价值,而并非集中研究人的问题行为,并强调人的成长和发展,称为自我实现。它与欧洲中世纪维护封建统治的神本主义是对立的,是反对封建主义的新兴资产阶级思潮。人文主义的根本思想是重视人，因此在课程观上就非常重视受教育者、重视儿童，反对狭隘的宗教教育。

1. 课程目标是自我实现

人本主义者要求将课程的重点从教材转向个人，他们批评博比特和泰勒等提出的课程模式只注意解释、预测和控制外部行为，忽视了学生行为的主体意义，主张课程要适合学习者内部和外部的需要。在人本主义者看来，自我实现是人的基本需要，但每个人的自我未必被认识到，它是隐蔽的或扭曲的，学校课程就是要帮助学习者发现自我，"要为每一个学习者提供有助于个人自由和发展的、有内在奖励的经验"。

2. 课程内容的选择

人本主义课程论者提出了课程内容选择的原则——"适切性"原则，从自我实现的课程目标出发，实质上倾向于学习者中心。人文主义者认为，教学是教儿童，不是单纯教教材，要展开真正的学习，儿童必须参与教学过程。有意义的学习是在教材、同学与自身的目的发生关系，由学生去认知时才能产生。因此，课程内容的组织应密切注意适合学生的生活、要求和兴趣。

3. 课程结构的组织

人本主义者认为，每一个人都应该作为一个完整的人(包括感情、观念和情绪)对所参与事物的整体作出反应。但是，注重教材逻辑结构的传统的学科课程，无视学习者的心理特征，使知识支离破碎，让人难以整体把握。因此，学校课程结构的组织要注重"整合"，它包括三方面的内容：一是学习者心理发展与教材结构逻辑的吻合；二是情感领域(情绪、态度、价值)与认知领域(理智的知识和能力)的整合；三是相关学科在经验指导下的综合。课程整合的方式不拘一格，可以按知识的内在逻辑联系整合，可以以活动或兴趣为中心整合，可以按内容相关性整合等，在具体的整合过程中要具体问题具体分析。

4. 课程的实施

人本主义课程实施的方式很有特色，主要有合成教育法、价值澄清法、创造活动法、人际交往训练法。"合成教育"一词最早由布朗提出，是一种将认知学习与情感经验协调起来，从而促使学习者在生理、心理、认知以及情感、道德、审美诸方面获得全面发展的教学方法。布朗于1967年设计了一项合成教育教学方案，称为"合成教育发展与研究计划"，曾在美国各级各类学校推广。价值澄清法的主要研究者有拉斯、哈明和西蒙。它是作为一种道德评价法而提出的，主要强调获得价值观的过程，即思考和理解不可避免地选择价值观和决定价值观的过程，而不是价值内容本身。创造活动法旨在培养创造性的"新人"，即培养"发展过程中的人，有创造力的人，能即席创作的人，自我依赖、勇气十足的人，自主自律的人"。人本主义课程在评价方法上也有所创新，设计了陈述性报告、学习档案法、契约评价法、自我评价法等。这些方法强调多元化评价，注重学生的积极参与，是一种以"促进"而非"检查"为宗旨的评价，有助于帮助学生"打开他获得经验的道路"。

人文主义课程也存在着明显的弊端：课程设置中仍然保留了浓厚的宗教色彩；过分强调

古典文学的教学，以至于人文主义的课程后来发展成为古典主义的课程，形成一种崇拜古典文学的风气。

第二节 课程的结构

课程结构是课程模式及相应课程观的外在表现形式，其中体现了特定的教育目标，反映了一定的课程观念并控制其课程功能。课程结构是课程实施顺利开展的依据。课程结构的研究是课程论中十分重要的部分，也是内容相当丰富的部分。课程结构是课程各部分的配合和组织，它是课程体系的骨架，主要规定了组成课程体系的学科门类，以及各学科内容的比例关系、必修课与选修课、分科课程与综合课程的搭配等，体现出一定的课程理念和课程设置的价值取向。课程结构是针对整个课程体系而言的，课程的知识构成是课程结构的核心问题，课程的形态结构是课程结构的骨架。下面从课程目标、课程内容、课程实施和课程评价整个过程来详细阐述。

一、课程目标

如果以目的和目标的概括性程度为准则，可以依次区分为四种不同的目标：教育目的（总目标）、培养目标、课程目标、教学目标。课程目标（curriculum objectives）是"一定教育价值观（教育目的、教育宗旨）在课程领域的具体化，指课程本身要实现的具体目标"。课程目标是课程领域的重要研究对象，并在课程编制过程中起着核心作用。

课程目标是个相对宏观的概念，如果将学段课程目标进一步细分，就进入了教学目标的范畴。教学目标是教师在教学实践中根据实际情况制订的教师教的目标和学生学的目标的统称。国家的教育目的、培养目标要依靠课程目标、教学目标的完成来实现，如果这二者本身出现问题，那么作为宏观的教育目的和培养目标的达成更是无从谈起。课程目标的研究是课程改革的关键问题，教学目标是实现课程目标的主要途径，二者的关系明确对课程改革有着非常重要的作用。课程目标有一定的价值取向，其中最有影响的是美国课程理论专家舒伯特（Schubert）的分类方法，他把课程目标的价值取向划分为"普遍性目标取向、行为目标取向、形成性目标取向和表现性目标取向"。

（一）普遍性目标

普遍性目标是基于教育理想、社会政治经济发展状况与需求、意识形态以及有关人的实践经验等而引出的课程的一般宗旨，这些宗旨是教育活动中一般性、规范性的指导方针。普遍性目标具有普遍性、模糊性、规范性。它是一种古老的目标形式，传统社会中一般采取这种目标形式，后来在西方受到行为目标的冲击。普遍性目标的优点主要在于：适用范围广、灵活性强，教师可以根据具体实践来理解和设计课程目标。普遍性目标的主要缺陷在于：第一，这类目标往往缺乏充分的科学根据，受日常经验所局限；第二，有一定的模糊性，不够明确；第三，不易观测。

（二）行为目标

行为目标是以具体的、可操作、可观测的行为的形式来陈述的课程目标，它指明教育活动后学生所发生的行为变化。行为目标的主要特点有三个方面：第一是强调目标的具体性、可操作性、可观测性。行为目标强调目标是具体的、可操作的而不是笼统的，强调目标是可以直接观察和测量的。第二是统一性，即行为目标适用于所有的人，而且对所有人都采取同样的标准。第三是预定性，即行为目标是在教育活动进行之前预先确定的，而不是随着教育活动的展开或者在教育活动结束之后才根据实际结果来确定的。

（三）形成性目标

形成性目标又称展开性目的、生成性目标、生长性目标，是在实际的教育情境中随着教育过程的展开而逐渐形成的课程目标。形成性目标最根本的特征是过程性，即随着教育过程的展开而逐渐地形成，而不是在教育过程之外或者在教育活动开始之前预先确定。

（四）表现性目标

表现性目标是美国学者艾斯纳在批判行为目标的过程中提出的一种课程目标形式。与强调统一性的行为目标不同，表现性目标强调课程目标的独特性、首创性，它是指学生在从事某种活动后所得到的结果，注重的是学生在活动中具有某种程度首创性的反应，而不是事先规定的结果。

总之，普遍性目标、行为目标、形成性目标和表现性目标各有优势和局限。在确定课程目标时，应该将这四种课程目标形式结合起来，起到相互补充、相互协调的作用。

二、课程内容

（一）课程内容的来源

关于课程内容的基本来源，课程论界已有较多学者进行了探讨。在探讨中，主流的观点是把课程内容的基本来源分解为学科、学习者、社会。据此，课程内容可以从学科知识、学习经验和社会生活经验三种不同意义或类似的意义来理解。这种看法的基本着眼点是权利本身，即分别从学科专家的权利、学习者的权利和社会（曾一度尤指社区）的权利来理解课程内容。这样就形成了经典的"学科—学习者—社会"三角形，如图1-1所示。

我们认为，在课程内容的基本来源上，总的来说要处理好三个基本范畴的关系：经验、知识、学科。在此，"经验"是最为广泛的一个范畴，它既包括直接的经验（确定性较低、稳定性较低、个人性较明显、情境性较明显并具有显著过程性的经验，这主要是个体当下与环境交互作用而新创造的经验），也包括间接的经验（现成知识，通常简称为知识），这两大类经验之间存在多方面的区别，同时也有内在的联系。"知识"是经验的一个重要组成部分，这

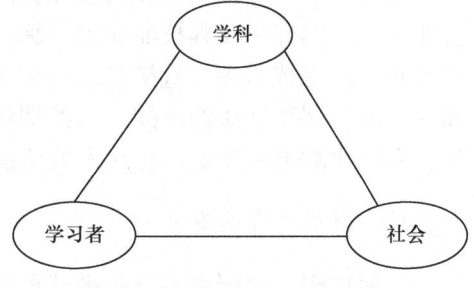

图1-1 经典的学习内容

个部分与经验中的直接经验相比，相对来说更具有确定性、稳定性、公共性或普遍性、间接性。它包括陈述性知识和程序性知识。"学科"是专门化、系统化的知识，它总的来说比知识的范围小，是知识中类别化较为显著、组织较严密、普遍性程度更高的部分。从根本上讲，课程内容的选择和组织需要处理这三个范畴之间的关系。在当代的课程中，关注最多的层次

是学科这个层次，其次是经验层次，至于中间层次，则由于在整个学术活动中没有重视学科知识与非学科知识的划分而在一定程度上被"架空"。事实上，人类有许多知识是非学科性的，这些非学科性的知识是学科的直接来源，虽然原有的非学科知识在不断地组织成学科，但另一方面新的非学科知识又在不断产生。知识由学科知识和非学科知识构成，其中学科知识是相对集中的、整体性的成分，而非学科知识是相对弥散、零碎的成分。在人类刚创造出来的较新知识中，往往非学科知识较多；有许多已创造出来较久的知识也处于未形成学科的状况，那些公共性不强的知识尤其如此。如果把学科知识比作星球，那么非学科知识则好比星云。当然，学科知识与非学科知识的界限是非常模糊的，甚至人们通常将许多非学科知识也划归相应的学科，因此非学科知识的存在已较难被人察觉。

在此，我们的初步看法简单地说就是：需要关注学科知识，同时要关注非学科知识，即把学科知识和非学科知识协调起来；至于直接经验，则不宜也难以在课程中直接进行实质性的规划，但应为其留下适当的空间，并在关注学科甚至知识时充分地考虑到"经验"这个广阔的背景。可以看出，学科、知识和经验这三个层次并不是并列的三个部分的内容，而是考察问题的三个层次。这三个范畴的关系可以用图1-2来表示。

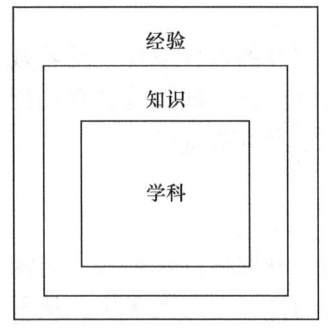

图1-2 经验、知识、学科之间的关系

(二)课程内容的观点和性质

关于课程内容的概念是课程理论不能回避的问题，也是课程的核心要素。国内外课程理论的观点有较大分歧，主要有两种观点，持课程内容社会学观点的学者认为：课程内容是在教育机构范围内要向学生灌输的知识，课程内容与课程目标直接相关，课程内容反映了社会权力控制的法则；持课程内容技术学观点的学者认为：课程内容是一门课程中所教授或包含的知识，也是指学科中特定的事实、观点、法则和问题等。基于对课程理论的理解，我们认为课程内容是根据课程目标，有目的地选择各种直接经验和间接经验的知识体系。

课程内容的基本性质是知识，它具有直接经验和间接经验两种形态。任何形式的课程都必须包含一定的直接经验和间接经验。直接经验是指与学生现实生活及其需要直接相关的社会知识、自然知识及其技能知识的综合，如社会生活经验、学生处理与自然事物关系的知识和经验、技能技巧等。直接经验与学生的现实生活直接相关，是课程内容的另一个重要组成部分。由于课程性质的不同，有的课程甚至以直接经验为主，如活动课程。间接经验即理论化、系统化的书本知识，它是人类认识的基本成果。

(三)课程内容的意义

在课程中，课程内容具有极其重要的意义，设计合理的课程内容是课程决策、课程设计和课程实施的核心问题。具体来说，课程内容的意义表现在以下几个方面：

第一，课程内容体现教育目的的要求。人们兴办教育事业，开展教育活动，在教育中引导学习者进行学习活动，都有一定的教育目的，即要让学生通过教育历程而获得一定的身心发展。那么，教育目的如何体现呢？一个重要的方面就是课程内容。离开了课程内容，教育目的就成了空洞的条文。

第二，课程内容是学生身心发展的源泉。课程的基本目的是要实现学生的身心发展，那么，怎样实现学生的身心发展，实现学生哪些方面的身心发展呢？这要以课程内容为源泉。学生正是通过对课程内容的学习，通过吸收课程内容，将课程内容内化为自身的内在知识、技能、价值观和其他素质，从而提升自己的素质，即获得发展。

第三，课程内容决定学习方式的选择，决定教学方法的选择、教学组织的采用、教学手段的采用、教材的编制。

第四，课程内容直接体现文化的传承和新文化因素的创造。人类在长期的实践活动中创造了丰富的、负载着各种价值的文化，将这种文化传承下去，是社会生活延续的一个重要条件，同时也是社会生活本身的一项重要内容。没有文化的传承，就没有社会生活的延续，社会生活就会中断或消亡。那么，怎样才能使社会文化得以传承呢？将文化作为课程内容置于学校的课程之中，让学生来学习和掌握、内化，这是以人格为载体传承文化的一条基本途径。正如人们所看到的，学校课程中的课程内容都体现了一定的社会文化。同时，在传承文化的过程中，文化也会得到一定的更新；尤其是在不少情况下，课程内容不仅仅是复制人类已创造的文化，而是通过教师与学生自主的、创造性的活动，在一定的教学情境中创造新的文化，课程规划将为这类情况的发生提供空间，或者加以适当的引导。

三、课程实施

国外课程研究者普遍认同：要想成功地推进课程改革，就必须深入研究课程改革方案的实施过程，对方案进行及时调整、修订和完善。我国课程实施研究起步较晚，但也有学者开始注意到研究课程实施的意义。人们对课程实施的本质有着不同理解，归结起来主要有下述两种观点：第一，课程实施是将方案付诸实践的过程；第二，课程实施就是教学。事实上，课程实施不仅包括把新课程计划付诸实践的过程，还包括课程制度化的过程。课程实施过程的本质具体表现为人们对课程实施取向的探讨。迄今为止，人们普遍认同的课程实施取向有三种：忠实取向（fidelity orientation）、相互适应取向（mutual adaptation orientation）和创生取向（enactment orientation）。

（一）忠实取向

忠实取向把课程实施过程看成是忠实地执行课程方案的过程。根据这一取向，预期课程方案的实现程度就是衡量课程实施成功与否的基本标准。课程方案实现程度高，则课程实施成功；反之，课程方案实现程度低，则课程实施失败。显然，坚持忠实取向将课程实施的本质理解为忠实执行，按部就班，不可能对课程方案作出变革。

（二）相互适应取向

相互适应取向强调课程方案的使用者与学校情境之间的相互适应，主张根据学校或班级实际情境，在课程目标、内容、方法、组织形式各方面对课程方案进行调整和改革。它包括两方面的内容，即课程计划为适应具体实践情境和学生特点而进行的调整、课程实际情境为适应课程计划而可能发生的改变。持这种取向的课程实施者容易将课程实施的本质理解为"协调中的变革"，人们相信，课程实施不可能只是一个事件，更重要的是过程，在过程中实施者不可能不对课程方案进行修订甚至改变，以适合其自身的目的。

(三)创生取向

创生取向则把课程实施过程看成是师生在具体情境中联合缔造新的教育经验的过程，在缔造过程中，已经设计好的课程方案仅仅是教师和学生进行或实现"再造"的材料或背景，是一种课程资源，借助这种资源，教师和学生不断变化和发展。随着教师和学生的发展，课程本身也在不断地进步。

以上三种取向在对课程知识的产生、课程变革的假设、研究方法以及教师角色的理解等方面有着很大差异，三者各有其适用的条件和优缺点。由于教育和社会情境极其复杂，教育变革的需要多种多样，在不同的情境中三种取向的价值都可以得到不同程度的体现，这也可以视为从"过程论"角度对课程实施本质的理解。

四、课程评价

课程评价有多种形式，主要分为质的评价和量的评价。质的评价(qualitative evaluation)是以人文主义为认识论基础，受"实践理性"和"解放理性"支配，力图通过自然的调查，全面充分地提示和描述评价对象的各种特质，以彰显其意义，促进理解。质的评价是当前新课程改革中采用的主要评价方式之一，包括档案袋评价、表现性评价、真实性评价、苏格拉底式研讨评定法等。量的评价(quantitative evaluation)是指将那些能够直接量化的、并且确实存在量化途径的评价指标进行量化的评价方式。例如，学生的考试成绩、平均分、及格率等就是用数量统计的方法，最终以数字的形式展现出来。质的评价主要是一种价值判断，而量的评价主要是一种事实判断。这里介绍三种典型的评价模式。

(一)目标达成模式

泰勒将课程发展分为四个阶段，即确定教育目标；选择学习经验；组织学习经验；评价学习效果。前三个阶段可对学习经验进行初步的评价，但这只能大致上预计可能产生的效果。在实际实施过程中，所涉及的变量很多，可能发生各种各样的变化。"要保证实际提供的学习经验恰好是学习单元所勾画的经验是不可能的。因此，重要的是较全面地检验提供这些学习经验的方案实际上是否起作用，以指导教师去引起那种所期望的结果。这既是评价的目的，也是在制订计划以后。为什么需要有一个评价过程的理由"。"评价过程实质上是一个确定课程与教学计划实际达到教育目标程度的过程。

(二)外观评价模式

外观评价模式是由斯特克(Stake)首先提出的。在外观评价模式中，强调两个主要的操作过程：描述和判断。斯特克将其用两个矩阵表示。为执行这两个活动，他设计了一个有组织的范式，并按照教学的三个阶段进行评价，即先在、过程和结果，见图1-3。

(三)CIPP模式

CIPP模式即背景评价(context evaluation)、输入评价(input evaluation)、过程评价(process evaluation)和结果评价(product evaluation)，是用四种评价方式的第一个英文字母命名的，这种模式最早是由斯塔弗尔比姆(Stufflebeam)和格巴(Guba)提出来的。CIPP模式的提倡者认为，评价是为作出某种决策而描述、获得和提供有用信息的过程；评价最重要的目的不是证

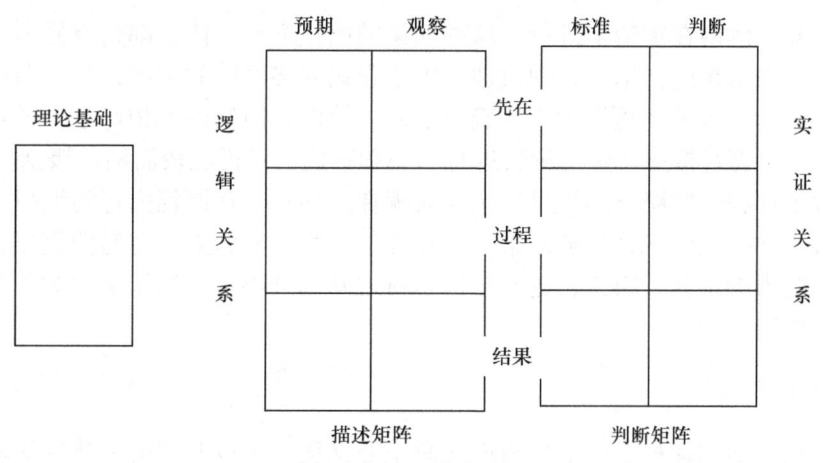

图 1-3 外观评价模式

明,而是改善;评价是作为一种工具,用它来帮助人们把教学计划做得更好。CIPP 模式强调的是为决策者提供改进教学计划的依据,使具体的课程方案更加符合实际,而不是简单地评价一个课程方案的好与不好。

在课程改革的大背景下,基于对课程本身的评价活动从无到有,从少到多,逐步开展起来。在课程评价活动中,虽然取得了很大的成绩,但从整体上审视当前的课程评价研究与实践活动,还存在以下几个方面的问题:对课程评价的理解过于宽泛,大多为单项的课程研究活动,缺乏系统的课程评价组织;以国家层面的课程评价为主,地方和学校层面的课程评价缺失;评价主体单一,过于强调行政意义上的评价。

第三节 课程的分类

课程有着久远的历史,在长期的发展过程中,课程的内涵越来越丰富、形式越来越多样,逐渐形成了不同类型的课程形态。分析课程的类型以及特点,可以帮助我们更深刻地理解课程的本质,把握课程的表现形式,为合理有效地开发课程奠定基础。根据不同的划分标准,可以把课程划分为学科课程与经验课程、分科课程与综合课程、必修课程与选修课程、直线式课程与螺旋式课程、显性课程与隐性课程,以及国家课程、地方课程和校本课程。

一、学科课程与经验课程

根据课程内容的性质,可将课程划分为学科课程与经验课程。

(一)学科课程

学科课程也称分科课程,是以文化知识(科学、道德、艺术)为基础,按照一定的价值标准,从不同的知识领域或学术领域选择一定的内容,根据知识的逻辑体系,将所选出的知识组织为学科。学科课程是最古老、使用范围最广的课程类型。迄今为止,已出现了三种典型的学科课程:科目本位课程、学术中心课程、综合学科课程。

学科课程具有如下特点:第一,系统性。这种系统性首先表现为学科课程是通过分门别类的归类方式,把不同领域的知识放置在不同的学科中。第二,逻辑性。学科课程在研制过程中强调依据知识的内在逻辑来进行。这种知识的内在逻辑大体上都是遵循由浅入深、从简单到复杂的程式来组织的。第三，预设性。由于强调间接经验的学习，学科课程实际上就是把学生需要学习的内容采用预设的方式确定下来。第四，简约性。相对于人类知识总体的纷繁复杂而言，学科课程按照一定的逻辑进行归类和筛选，显得比较简洁、概括。

学科课程也存在一些明显的不足，主要表现在：第一，在课程内容的组织上，过于注重逻辑系统，容易导致重记忆轻理解；第二，在课程内容的实施上，容易偏重知识的传授，忽视学生兴趣和能力的培养；第三，过于强调学科之间的分隔，不利于学生对所学知识进行横向联系、综合运用。

(二)经验课程

经验课程也称活动课程、生活课程或儿童中心课程，是以儿童的主体性活动的经验为中心组织的课程。经验课程以开发与培育主体内在的、内发的价值为目标，旨在培养具有丰富个性的主体。儿童的兴趣、动机、经验是经验课程的基本内容。

经验课程具有如下特点：第一，活动性。这可以说是活动课程所固有的，也是活动课程最突出的特点。这种活动性一方面表现为多面性，是根据学校之间的不同、学生之间的差异等灵活地安排适宜的活动来实现的；另一方面表现为实践性，是学生在具体的活动中通过操作、摆弄等形式来进行的。第二，开放性。活动课程的开放性主要表现为活动内容的开放、活动时间的开放、活动空间的开放等方面。第三，主体性。这主要是对参与活动课程的学生来说的。在活动课程中，学生的主体性不但能够得到尊重、发挥，而且还有助于他们的主体性的养成。第四，复杂性。活动课程的复杂性主要表现为活动内容复杂和组织过程复杂。

经验课程的缺点主要表现在：第一，学生获得的知识体系不系统、不完整；第二，不利于高效率地传授人类的文化遗产。

二、分科课程与综合课程

从课程内容涵盖学科的数量划分，可将课程分为学科课程和综合课程。

(一)分科课程

分科课程是指从不同门类的学科中选取知识，按照知识的逻辑体系，以分科教学的形式向学生传授知识的课程。分科课程与学科课程基本上是一致的，分科课程强调的是课程内容的组织形式，而学科课程强调的是课程内容固有的属性，又称"百科全书式的课程"。该课程有较强的逻辑体系，注重知识的传授，知识相对独立。从课程开发来说，分科课程坚持以学科知识及其发展为基点，强调本学科知识的优先性；从课程组织来说，分科课程坚持以学科知识的逻辑体系为线索，强调本学科自成一体。

(二)综合课程

综合课程是指这样一种课程组织取向：有意识地运用两种或两种以上学科的知识观和方法论去考察和探究一个中心主题或问题。如果这个中心主题或问题源于学科知识，那么这种综合课程即是"学科本位综合课程"；如果这个中心主题或问题源于社会生活现实，那么这种综合课程即是"社会本位综合课程";如果这个中心主题或问题源于学生自身的需要、动机、兴趣、经验,那么这种综合课程即是"经验本位综合课程"。

综合课程的优点体现在如下几个方面:第一,从认知的角度讲,综合课程可以提供整体的知识和观念,有利于联系知识的不同领域。第二,从心理学的角度讲,综合课程是按学习者的心理需要以及兴趣和好奇心来编制的,有助于学生学习和个性发展。第三,从学习者社会化的角度讲,综合课程有利于知识与社会生活的联系,有利于学习者运用所学知识去解决实际问题。

三、必修课程与选修课程

以课程计划中对课程实施的要求为逻辑范畴,可将学校课程分为必修课程与选修课程。

(一)必修课程

必修课程是指一个教育系统或教育机构法定性地要求全体学生或某一学科专业学生必须学习的课程种类。必修课程的本质特点就是强制性,它是社会权威在课程中的体现。

必修课程是整个课程系统的基石,必修课程的功能是多方面的:选择和传递社会主流文化;使学生掌握系统的科学文化知识,获得基本知识和基本技能;使学生获得某一教育程度的文凭和某种职业的资格;促进学生体质、认知、情感和技能的发展等。

(二)选修课程

选修课程是指在学校所设置的所有课程中可以允许学习者自主选择进行修习的课程,用以满足他们个性化发展的需求。选修课程允许学习者根据自己的兴趣自主选择,其功能在于提供个体学生感兴趣的知识内容,发展其特长和爱好,扩展其知识面,满足个人化的教育需求,追求的是实现"个性"的教育目标。

不少高等学校又将选修课程划分为两种:限制性选修课和任意性选修课。前者是指学习者在某一学科门类范围内或某一组课程范围内选修课程;后者是为扩展视野,体现不同学科交叉渗透所开设的可供全校学习者自由选择的课程。学习者在学习本专业必修课和限制性选修课的同时,可根据专业的知识结构或个人兴趣选择其他课程作为自己的任意性选修课。

四、直线式课程与螺旋式课程

以课程内容的编排方式为逻辑范畴,可将课程分为直线式课程与螺旋式课程。

(一)直线式课程

直线式课程是将一门学科的内容按照逻辑体系组织起来,其前后内容基本上不重复。直线式课程组织在我国学科课程的组织中依然占主流。这种课程组织的优点是能较好地反映一门学科的逻辑体系,避免课程内容不必要的重复,其缺点是不能恰当体现学生认知发展的特点,也不利于将学科发展的前沿成果尽早地反映在教学中。

(二)螺旋式课程

螺旋式课程是在不同学习阶段重复呈现特定的学科内容,同时利用学生日益增长的心理的成熟性，使学科内容不断扩展和加深的课程。螺旋式课程组织的优点是能够将学科逻辑与学生的心理逻辑较好地结合起来，其缺点是容易造成学科内容的臃肿和不必要的重复。

五、显性课程与隐性课程

以课程的表现形态为逻辑范畴，可将学校课程分为显性课程与隐性课程。

（一）显性课程

显性课程也称显在课程、正规课程，指的是学校有目的、有计划传授的学科，或者说是学校课程表内列入的所有有组织的活动，其显著性特征之一就是计划性。列入课程计划的学科，也就是各门学科的知识体系，是文化传播的主体。学科课程分门别类地把不同领域的人类文化知识系统地组织起来，在学校教育中起着十分重要的作用，是课程结构的主体，是培养人才的主要依据。

显性课程的特点主要有：第一，外显性。人们才能够直观地感受到或者可以直接地对之进行把握。第二，正式性。显性课程往往都是由一定的政府来组织研制、实施，并通过有关国家的法律、法规和政策等进行调控的课程类型。第三，科学性。这主要表现在以下两个方面：一是这是由有关的国家机关代表国家组织课程专家、学科专家和社会人员经过充分的调研和严格的论证，遵照课程研制的科学程式进行研制的，从而保障其科学性；二是此类课程的实施不是地方或学校可以随心所欲，也是遵照科学的要求、按照科学的方式来实施的。第四，规范性。这主要表现为显性课程都是通过政府的法律、法规的授权来进行研制，并通过法律、法规的形式来保证的。第五，多样性。这主要是指显性课程的具体形式各不相同，存在多种多样的形式，如既有必修的，也有选修的；既有学科的，也有活动的、综合的；既有工具性的，也有知识性的，还有技艺性的，等等。

（二）隐性课程

隐性课程也称隐蔽课程、无形课程、潜在课程等，是指学生在学习环境（包括物质环境、社会环境和文化体系）中所学习到的非预期或非计划性的知识、价值观念、规范和态度，是计划表上看不到的课程。隐性课程是非正式的、非官方的，具有潜在性。

隐性课程具有如下特点：第一，隐性课程具有弥散性和普遍性。隐性课程的影响可以说是无处不在，只要存在教育，就必然存在隐性课程的影响，因为每一个学习者都是主体，每一个主体的心灵的特性都是独有的，在同一个教育情境中，不同的主体会解读出不同的意义，而这些意义是超出教育者预测之外的。第二，隐性课程的影响具有持久性。许多隐性课程都是通过心理的无意识层面对人产生影响，如对情感态度的影响、对价值观念的影响、对性别角色的形成等，都是潜移默化的，这些影响一经确立，就持久地影响人的心理与行为，难以改变。第三，隐性课程的教育影响既可能是积极的，也可能是消极的。无论是知识的学习，还是情感、价值的陶冶，隐性课程对学习者的影响都既可能是积极的，也可能是消极的。教育者的教育艺术集中体现在如何发挥隐性课程的积极教育影响和减少隐性课程的消极影响上。第四，隐性课程的内容既可能是学术性的，也可能是非学术性的。有些隐性课程是学术性的，如潜移默化地学会某种学术知识、学术观点、学术态度、学科探究方式等。也有隐性课程是非学术性的，如隐含于班级和学校结构、行为规范和规则、人际交往方式等方面的隐性课程影响。

隐性课程的提出实际上就是人们对于课程实践中一些以内隐的、非预期的、非公开方式存在，但却又实实在在对受教育者产生影响作用的因素的认识。因此，隐性课程的提出实际上就是对于隐性课程作用的认识，并且随着对隐性课程认识的逐渐深入，对隐性课程作用的认识也逐渐深入。

六、国家课程、地方课程和校本课程

以课程设计、开发和管理主体为逻辑范畴，可将学校课程分为国家课程、地方课程和校本课程。

(一)国家课程

国家课程指的是由国家统一开发管理、通过国家行政力量在全国范围内推行的课程。它体现了国家的意志，是专门为未来公民接受基础教育之后所要达到的共同素质而开发的课程。国家课程体现在官方课程文件中，如课程标准、教学大纲、教科书等。国家课程由政府组织专家学者统一开发，在全国范围内实施，对一个国家的教育起着举足轻重的作用。

国家课程具有如下特点：第一，权威性。国家课程的权威性主要表现在它是由有关方面以国家的名义进行研制、发布的课程，而且是以国家的名义要求对其进行组织和实施的课程。在具体的实践过程中，国家还会通过一定的法律、法规的形式来保障国家课程的施行。第二，规范性。国家课程的规范性主要表现在任何地方、任何学校都必须按照国家课程的有关计划、标准等实施。第三，科学性。国家课程虽然是基于国家需要来开发的，但国家需要的确立本身就是根据一定的科学理论，结合一定的社会发展现状与发展趋势来确定的。另外，国家课程的科学性还表现在国家课程的开发要根据受教育者的身心发展水平来进行，是根据受教育者身心发展的现状与可能来开发的。第四，重要性。国家课程的重要性表现在是为国家需要服务，肩负着为国家培养满足其未来社会发展需要的合格公民的重任；同时，国家课程的重要性还表现为其在整个国家课程体系中的地位，是地方课程、校本课程开发的重要依据之一。

(二)地方课程

地方课程指的是由地方教育行政部门依据当地的政治、经济、文化、民族等发展需要而开发和管理、在地方范围内推行的课程。它由地方教育行政部门主持开发和管理，体现地方的风土人情和教育特色，是传承地方文化、传播地方知识的重要手段，可以满足地方对学生发展的区域性要求。地方课程在充分利用地方教育资源、反映基础教育的地域特点、增强课程的地方适应性方面有着重要价值。

地方课程的特点主要有以下六个方面：第一，地域性。地方课程是基于地方和为了地方而开设、开发的课程。具体来说，这是不同地方根据其所辖地域的经济、文化发展情况或社区发展所面临的现实问题及对未来成员的特殊发展要求而制定的课程。第二，特色性。这种特色性既可以表现为由于经济发展水平不同形成的特色，也可以表现为由于自然地理环境不同形成的特色，还可以表现为由于历史文化传统不同形成的特色等。正是这种特色性，为地方课程的合法性存在提供了保证。第三，适切性。地方课程的适切性主要表现为，与地方特色适切、与时代特征适切、与现实需要适切。第四，开放性。地方课程的开放性主要表现在内容的开放、空间的开放、评价的开放。第五，研究性。地方课程是通过在实施过程中对学生的探究意识和发现能力进行完善和引领的过程。第六，针对性。地方课程的针对性主要表现为针对特定地方、针对特定需要。

在我国，课程管理领域实行的是高度统一的课程制度，这与各地社会发展的差异性和多样性之间存在一定的矛盾。地方课程的主要功能就在于弥补国家课程不能反映地方教育情境这一缺陷，实现地方的教育意图和教育目的。

(三)校本课程

"校本课程"的概念是一个"舶来品"，在西方指的是学校自主开发的课程。在我国有两种不同的课程形式都被视为校本课程。一是指为满足具体学校的发展需求和学习者的学习需求，充分利用当地和学校的课程资源而开发的多样性的、可供学生选择的课程，是在国家课程之外的、由学校自主研制和实施的课程；二是指国际课程的校本化实施，即学校和教师通过选择、改编、整合、补充、扩展等方式，对国家课程和地方课程进行再加工，使其更符合本校和学习者的需要。无论哪种方式，校本课程都是由校长和教师根据学生的需求而在具体教育情境中开发或改编的课程。校本课程的本质体现在：在课程权利方面，学校拥有课程自主权；在课程开发主体方面，教师是课程开发的主体；在课程开发场所方面，学校是课程开发的场所。

校本课程的特点有：第一，授权性。学校作为校本课程开发的主体，进行校本课程的开发和管理等是学校根据国家有关的法律、法规来进行的授权性法律行为。第二，规范性。校本课程的规范性主要表现在以下两个方面：一是如上所述通过授权性而来的规范性，即校本课程的开发、开设的活动必须符合有关课程开发的法律、法规的规定，不能与法律、法规的规定相违背；二是指学校开发出来的校本课程在学校范围内具有约束性，要求学校的相关人员，如教师、学生等都必须遵照执行，并不能自行其是，随意增加或减少课程的内容、时数等。第三，科学性。校本课程虽然是学校基于其所能享有的课程资源而自行开发、开设的课程，但也同样必须遵循课程开发的基本程式，符合科学性的要求。第四，多样性。校本课程的多样性是指不同的学校所开发、开设的校本课程各不相同，从而使得校本课程在总量上呈现为多样性。第五，动态性。校本课程总会随着学校所享有的课程资源、实施课程的条件等方面的变化而变化。第六，灵活性。这主要表现为校本课程在实施过程中会遇到一些课程资源的变化、具体情况的变化等，需要根据具体的条件等灵活变通。相对于动态性对校本课程的类型及数量等方面的强调而言，灵活性主要侧重于校本课程在具体实施中根据情况进行灵活地变化和调整。

第四节 课程开发

课程开发(curriculum development)是课程领域一个常用的重要概念，是指使课程的功能适应文化、社会、科学及人际关系需求的持续不断的决定课程、改进课程的活动、过程。

"课程开发"由"课程编制"或"课程编订"(curriculum making)、"课程建设"(curriculum building 或 curriculum construction)等词发展、演进而来。1935年，美国学者卡斯韦尔(Caswell

和坎贝尔(Campbell)合著的《课程开发》(*Curriculum Development*)问世后,"课程开发"概念引起人们的关注。20 世纪 50 年代后,欧美用 curriculum development 一词逐步代替了以前常用的 curriculum making 和 curriculum construction。1974 年 3 月,日本文部省和经济合作与发展组织(OECD)所辖机构"教育研究革新中心"(CERI)合作,在东京召开了课程开发国际研讨会,相当明确地提出了"课程开发"的概念及其基本方向,认为"课程开发"是表示课程的编订、实验、检验—改进—再编订、实验、检验……这一连串作业过程的整体。"课程开发"这一术语在教育学界流行,应该说是始于这个时候。

我国教育界在 20 世纪 20~40 年代常用"课程编制"和"课程编订"等类似的术语,20 世纪 80 年代以后,在一些课程研究的书刊中也使用"课程开发"这一术语。目前,我国对这一术语的运用比较混乱,较为一致的定义为:课程开发是完成一项课程计划的过程,包括课程目标的确立、课程内容的选择与组织、课程实施与课程评价等内容。本节主要从课程开发的取向、层次、意义、内容等进行阐述。

课程设计不同于课程开发。一般来说,课程设计是指选择什么样的教学内容以及如何组织这些教学内容。而课程开发除了包含选择和组织教学内容外,还包括对教学内容的实施和评价。因此,课程设计可以看成是课程开发的组成部分。

一、课程开发的价值取向

教育部原副部长吴启迪指出:"今后高等教育的人才培养工作,要以能力培养为重点,深化教育教学改革,着力培养大学生的创新能力、实践能力,积极推动研究性教学,增加综合性和创新性实验,形成有利于培养学生创新能力和提高实践能力的人才培养模式。"因此,课程开发不是盲目开发,而是基于两个层面(理论基础、方法技术)上进行的开发。所谓理论基础,著名教育家劳顿(Lawton)认为,迄今为止较流行的课程开发理论有学生中心论、学科中心论(或知识中心论),社会中心论;而方法技术是指课程开发的各要素:目标、内容、策略(活动、媒体、资源)、评价。

课程开发是随教育观、课程观的不同而不同的。但基于基础性的层面,课程开发的因素是知识因素、社会因素和学习者因素。三个不同因素的取向代表了课程的不同属性——文化属性、社会属性和人本属性。这些属性之间是相互联系、相互作用、辩证统一的关系。在广义上,课程开发受开发者对材料依据的选择或开发者选择作为重点材料的影响,基本上取决于开发者关于课程应在学生的成长中起什么作用的价值观念、目标、内容、学习活动、评价程序,有时还包括学习材料、时间、空间和环境、分组情况及教学策略。

按照课程开发价值取向的不同,在课程的研究和发展过程中,课程开发有三种基本的取向:学科中心取向、学习者中心取向、问题中心取向。下面分别探讨这三种取向以及每种取向中课程要素的组织。

(一)学科中心取向

学科中心开发强调从学科门类及分科知识体系出发,以知识为中心设计课程,注重知识因素的设计。这种取向的设计强调人类知识是支撑社会存在与发展的支柱,强调心智训练。

"人类在漫长的岁月中积累了学问、知识、技艺等系统知识,它们反映了人类的集体智慧,并代表着人类的文化遗产。所以,自古以来知识就被视为教育内容选择的重要视点,而且认为，人类知识是支撑社会存在与发展的支柱"。从古希腊、古罗马的"七艺"到夸美纽斯的教学论都是学科中心设计。要素主义和经验主义强调的也是一种学科中心设计取向，布鲁纳同样重视学科结构的课程设计。

学科中心设计存在三种最基本的形式：科目设计、学科设计、大范围设计。科目设计即把课程内容分为众多科目，并赋予一定的价值等级，区分出不同科目对各类学生的适合程度；学科设计即把学校所开设的课程内容对应于自然科学、社会科学和人文学科的分类，并沿用这些学科的概念和逻辑体系作为课程内容的框架；大范围设计即把两门以上有关的科目合并成单一的大范围教程，为学生提供认识相互关联的广泛知识领域的综合观点。无论学科中心课程设计有多少种教材形式，它们总是有一些共同的设计理念与特征，以及与其他课程开发模式相比的优越之处。这些特征可以归结为以下三点：

(1)学科中心的开发一般以知识间的内在联系为基准。开发的实质是将反映自然和社会的客观规律的概念、原理的知识内容进行组织，围绕其内在联系形成学科的逻辑。学科中心课程设计认为这样的设计是"以最有逻辑、最经济、最实用、最真实以及最容易消化的形式来阐述知识"。

(2)学科中心的课程开发十分依赖语言的活动。学科的材料包括其知识和观点往往以语言的形式存在，并以语言作为媒介进行传播和交流。因此，学科中心的课程有强调讲解、解释、背诵、书面练习、口头报告的倾向。

(3)学科中心的课程开发常把各门学科划分为不同的价值等级。把一些工具性的学科如语文、数学、外语看作核心的学科，把物理、化学等学术性的学科看作比音乐、美术、园艺等非学术性的学科更为重要。学科中心的这一特征反映了它自身的价值观念，即培养专业人士的教育价值观。

这种设计的不足体现在以下五个方面：①课程的目标范围狭窄；②倾向于割裂知识，从而割裂了学生对知识的理解；③脱离现实世界所关心的事以及发生的事件，课程内容没有充分反映社会生活的发展变化、出现问题、面临的挑战、应对的策略；④对学生的能力、需求、兴趣和阅历缺乏足够的注意，致使教学内容不能适应学生的需求，减弱了学生的学习动机；⑤人类知识不断积累，不断增加，特别是在当代科技革命带来的知识分化、综合的局面下，知识的陈旧率大大提高，新学科不断涌现，在实践上，学科中心设计的构想便显得难以应付，科目有无限增长的趋势，结果新学科使课程变得拥挤不堪。

(二)学习者中心取向

学习者中心开发是以学生学习的兴趣和需要作为出发点，注重学习因素的设计。这种课程开发取向强调学生的兴趣、需要、能力、倾向作为课程设计的核心，使课程适应学习者而非使学习者适应课程。

学习者中心开发这种取向起源于卢梭，他认为学生是通过自身的体验进行学习。杜威的"儿童中心"是这种课程开发取向的延伸和发展。在当代，以陶行知等为代表的影响下学习者中心开发取向有了新的发展，如"关联课程"、"合流课程"、"潜在课程"等。

根据课程开发的实践，学习者中心取向的课程开发有如下特征：

(1)学习者中心取向的课程开发一般没有一定的基准，仅以学习者的兴趣等为出发点。教师的任务不再是将学科知识全部灌输，而是发现学生的兴趣，帮助学生学习。

(2)学习者中心取向的课程开发是以活动的形式进行授课,地点也不仅仅局限于教室,如实验、园艺等可选择在合适的工作室或户外。

(3)学习者中心取向的课程开发的培养目的不再是对教材知识的解读,而是学生解决问题的过程。学习者运用自身的经验以及其他知识解决综合性问题,既可以提高学生处理问题的能力,也能将知识运用到实际生活中。

学习者中心设计的不足之处在于,这种设计在重视个人发展的同时,忽视了对教育具有关键意义的社会目标,而学生的个体需要与社会需要有时是不一致的,同时社会的发展水平也限制着个人需要的实现程度。这种设计也不利于帮助学生建立逻辑紧密的知识体系和掌握各种必备的技能。另外,这种设计在实践上是不容易实施的,一是教师难以胜任,需要他们多才多艺、知识广博,但这种特别能胜任的教师毕竟不具有普遍性;二是难以实施有效的评价,因为在活动中没有一种统一的标准可以作为衡量学生的杠杆。

(三)问题中心取向

问题中心取向课程开发实质是将学科中心课程开发和学习者中心课程开发进行整合,既抓住了学科内容又不使学生失去兴趣,避免学习者走向两种极端。但值得注意的是,"问题中心"的"问题"并不是教材中的"练习题",而是与社会生活密切相关的问题,这种课程开发取向注重社会因素的设计。它着眼于使学习者掌握社会生活必需的知识、技术和技能。它有两个表现,一是"社会适应"型,这种设计主张由社会现状去寻找课程设计的目标;二是"社会重塑"型,主张将社会现实的问题作为课程设计的核心,旨在培养学生成为"社会改造的工具"。这两种形式均依赖社会分析而非学科或学生分析作为课程设计的依据,两者均强调社会实践活动或社会问题解决能力的培养,如博比特的"活动分析法"(将重点置于成人所期待的活动之上,撷取学习者身边的问题及同社会课题相关的问题,探究解决问题的线索)。

问题中心设计的优势在于:以整合的形式呈现学习内容,打破了学科间的隔绝状态,实现了跨学科的联系;以相关的形式组织教材,教学内容直接用于解决实际生活中的问题,便于学生发现课程内容的意义和价值,加强了学习者与社会的联系,使社会目标在课程中直接得到体现;又由于学生的个体经验和需要得到重视,因此无需外部强加的动机来迫使学习者学习。但批评者认为,它在课程的水平和垂直组织方面存在随意性,所传授的知识缺乏严密的逻辑体系,且容易忽略与生活实际问题没有直接联系的知识内容,另外还面临师资、教材等方面的困难。

二、课程开发的基本模式

课程开发模式是指在课程开发过程中,根据某种思想和理论,选择和组织课程内容、教学方法、管理手段,以及制定课程评价原则而形成的一种形式系统。20世纪以来,课程开发主要有两种基本模式,即目标模式和过程模式。

(一)目标模式

目标模式是以目标为课程开发的基础和核心,围绕课程目标的确定及其实现、评价而进行课程开发的模式。目标模式被看作是课程开发的经典模式。下面介绍目标模式的类型。

1. 泰勒模式

泰勒模式由现代课程理论之父泰勒创立。泰勒认为，开发任何课程和教学计划都必须解决这四个问题：确定教育目标、选择教育经验(学习经验)、组织教育经验、评价教育计划。舒伯特把从上面这四个问题中归纳出来的"目标"、"内容"(或"学习经验")、"组织"和"评价"称为课程开发的永恒分析范畴。

泰勒认为，确定教育目标是课程开发的出发点。课程开发的整个过程都取决于预定的教育目标，目标是课程的灵魂。教育目标即有意识地选择的目的，也就是学校教职员所向往的结果。这种目的和结果的确定要依据三个来源：对学习者自身的研究、对校外当代生活的研究、学科专家的建议。

2. 塔巴模式

作为泰勒的学生和助手，塔巴对泰勒模式提出一个更为详细而具体的解释方案，在一定程度上扩展了泰勒模式。像泰勒一样，她也认为课程开发是一种技术活动而非政治活动。目的选择依赖于来自各方面的分析。她坚持泰勒的直线式课程开发过程，但于1962年将泰勒提出的4个步骤扩展为包含了8步的模式：诊断需要、建立目标、选择内容、组织内容、选择学习经验、组织学习经验、决定评价的内容与手段、检查平衡与顺序。

3. 惠勒模式

惠勒将泰勒的直线式转变为圆圈式。这种模式仍以宗旨、目的、目标为起点，依次是选择学习经验、选择内容、组织并整合学习经验和内容、评价，最后又回到宗旨、目的、目标。惠勒认为，这种模式优点是在评价的结果不符合预期目标时能实现回馈，有利于重新修订和编制课程。

4. 坦纳模式

D. 坦纳和L. N. 坦纳认为，泰勒对基本问题的直线式排列是错误的，不能说明基本问题之间的依赖关系。因此，他们将泰勒的直线式修改成一种立体的模式。他们认为，在课程开发的过程中，目标、内容、教学方法与组织、评价等诸要素是相互联系、相互作用的。它们之间这种关系的基础是教育哲学。

除了以上模式之外，目标模式还有许多其他变式，如威斯特迈的模式、塞勒等的模式、奥利沃的模式等，但这些模式都是围绕目标来进行课程开发的。

(二)过程模式

过程模式是由英国著名课程论专家斯坦豪斯建构起来的。斯坦豪斯对过程模式的建构是从对目标模式的批判展开的。这种模式主张，课程开发关注的应是过程而不是目的，不宜从详细描述目标开始，而是要先详述程序原则与过程，然后在教育活动、经验中不断予以改进、修正，此即所谓"过程模式"，以过程或程序，而不以目标或内容为焦点。它不预先指定目标，而是详细说明内容和过程中的各种原理。下面具体介绍过程模式的基本内容。

1. 课程开发的任务

英国著名教育哲学家彼得斯的知识论是知识以及教育本身具有内在的价值，无需通过教育的结果加以证明。诸如知识的过程、概念以及标准等形式无法适当地转化为操作水平上的目标。斯坦豪斯据此提出了课程开发的任务就是要选择活动内容，建立关于学科的过程、概念与标准等知识形式的课程，并提供实施的"过程原则"。

2. 课程内容的选择标准

课程内容的选择标准是要"含有内在价值"。斯坦豪斯采用了拉思提出的12种鉴别标准。

(1)选择性。在所有其他条件相同的情况下，如果一项活动允许学生在完成它的过程中作出其所了解的选择，并能对自己的选择所带来的后果作出反应，则这项活动比其他活动更有价值。

(2)主体性。在所有其他条件相同的情况下，如果一项活动在学习情境中允许学生充当主动的角色而不是被动的角色，则这项活动比其他活动更有价值。

(3)探究性。在所有其他条件相同的情况下，如果一项活动要求学生探究各种观念，探究智力过程的应用，或探究当前的个人问题或社会问题，则这项活动比其他活动更有价值。

(4)直观性。在所有其他条件相同的情况下，如果一项活动使学生涉及实物教具(真实的物体、材料与人工制品)，则这项活动比其他活动更有价值。

(5)适切性。在所有其他条件相同的情况下，如果一项活动能够由处于不同能力水平的学生成功地完成，则这项活动比其他活动更有价值。

(6)问题(质疑)性。在所有其他条件相同的情况下，如果一项活动要求学生在一个新的背景下审查一种观念、一项对于智力活动的应用或一个以前研究过的现存问题，则这项活动比其他活动更有价值。

(7)创新性。在所有其他条件相同的情况下，如果一项活动要求学生审查一些题目或问题，这些题目或问题是人们一般不去审查的，是典型的被大众传播媒介忽略了的，则这项活动比其他活动更有价值。

(8)尝试性。在所有其他条件相同的情况下，如果一项活动使学生与教师共同参与"冒险"，即在成功与失败之间冒险，则这项活动比其他活动更有价值。

(9)反思性。在所有其他条件相同的情况下，如果一项活动要求学生改写、重温及完善他们已开始了的尝试，则这项活动比其他活动更有价值。

(10)方法性。在所有其他条件相同的情况下，如果一项活动使学生应用与掌握有意义的规则、标准及准则，则这项活动比其他活动更有价值。

(11)合作性。在所有其他条件相同的情况下，如果一项活动能给学生提供一个和他人分享制订计划、执行计划及活动结果的机会，则这项活动比其他活动更有价值。

(12)探讨性。在所有其他条件相同的情况下，如果一项活动与学生的表达目的密切相关，则这项活动比其他活动更有价值。

课程开发的过程模式是通过对知识和教育活动的内在价值的确认，鼓励学生探索具有教育价值的知识领域，进行自由自主的活动。它把学生视为一个积极的活动者，教育的功能在于发展学生的潜能，使他们自主而有力地行动。

三、课程开发的基本维度

泰勒在《课程与教学的基本原理》(1949)中用一种折中的态度把学习者的需要、当代社会生活的需求、学科发展的需要并列为课程目标的来源。此后，这三个方面成为课程开发的基本维度。

（一）学习者的需要

学习者的需要是"完整的人"的身心发展的需要，即儿童人格发展的需要。儿童人格发展的需要不仅具有年龄阶段的差异性，而且具有个体间的差异性。确定儿童需要的过程本质是尊重学习者的个性，体现学习者意志的过程，也就是学习者自由选择的过程，即使是教师或成人为儿童提供帮助，也只是引导，而不能强加教师或成人的意志。由于学习者的人格发展具有年龄差异性和个体差异性，因此引导学习者需要的过程也应该是尊重学习者个性差异的过程。

（二）当代社会生活的需求

当代社会生活的需求包括空间维度和时间维度。空间维度的当代社会生活的需求是指从儿童所在的社区到一个民族、一个国家乃至整个人类的发展需要。时间维度的当代社会生活的需求是指社会生活的当下现实需要与社会生活的变迁趋势和未来需求的统一。

目前，将当代社会生活的需求确定为课程开发的维度，至少需要满足三条原则：第一，民主性原则。在大众主义时代，作为课程开发的社会需求应该体现社会民主和社会公平的原则。第二，民主性与国际性统一的原则。国际化时代的课程开发应具有国际视野，应将本社区、本国家、本民族的需求与整个人类的需求统一起来。第三，教育先行原则。教育先行是新时期教育的新质规定。这就要求教育不仅要适应当下的社会需求，更要超越当下的社会现实，走在社会发展的前面。因此，课程开发不仅要反映当下的社会需求，更主要的要反映未来社会的发展趋势。

（三）学科发展的需要

儿童由自然人发展为文化人的基本途径就是通过学校课程学习学科知识，继承文化遗产。因此，学科知识及其发展成为课程开发的维度之一。

学科知识即学科的逻辑体系，包括学科的基本概念和基本原理、学科的探究方式、该学科与相关学科的关系等。学科知识的典型类型包括数学、自然科学（如物理学、化学、生物学等）、技术学、社会科学（语言学、历史学、地理学、经济学、教育学、人类学等）、人文科学（哲学、文学、艺术等）等。

学科发展成为课程开发的维度，需要认识以下几个问题。第一，知识的价值指向是理解世界，与世界更好地和谐共存，指向是提升生活的意义而非仅限于功利追求。第二，最有价值的知识是使生活的意义得以提升的知识，是使个人获得自由解放、社会不断趋于民主公正的知识，这类知识是整合了科学精神和人文精神的知识。第三，有价值的知识是所负载的价值观应推进社会民主和公平，践踏社会公平的知识不是有价值的知识。

四、课程开发的层次

从课程开发的任务进行思考,不考虑所使用的名词和概念的区别,从课程开发的实际发生过程分析。根据课程开发所承担的任务和产生的结果,大致可以分出宏观、中观、微观三个层次,不同层次的设计,完成不同的任务,产生不同的结果。

(一)宏观层次

宏观层次的课程开发通常表现为关于课程宗旨、课程性质、课程内容的主要范围或选择内容的主要指导原则等,如我国《九年义务教育全日制小学、初级中学课程计划(试行)》的课程结构设计、《全日制普通高级中学课程计划(试验)》的课程结构设计等。这一层次的课程开发应当解决课程的一些基本理念问题,包括课程的价值、课程的根本目的、课程的主要任务、课程的基本结构等。无论是针对一门具体的课程还是针对一个大的课程结构,这些问题都是必须要明确回答的。

一般而言,宏观的课程开发主体是国家,在实行中央集权制的国家,这一点体现得最为明显。教师有可能参与,也可能不参与该层次的课程开发。在我国,宏观的课程开发主体是国家。

(二)中观层次

中观层次的课程开发以宏观的课程开发为前提和基础,是在具体的课程门类基础上进行的,多以教科书或其他形式的教材为物质载体表现,具体化为各门课程的大纲或标准。这一层次的设计工作在我国的传统是说明课程所包括的知识体系(基本上包括了课程所要学习的全部知识)。

一般而言,地方、学区主要为学校提供的是一个基本的指南,表明具体的学科目标,学校需要根据自身的特色开发合适的课程。指南的基本内容为:详细的目的和目标;教学内容的结构和顺序;具体的教学单元,包括内容、问题、考试、测验举例;教学的背景资料,包括进一步的阅读参考书目。若将课程指南具体化,则形成教学大纲或课程标准。课程大纲或标准的基本内容包括:必修、选修学科的范围;各学科的时间分配;要求的标准、具体的目标、学习内容、评价方式;学校教育质量、教师教学质量管理的程序。

中观层次课程开发的主体可以是国家、地方、学区或学校,不同教育行政体制的国家要求不尽相同。中央集权制的国家仍以国家为主,具体操作者通常有政府的教育官员及由政府委托的专家和学者。教师有可能参与,也可能不参与该层次的课程开发。从目前的发展趋势看,教师的参与逐渐增多。

(三)微观层次

微观层次的课程开发是教师根据各种相关因素的具体状况而进行的再设计,在我国的课程实践中,教师进行微观设计时所受到的牵制比较大,能够发挥的实际作用也有限。影响这种设计的因素有学生的已有基础及学习状态、教师的自身条件、可以运用的课程资源。这种设计能解决宏观和中观课程中无法解决的问题,但这种设计一般不涉及课程的总体目标、学科目标,也就是说基本上是在接受和认可现存目标的前提下进行的。

不管课程计划、课程标准制定得如何丰富或详尽,进入课程实施领域后,教师需要以课程计划、课程标准为指导,根据自身的风格、学生的基础、教育资源的状况,灵活地制订自己的课时计划,概要说明课时目标、学习内容、学生的活动、教学方法、评价形式等。课时计划不仅是宏观、中观、微观层次课程开发的集大成者,还直接导向理想的课程、正式的课程转化为领悟的课程、实行的课程,乃至体验的课程。

五、课程开发的原则

课程开发的原则是指在课程开发过程中制约开发过程的价值准则,是人们根据课程开发过程的规律性认识而制定的用以指导课程开发的基本要求。课程开发的原则规范着课程目标的性质、课程内容的选择、课程实施的标准及课程评价的取向等问题。课程开发的原则主要有目标导向性原则、协调性原则、统整性原则、多样性原则和适宜性原则。

(一)目标导向性原则

课程开发必须以国家制定的教育目标为课程开发活动的准则与导向,以防止课程开发活动偏离国家的教育方针。该原则包括两方面的含义。

1. 课程目标的确定应以教育目标为基准

课程开发基于每一所学校,每一个地区,强调特殊性与差异性。但这一"个性"应该植根于整体的教育目标这个"共性"之中。具体的课程目标最终应该以更好地达成教育目标为归依。因此,要根据各地教育的特点,凸显教育的特色,将课程的目标建立在教育目标之上。虽然不同地区的课程在各自的培养目标上有一定的侧重,但在具体的实施过程中却不能脱离整个教育目标,否则课程的目标就会失去其基础。因此,在设计课程时,应将不同地区课程的特殊目标与国家课程所应达到的一般目标结合起来,使课程的特殊目标在与一般目标发生联系的过程中得到实现。从这个意义上讲,将地区课程的特殊目标与国家课程的一般目标相结合,也有利于各地课程与国家课程实施的密切配合。因此,无论是校本课程的设计还是实施与评价,都要以实现课程目标为最高原则与终极目的。

2. 课程开发活动的展开应以教育目标为指向

课程开发的主体是教师,其开发活动的质量和效果与教师的素质息息相关。而每所学校的师资水平是有差别的,即使是同一所学校的教师,其素养也是有差异的。为此,在课程开发过程中,应当用共同的教育目标来规范和引导整个开发活动,以减少开发中的随意性,增加其科学性。这是课程开发必然的选择与追求,可防止或避免校本课程开发沦为教师自编课程或教师本位的课程。这样,既保证了国家基础教育的质量,奠定了未来公民的基本素养,又充分展示了他们的个性特长,使他们真正成为充分发展的人。国外校本课程开发的经验也表明,没有共同的教育目标的宏观调控是造成校本课程开发质量低下的一个重要因素。

(二)协调性原则

课程开发不仅会引起学校组织机构的某种程度的变革,而且还会触及学校原有教育经验的各个方面。对于课程开发来说,变革与稳定之间的协调问题是极为重要的。它不但涉及校本课程开发的质量问题,也涉及引入课程开发的方式等众多复杂的问题。为此,课程开发应该遵循协调性原则。该原则包括两层含义。

1. 三级课程间的均衡协调

课程开发必须在国家课程计划框架内、立足于弥补国家课程之缺失的基点上，谋求与国家课程和地方课程的协调一致和均衡发展，以获取支持。有学者说，"校本课程开发倘若丧失了国家层和地方层的主导权与支持，只能沦为空洞的口号"。由于校本课程开发强调社区的需求和学生的兴趣、需要，往往会忽视课程组织的共同、平衡原则，因此在规划设计校本课程时应该处理好各个学习阶段的课程衔接问题，即不但要维持学校课程的整体性和连贯性，而且要兼顾校本课程开发的灵活性和针对性。校本课程并不是与国家课程、地方课程相割裂的，它们的内容无论从难度还是从选择与组织上都应该相互协调、相互平衡，成为相互联系、相互影响、相互转化的有机整体，切不可抛开总的要求和目标另搞一套。那种把国家课程、地方课程和校本课程机械割裂开来的做法是错误的。

2. 课程开发中所关涉的诸多因素的整体协调

就课程开发主体而言，课程开发的主体既包括教师、校长，也包括学生和课程理论工作者以及家长、社区人士等。因此，在课程开发过程中，开发人员应该秉持一种整体的观点，要尊重参与，相互调适，形成合力，从而既可避免彼此间的冲突与抗衡，也可避免将课程变为个人本位的课程。否则，封闭的、缺乏交流的课程将有违课程开发的宗旨，也会造成校内课程的不均衡与不连续。就课程实施而言，课程的实施与国家课程的实施无论是实施方法还是实施空间都有明显的差异。课程的实施突破了"学校—教室—课本"三位一体的封闭状态，而融入了社区、家庭等外在因素。因此，课程开发应该处理好学校、社会和家庭三者之间的整体性协调。这样，课程才会有强大的生命力与持久力，才不至于被作为"异己"的力量或"花边"的教育而受到排斥。

(三) 统整性原则

课程设计应采用横向组织的课程组织类型。这就要求将所选择出的各种课堂要素，在尊重差异的前提下，找出彼此间的内在联系，然后整合为一个有机整体。统整的重点在于对认知、技能、情意的统整与知识的统整。具体而言，该原则包括两个方面。

1. 课程内容、方法和学生生活经验的统整

国家课程专注于给学生传授系统的知识体系，并不太重视培养学生学习获取知识的方法，同时也不太关注课程与学生生活经验的联系性。因此，这样的课程设计常以知识内容为纲。作为弥补国家课程缺陷的课程，应改变以学科知识为取向的课程组织形式，采取以学生的发展或社会问题为取向的课程组织形式，要把课程与学生身处的环境和个人经验联系起来。课程只有扎根于学生的经验，才能起到培育人的作用。学生的兴趣、需要、经验、性格、能力是课程统整的焦点，借此要让所学的不同课程能够融入学生的身心结构中，成为他自身的一部分。

2. 学科间的统整

学科间的统整强调的是课程的横向联系，其目的是让特定的课程内容与其他课程内容联

系起来，让学生能够把所学的知识贯穿起来，以提高综合运用知识的能力，获得综合经验。为此，课程的编制应致力于学生对学科知识的融会贯通与综合运用，让学生获得完整、一贯的经验，而非零散破碎的事实，以防止学生的知识体系窄化、僵化和脱离生活实际，促使学生个体全面发展。课程反对学科领域的严格划分，提倡按需要把跨学科的内容组织成教学主题。本着这种精神，课程开发的领域可以包罗万象，如科学的、环保生态的、艺术的，或其他与学生日常生活经验有关的主题都可作为校本课程开发的内容。

(四) 多样性原则

课程开发，无论是课程设计还是课程实施与评价，必须自始至终以具体学校和具体学生的独特性与差异性为出发点和归宿，才能凸显课程开发的个性化特征。该原则包括三个方面。

第一，指向学校。课程开发的核心理念是以学校为课程开发的场所，是基于学校、立足于学校、为了学校。而所有这一切实际上都是针对每一所学校的不同情况而言的，如不同的社区环境与课程资源，不同的师资水准，不同的办学条件以及不同的办学模式、办学宗旨等，这一切均是一所学校区别于另一所学校的特殊性所在。也正是由于每一所学校均有其特殊性，才使得校本课程开发成为可能。因此，校本课程开发必须要从学校的实际出发。

第二，指向社区。任何国家的校本课程设计都有其世界性课题的一面，但更重要的是有其国家性、社区性与乡土性课题的一面。许多课程学者强调，21世纪的校本课程需要强调"国际理解教育"与"乡土教育"。国家课程以追求基础性与统一性为目标，进而达成共同的理解。而地方课程应注重社区性与乡土性。例如，某中学地处江南水乡，该校生物教师开发的"垂钓技巧与实践"课就很有现实意义，因而颇受学生欢迎。因此，地方课程的设计要立足于当地社区的特点，要充分考虑当地的风土人情、传统习俗。

第三，指向学生。课程开发是以学生获得学习的利益为终极目的的。学校以学生为主体，课程本身也是为学生的学习而存在的。因此，如何适应学生的能力、性格、经验以及现实生活的需要，来设计符合学生利益的课程，应是课程设计的最大原则。就课程的内容而言，应选取与学生现实需要密切相关的内容。唯有如此，才能引起学生的学习兴趣，才能对学生的实际生活产生作用。就校本课程的设计而言，应尽可能满足每一个学生的需要，最大限度地切合每一个学生的性格、生活经验与文化背景，这样才能促使学生主动学习，并将所学的知识迁移到其他的情境之中，成为真正有用的知识，进而内化为学生人格的一部分。此外，校本课程的设计还要依据学生身心发展的阶段巧为安排，使学生能够在轻松愉快的情境下进行有效的学习。鉴于此，在课程的实施过程中，教学形式应灵活多样，教学方式应新颖独特，要借助现代化的教学手段，使学生的学习成为在教师指导下主动的、富有个性的过程。

(五) 适宜性原则

课程开发应因地、因时、因校循序渐进，量力而行，切忌盲目照搬。不同学校在地域特点、师资质量、学费、教学设备、社会物质环境及精神文化环境等方面不同，而且不同区域的学校，学生的文化背景以及对校本的价值取向也存在着差异。为此，进行校本课程开发时必须正确评估自身的优势与劣势，要依据学校自身的特点尽量突出学校的优势，以提高校本课程开发的成功率。校本课程的内容选择以满足学生的兴趣与需求为前提，同时又必须立足于学校、社区所能依托的教育资源，否则课程也就失去了自身的特色，其课程的适应性也无从谈起。在具体设计阶段，学校或地区应该考虑如何利用已有条件，如何挖掘潜在的课程资源，如何最有效地创设进行课程开发的条件，而不是等待时机与条件。目前，鉴于教育的实际状况，可以本着先实验后推广的精神，首先进行校本课程开发的试点，确定管理水平、师资水平和办学较高的学校进行实验。通过实验作出示范，发挥带动、影响、辐射和催化的作用，促进校本课程的开发。此外，课程的设置应当针对不同办学模式的学校，赋予不同的课时比例。目前，我国各地中小学的办学、师资水平、生源水平并不相同，尤其在普通高中阶段差异更大。然而，国家赋予各类学校的课程自主权则是"划一"的，课程计划的时数也是统一的，这就出现计划与实际的落差。因此，不同办学模式的学校，校本课程的课时比有所不同，执行校本课程的计划须有差异。这一点是课程开发时必须注意的。课程开发毕竟是一个新生事物，每个学校应量力而行、因地制宜，切忌一哄而上，要循序渐进，不能急于求成。

六、课程开发的内容

所谓课程开发的内容，按照美国课程理论之父泰勒的观点，主要由课程目标的确定、课程内容的选择与组织、课程实施和课程评价等组成。

(一)课程目标的确定

1. 课程目标与教育目的、培养目标、教学目标的关系

课程目标是整个课程设计过程中最为关键的准则，确定课程目标，不仅有助于明确课程与教育目的的衔接关系，从而明确课程设计工作的方向，而且有助于课程内容的选择和组织，并可作为课程实施的依据和课程评价的标准。

教育目的是对受教育者的质量规格的总体要求，是所有教育工作者的出发点和归宿。它是总体性的、高度概括性的，而不可能是具体的、菜单式的。为了确保教育目的得到正确的贯彻落实，就需要根据各级各类学校的实际情况予以具体化，即要明确培养目标。

培养目标是对各级各类学校的具体培养要求。培养目标的实现，主要通过学校所设置的课程而达成。但要使具体指导课程设计工作切实有效，必须使培养目标具体化，即要确定课程目标。

教学目标是课程目标的进一步具体化，是指导、实施和评价教学的基本依据。

2. 课程目标制定的依据

一般而言，课程目标的依据主要有三个：对学生的研究、对社会的研究、对学科的研究。课程的最基本的目的是促进学生身心发展。课程开发者需要关注学生的兴趣与需要、认知发展与情感、社会化过程与个性养成以及关于学习发生条件等方面。社会的价值取向本身也是不断变化的，学生个体的发展总是与社会发展交织在一起的。学科功能与确定课程目标联系最密切，它一般包括两个方面：一是这门学科本身的特殊功能；二是这门学科所能起到的一般的教育功能。

学生、社会、学科这三个因素是交互起作用的，对任何单一因素的研究结果都不足以成为课程目标的唯一来源。课程设计者在确定课程目标时需要注意克服两种倾向：一是仅凭个

人的点滴经历而认定课程目标应该是什么；二是对理想状况与现实情况之间的差距没有作出科学分析，便认定课程目标应该是什么。

（二）课程内容的选择与组织

课程内容是指各门学科中特定的事实、观点、原理和问题以及处理它们的方式。课程内容大多围绕着三种不同的取向展开：课程内容即教材；课程内容即学习活动；课程内容即学习经验。

（1）把课程内容定义为教材，将重点放在教材上，有利于考虑到各门学科知识的系统性，使教师与学生明确教学的内容，从而使课堂教学工作有据可依。但对学生而言，学习内容是由外部力量规定他们必须接受的东西，而不是他们自己感兴趣的东西。

（2）以活动为取向的课程，特别注意课程与社会生活的联系，将重点放在学生上，强调学生在学习中的主动性。它关注的不是向学生呈现的内容，而是让学生积极从事各种活动。这种取向虽然可以观察到学生外显的活动，但却无法看到学生是如何同化课程内容的，无法看到学生的经验是如何发生的，故而容易偏离学习的本质。

（3）学习经验取向强调的是：决定学习的质和量的是学生而不是教材，学生是一个主动的参与者。教师的职责是要构建适合学生能力与兴趣的各种情境，以便为每个学生提供有意义的经验。但将课程内容视为学习经验会增加课程设计者研究的难度。

三种课程内容取向都有一定的优势和弊端，不应该以对立的角度来看待三者间的关系，而应辩证地认识三者间的关系。

选择课程内容时固然要考虑到学生和教学方面的因素，但其他因素，尤其是学科知识价值的问题和知识与能力的关系问题也不容忽视。一般来说，选择课程内容应注意以下几项：注意课程内容的基础性；课程内容应贴近社会生活；课程内容要与学生和学校教育的特点相适应。此外，中小学教育是基础阶段，要为学生将来的发展打下良好的基础，所以一定要考虑到学生德、智、体各方面的发展，为他们提供一种比较全面、完整的教育。这就要求课程设计工作者在选择内容时，要考察这些内容在全面实现教育目的方面的各种潜能。

（三）课程实施

课程实施是指将新的课程计划付诸实践的过程，它是达到课程目标的基本途径。而新的课程计划通常蕴含着对原有课程的一种变革，课程实施就是力图在实践中实现这种变革，或者说是将变革引入实践。这就要求课程实施者作出一系列的调整，包括对个人习惯、行为方式、课程重点、学习空间、课程安排等进行一系列的重新组织。

课程实施过程的实质就是要使原有的课程要求转向新的课程设计的要求。但在具体的课程实施中，存在着不同的做法。课程实施的三种取向：得过且过、改编或适应、忠实或精确。得过且过取向是一种最为保守的做法，它是建立在对课程计划的重要性和人们共同为实现预期目标而努力做出悲观主义估计之基础上的。这种取向的人的行动，更多的是避开问题，而不是朝向目标。这种课程实施的步骤是在过程中临时决定的，方向是不确定的，因而结果也是无法事先预计的。改编或适应取向认为，课程实施过程是课程计划与班级或学校实践情境在课程目标、内容、方法、组织模式等方面相互调整、改变与适应的过程。这种取向倾向于把课程变革过程视为一个复杂的、非线性的和不可预知的过程，而不是一个预期目标和计划的线性演绎过程。忠实或精确实施的取向认为，课程实施过程即是忠实地执行课程计划的过程。衡量课程实施成功与否的基本标准是课程实施过程实现预定的课程计划的程度。实现程度高，则课程实施成功；实现程度低，则课程实施失败。事实上，严格意义上的"忠实、精确或程序化"取向可能会产生负面作用。

课程实施是受众多因素影响的，既有促进方面的影响因素，又有阻碍方面的影响因素。归纳起来，主要有课程计划本身的特性、交流与合作、课程实施的组织和领导、教师的培训、各种外部因素的支持等。

(四)课程评价

课程评价是指研究课程价值的过程，是由判断课程在改进学生学习方面的价值的那些活动构成的。课程评价借助这些活动的调查分析，揭示教育的程序所具有的价值与效果，为课程开发提供有效的信息。课程评价的主要目的是：判定课程设计的效果，阐明同周围环境的关系，并以有利于教育决策者的形式提供信息，以便估量采取这种方案的可能结果。

课程评价的类别包括：决策性评价、研究性评价、工作性评价。

决策性评价以教育行政部门为主体，它主要关注课程的根本性问题。其目的是对运行中的课程的价值与合理性作出判断，以便对有关课程的法律法规、重大改革或调整作出决定。这种评价之后往往会产生较大规模的课程改革方案和行为。这种评价类似于国外许多学者所说的总结性评价。可以采用的方法和工具有问卷调查、标准化测验、座谈等。

研究性评价以课程理论工作者为主体。它同样关注课程的价值与合理性，同样为课程改革和调整服务。它更重视导致各种结果的内在原因，并且对这些原因进行深入细致的分析，以便积累和获得课程改进、提高、完善所需要的更为具体的资料和信息。研究性评价可采用的方法和工具是灵活多样的，除了决策性评价采用的方法和工具之外，还可以进行观察、追踪调查、个案分析、因素分析、对比实验等。

工作性评价以教师为主体，目的在于对正在实施的课程是否达到既定目的和质量作出判断。这种评价基本是以肯定现有课程的合理性为前提，主要关注课程的直接效果。这种评价的结果不是针对课程本身，而是针对学生个体的，是对学生学习和发展情况的主要判断；同时，其结果也经常用来作为检查或衡量教师工作质量和学校教育教学水平的依据，可以等同于人们平时所说的教学评价，也可称为常规性评价。采用的方法和工具主要是各级学校中的各类考试、考查、日常作业等。

思考与练习

一、简答题
1. 简述课程的定义与本质。
2. 简述课程的结构。
3. 简述课程的分类。
二、论述题
选择你所认同的课程理论流派，论述其起源与发展及其主导思想。

第二章　化学学科与化学课程

> **本章学习指南**
> (1) 了解化学学科的发展，理解化学学科的特点。
> (2) 了解化学课程的概念、发展与改革。
> (3) 理解化学课程的特点，掌握化学课程的结构。
> (4) 了解化学校本课程和校本课程开发的特点、原则和基本程序。

第一节　化学学科

一、化学学科概述

(一) 科学和学科

科学是反映客观世界（自然界、社会和思维）的本质联系及其运动规律的知识体系，它包含科学知识体系和科学方法体系，具有客观性、真理性和系统性，是"真"的知识体系。《自然辩证法百科全书》中"学科"包含两种含义：一是作为知识的学科；二是围绕这些学科建立起来的组织。从知识创造和科学研究的角度来讲，学科是一种学术的分类，指一定科学领域或一门科学的分支，是相对独立的知识体系。

(二) 化学学科的发展与概念

1. 化学学科的发展

化学史家认为，近代化学始于18世纪50年代，即化学从实验化学（experimental chemistry）进入定量化学（quantitative chemistry）时期，主要标志是拉瓦锡（Lavoisier）元素概念的提出结束燃素说及道尔顿（Dalton）原子学说的提出。而作为"学科"进入学校体制的化学教育教学活动则延迟到19世纪中叶，恰为化学分支（二级学科）形成之后。此前许多个世纪都进行过与化学有关的实践，其中包括炼丹术和炼金术。从这些盲目实践中得出的教训要求在从事物质转化探索的同时注视物质的组成问题，元素和原子学说应运而生。化学由此进入了持续至今以原子论为主线的新时期。从1860年起，康尼查罗采纳了阿伏伽德罗假说，理顺了当量和原子量的关系，并改正了当时的化学式和分子式，从而使原子-分子论得以确立。原子-分子论指明：不同元素代表不同原子，原子在空间按一定方式或结构结合成分子；分子通过结构决定其性能；分子进一步集聚成物体。这个理论基础在化学的发展进程中不断丰富、深化和扩展，但并无颠覆性变化。

20世纪的化学是一门建立在实验基础上的科学，实验与理论一直是化学研究中相互依赖、彼此促进的两个方面。认识深入微观领域，化学从研究原子如何构成分子和分子的化学反应进一步发展到研究物质的微观结构，即从原子的电子结构研究原子如何结合成分子，对化学反应的研究也从宏观的化学变化深入化学反应机理。在化学发展的历史中，尽管涉及的问题多种多样，但从总体上看，基本的问题是组成、结构和化学反应。

2. 化学学科的概念

化学是自然科学的基本学科之一。和其他自然科学一样，化学是在分子和原子的水平上研究物质的性质、组成、结构和变化规律及其应用、制备，以及物质间相互作用关系的科学。化学学科最根本的特征是研究物质，是人类用以认识和改造物质世界的主要方法和手段之一，它是一门历史悠久而又富有活力的学科，它的成就是社会文明的重要标志。

根据当今化学学科的发展以及它与天文学、物理学、数学、生物学、医学、地学等学科相互渗透的情况，化学学科有许多分支，如无机化学、有机化学、物理化学、分析化学、高分子化学、生物化学、核化学以及其他边缘分支。

各分支学科的研究内容也得以细化，以无机化学为例，其研究的内容已有四类，即事实、概念、定律和学说。用感官直接观察事物所得的材料称为事实，如物质的颜色，状态；对于事物的具体特征加以分析、比较、综合和概括得到概念，如元素、化合物、化合、分解、氧化、还原、原子等均是无机化学最初明确的概念；组合相应的概念以概括相同的事实则成定律，如不同元素化合成各种各样的化合物，总结它们的定量关系得出质量守恒、定比、倍比等定律；建立新概念以说明有关的定律，该新概念又经实验证明为正确的，即成学说，如原子学说可以说明当时已成立的有关元素化合质量关系的各定律。化学知识的这种派生关系表明它们之间的内在联系。定律综合事实，学说解释并贯穿定律，从而把整个化学内容组织成为一个有系统的科学知识。

二、化学学科特点

(一) 化学学科的研究对象

徐光宪认为化学可按研究对象的不同划分为 8 个层次：

第一是原子层次的化学，其中包括核化学，放射化学，同位素化学，s 区、p 区元素化学，d 区元素化学，4f 区元素化学，5f 区元素化学，超 5f 元素化学，单原子操纵和检测化学等。

第二是分子片层次的化学。原子只有 110 余种，但分子已超过 2000 万种，因此有必要在原子和分子之间引入一个"分子片"的新层次。分子片(molecular fragment)这一名词是由霍夫曼(Hoffmann)在他的"等瓣性原理"(isolobal principle)中首先提到的。卢嘉锡教授提出的"活性元件"和"元件组装"理论，科里(Corey)在计算机辅助有机合成中提出的"合成子"的概念，也是分子片的一种形式。高分子化学中的单体，蛋白质中的氨基酸，DNA 中的 4 种碱基，也可认为是一种分子片。21 世纪应该开展分子片化学的研究，其内容应包含：分子片的定义，分子片的价(valence)，分子片的高精度从头计算，分子片接轨成分子的理论算法，分子片的电负性、酸碱性、亲电性和亲核性、氧化还原活性序列，分子片的周期律，分子片的实验组装法，分子片试剂，分子片的自组装，功能分子片(如染料分子的生色团、药物分子的活性基团)的发现和基本规律的研究等。这些研究对于分子设计会有很大帮助。

第三是分子层次的化学。分子是可以独立存在，具有一定化学特性的物质微粒。稀有气体原子 He、Ne、Ar、Kr、Xe、Rn 可以生成单原子分子。其他元素的分子则是由 2 个或多个原子通过共价键或共价配键连接起来的。高分子、生物大分子、自由基、准分子(分子的激发态、过渡态、吸附态等)和带电荷的分子离子都属于分子的范畴。现已合成 2000 多万种分子和化合物。通常把它们分为无机、有机和高分子化合物。但近 30 年来合成的众多化合物，如金属有机化合物、元素有机化合物、原子簇化合物、金属酶、金属硫蛋白、富勒烯、团簇、配位高分子等很难适应旧的分类法。21 世纪将研究分子的多元分类法，如按照分子片结合方式和生成的分子结构类型分类，先分为 0 维、1 维、2 维、3 维分子，0 维分子再用 $(nxc\pi)$ 来分类，其中 n 表示分子片数，x 与价电子数有关，c 是分子内成环的数目，π 是 π 键的数目。

第四是超分子层次的化学。超分子是 2 个或 2 个以上分子通过非共价键的分子间作用力结合起来的物质微粒。这些分子间作用力包括范德华引力、各种不同类型的氢键、疏水-疏水基团相互作用、疏水-亲水基团相互作用、亲水-亲水基团相互作用、静电引力、极化作用、电荷迁移、分子的堆积和组装、位阻和空间效应等。相对于共价键而言，分子间作用力研究得很不够，是今后要重视的方向。

因此，高分子如聚乙烯等是分子，因为它们是以共价键结合起来的。DNA、蛋白质等生物大分子也是分子，配位化合物、簇合物、C_{60}、碳纳米管等都是分子。但通常的液态水是聚合体 $(H_2O)_n$，它是超分子，因为 H_2O 与 H_2O 之间是以氢键结合的。环糊精(γ-CD)是一个分子，形似花盆，它的尺度略大于 C_{60} 的直径，可以把 C_{60} 包进去，生成 1∶1 和 1∶2 的超分子。艾滋病毒(HIVP)是一个生物大分子，其活性部位形似环糊精，大小与 C_{60} 十分接近，它们可以形成超分子，达到抑制 HIVP 的目的。这就是在生命科学中非常重要的受体和给体化学、抗体和抗原化学、锁和钥匙化学。

第五是生物分子层次的化学，其中包括生物化学、分子生物学、化学生物学、酶化学、脑化学、神经化学、基因化学、生命调控化学、药物化学、手性化学、环境化学、生命起源、认知化学、从生物分子到分子生(makelife)的飞跃等。

第六是宏观聚集态的化学，其中包括固体化学、晶体化学、非晶态化学、流体和溶液化学、等离子体化学、胶体化学、界面化学等。

第七是介观聚集态的化学，其中包括纳米化学、微乳化学、溶胶-凝胶化学、软物质化学、胶团-胶束化学、气溶胶化学等。

第八是复杂分子体系的化学，其中包括分子材料、分子器件(如分子开关、分子探针)、分子芯片、分子机器(如分子计算机)等。

(二)化学学科的研究方法和目的

化学的研究方法与它的研究对象及研究内容一样，也是随时代的前进而发展的。在 19 世纪，化学主要是实验的科学，它的研究方法主要是实验方法。到了 20 世纪下半叶，随着量子化学在化学中的应用，化学不再是纯粹的实验科学了，它的研究方法有实验和理论。现在 21 世纪又将增加第三种方法，即模型(modeling)和计算机模拟的方法。化学的目的和其他科学技术一样，是认识世界和改造世界，但现在还应该增加一个"保护世界"。化学和化学工业在保护世界而不是破坏地球这一伟大任务中要发挥重要作用。

(三)化学学科的思想方法

孙建明和王后雄对新课程普通高中化学学科思想方法进行了系统的归纳,认为化学学科思想方法结构包含以下三个部分。

1. 转化思想

(1)分类比较思想。分类比较思想的主要观点是:可将事物按照种类、结构、性质、变化等分别归类地学习。常见的分类方法有大小分类法、表里分类法、树状分类法、交叉分类法、由现象到本质的分类法等。例如,混合物与纯净物→单质与化合物→有机化合物与无机化合物→酸、碱、盐与氧化物。

(2)条件控制与选择思想。绿色化学思想(选择化学反应生产目标产品,过程中不产生或少产生废物),选择活泼金属(或非金属)制不活泼金属(或非金属)、强酸制弱酸、溶解度大的物质制溶解度小的物质等。

(3)有序转化思想。有序还原、有序氧化、有序中和、有序放电、有序沉淀等。

(4)结构决定性质思想。周期表中的位—构—性、有机物的官能团决定有机物的性质、原子结构(电子排布)、酸中的 H^+ 决定了酸的通性、碱中的 OH^- 决定了碱的通性等。

(5)动态平衡思想。化学平衡、沉淀平衡、电离平衡、水解平衡、溶解平衡等。

(6)守恒思想。质量守恒、元素守恒、电荷守恒、能量守恒、得失电子守恒、粒子(原子、分子、离子)守恒等。

2. 联合思想

(1)定性与定量相结合思想。溶解性与溶解度、酸碱性与酸碱度、溶液的浓稀与溶液的物质的量浓度或溶液溶质的质量分数等。

(2)微观与宏观相结合思想。微观原子的序数、半径、最外层电子数决定了宏观其对应氢化物的稳定性以及最高价氧化物对应水化物的酸碱性等;微观分子间的间隙与宏观物质的热胀冷缩;微观 $[Cu(H_2O)_4]^{2+}$ 的结构与宏观硫酸铜溶液的蓝色等。

(3)分解与组合相结合思想。化学变化的过程就是分子分解成原子,原子再重新组合成新分子的过程;复分解反应等过程也是如此。

(4)假说、模型与实验相结合思想。假说法有极端假说、赋值假说以及过程假说等。模型法有物理模型法(原子、分子、晶体等结构模型)和数学模型法(化学平衡常数、电离平衡常数等),实验是检验化学理论与探究试金石。化学学习中通常需要三者相互结合来解决实际问题。

3. 辩证思想

(1)量变质变思想。物质在溶液中的浓度与其氧化(还原)性强弱的关系(如浓 H_2SO_4 有强氧化性,而稀 H_2SO_4 没有;浓 HCl 溶液具有较强还原性,而稀 HCl 溶液的还原性弱很多)、元素周期律、元素周期表等。

(2)对立统一思想。溶解与结晶、化合与分解、中和与水解、电离与键合等。

(3)内因外因思想。化学反应速率影响因素:内因受分子结构、活化能影响,外因受浓度、温度、压强与催化剂等因素影响。

(四)化学学科的发展趋势

1. 重视学科交叉,培养综合能力

随着课程改革的不断深入,学科间的联系不断增强,"学科本位"意识逐渐淡化。进而,增设综合课程,以适应不同地区和学生发展的需要。该类课程更多地渗透到以下 10 个学科:①数理科学;②生命科学;③材料科学;④能源科学;⑤地球和生态环境科学;⑥信息科学;⑦纳米科学与技术;⑧工程技术科学;⑨系统科学;⑩哲学和社会科学。这就要求学生在学习过程中,要重视学科知识的交叉,善于找到各自学科知识的联结点,以培养学生的发散思维、分析问题和解决问题的综合能力。

2. 理论和实验更加密切结合

1998 年诺贝尔化学奖授予科恩(Kohn)和波普尔(Pople),颁奖公告说:"量子化学已经发展成为广大化学家所使用的工具,将化学带入一个新时代,在这个新时代里实验和理论能够共同协力探讨分子体系的性质。化学不再是纯粹的实验科学了"。因此,21 世纪理论和计算方法的应用将大大加强,理论和实验更加密切结合。

3. 在研究方法和手段上更加重视尺度效应

20 世纪的化学已重视宏观和微观的结合,21 世纪将更加重视介于两者之间的纳米尺度(1~100nm),并注意到从小的原子、分子组装成大的纳米分子,甚至微型分子机器。

4. 合成化学的新方法层出不穷

合成化学始终是化学的根本任务,21 世纪的合成化学将从化合物的经典合成方法扩展到包含组装等在内的广义合成,目的在于得到能实际应用的分子器件和组装体。

合成方法的十化:芯片化、组合化、模板化、定向化、设计化、基因工程化、自组装化、手性化、原子经济化、绿色化。

化学实验室的微型化和超微型化:与常规的化学实验相比,可以大幅度节能、节材料、节时间、节省实验室的面积、减少污染。

从单个化合物的合成、分离、分析及性能测试的手工操作方法,发展到成千上万个化合物同时合成,在未分离的条件下进行性能测试,从而筛选出需要的化合物(如药物)的组合化学方法。

5. 传统化学向绿色化学的转变是必然的趋势

21 世纪化工企业的信条是 5 个 "为了" 和 5 个 "关心" (five "for" and five "care")。
(1)为了社会而关心环保(environmental care for the society)。
(2)为了职工而关心安全(safe care for the employee)。
(3)为了顾客而关心质量(quality care for the customers)。
(4)为了发展而关心创新(innovation care for the development)。
(5)为了股东而关心效益(profit care for the stock-holders)。

6. 分析化学已发展成为分析科学

分析化学已吸收了大量物理方法、生物学方法、电子学和信息科学的方法，发展成为分析科学，应用范围也大大拓宽了。

第二节 中学化学课程及其特点

一、中学化学课程的内涵

什么是化学课程？化学课程的含义到底是什么？大家都很熟悉这个术语，却并不十分清楚其内涵。学术界对这个术语同样持有多种观点，究其原因在于，化学课程的含义具有"多维性"。也就是说，人们经常从不同的维度、侧面和角度使用"化学课程"一词。例如，"理科课程包括物理课程、化学课程和生物课程"，这里的"化学课程"指的是"化学学科的课程"，物理、化学和生物都是理科中的具体学科；"应在初中高年级和高中阶段开设化学课程"，这里的"化学课程"是从课程"设置"的角度来使用的，即化学课程应该在什么时候开设，不同学段(初中或高中)的化学课程应开设多少学时，不同学段的化学课程应先编排呈现什么、后编排呈现什么等，这实际上指的是"顺序"、"进程"，是一种"计划"；"化学课程应促进学生科学素养的主动、全面发展"，这里的"化学课程"指的是"目标"和"内容"。除了"学科"、"计划"、"目标"和"内容"等视角外，依据以学生发展为本的课程观，化学课程的定义还可以从"学生"的角度加以定义。

郑长龙认为，所谓化学课程是指学生通过与化学教学有关的有目的的活动所获得的全部经验。对于这一定义，可以从以下四个方面进行理解。

(一)中学化学课程是经验

这里的经验，既可以是学生通过实践活动亲自获得的经验，也可以是学生通过教师的讲授所获得的间接经验；既可以是认知方面的经验，也可以是情感、态度、价值观方面的体验；既可以是过程性的经历，也可以是结果性的结论。

(二)中学化学课程是"学生的经验"

设置化学课程的根本目的是促进学生科学素养的全面发展，而且这种发展不是"他主"而是"自主"，是学生在教师引导下的主动发展。

(三)学生经验的获得是通过有目的的"活动"

这里的"活动"既可以是课堂教学中的活动，也可以是家庭实验活动，还可以是社会调查实践活动。

(四)"活动"是指与化学教学有关的活动

之所以没用"化学教学活动"而用"与化学教学有关的活动"来表述，主要是基于淡化学科本位的思想，提倡跨学科、综合性实践活动。

概括上面的讨论，化学课程还是"经验"，是学生通过化学课程学习所主动获得的全部经验。

二、中学化学课程的发展与改革

(一)初建体系时期

1952年12月，国家颁布了《中学化学教学大纲(草案)》。该文件总结了国内过去的经验，参考当时最新的苏联教学大纲，提出了中学化学教学的基本任务，在重视基本知识和基本技能、培养学生的辩证唯物主义观点和爱国主义思想、加强化学实验、认识化学生产的基本原理等方面提出了具体的要求，规定了化学分别在初三到高三4个年级中教授。这部大纲为中华人民共和国化学课程的发展奠定了基础。

20世纪五六十年代先后对该大纲作过几次修订，着重在实施生产技术教育、联系工业生产、培养学生的实验技能、充实化学新成就、增加理论知识等方面作了调整。

(二)相对稳定时期

1978年颁布的《全日制十年制学校中学化学教学大纲(试行草案)》充分吸取了中华人民共和国成立30年的化学课程经验和教训，注意到了国际化学教育的发展，从降低理论内容的难度出发，1983年颁布了六年制重点中学和五年制中学的化学课，这是两种要求的教学纲要(草案)，即"较高要求"和"基本要求"，后者在化学理论水平和化学计算方面要求较低，出现了按学生水平不同选用的"甲种本"和"乙种本"。

1986年颁布的《全日制中学化学教学大纲》明确提出培养学生的"观察"、"思维"、"实验"和"自学"能力，重视"科学态度和科学方法教育"，注意培养"学生的创新精神"。该大纲从减轻学生负担出发，删略了某些内容，增加了与社会发展相关的环保、新材料、能源、海洋等选学内容，降低了知识难度。但教材体系未作大的变动，仅是对原大纲的一种过渡性修订。

1990年，国家教委印发了《现行普通高中教学计划的调整意见》，化学教学大纲也作了相应修改，分成必修课和选修课两部分。化学基本理论在必修课中仅介绍物质结构理论、元素周期律和周期表，化学反应速率和化学平衡、电解质溶液放入选修课中介绍。必修、选修的试行，增大了学生学习化学的自由度，教材也相应作了变动，分为必修本和选修本，对文、理倾向不同的学生在内容上侧重不同。

1992年颁布的《九年制义务教育全日制初级中学化学教学大纲(试行)》首次单独规定了初中化学教学的目的，在内容上体现了义务教育的特点，将素质教育必须高度关注的思想品质教育、情感和态度教育、智力和能力教育融入其中，降低了某些概念、原理和计算的难度，增加了学生实验和联系实际的内容。该大纲指出，教学目标的达成，不仅限于认知领域，还包括情感领域和实验技能领域。在"一纲多本"的新模式下，上海、北京、广东、四川、山东、江苏等地编出了具有一定特色的初中化学教材。

(三)发展变革时期

1996年，国家教委颁布了《全日制普通高级中学化学教学大纲(供试验用)》，与1990年的修订大纲相比，课时数有所下降，删略了繁琐的化学计算和次要的元素化学知识，增加了与环境、能源、健康有关的化学常识。化学Ⅰ(必修)分高一、高二分册，化学Ⅱ(必修加选修)包括了化学Ⅰ的全部内容，在高一、高二、高三3个年级开设，在必修Ⅰ的基础上拓宽和延伸，增加了带研究倾向的一些课题。该大纲限定：化学Ⅰ面向全体学生，化学Ⅱ侧重为学习理科的学生开设，该大纲注重化学与社会、生活、科技等方面的综合联系，重视化学实验，在培养学生的科学方法和科学思维等方面有明显的加强。该大纲1997年起在江西、山西和天津等地正式试用。2000年，在总结高中课程试点经验基础上，为进一步培养学生的创新精神和实践能力，对试验大纲进行了修订，删繁就简，削枝强干，调整了教学要求，适当降低知识难度，强调基础，注重学生发展。

2000年，教育部组织专家对试用长达八年之久的义务教育初中化学大纲进行了修订。修订大纲的变化主要体现在以下几个方面：一是课程目标上，明确提出激发学生的学习兴趣，培养学生的科学态度和关心自然、关心社会的情感，培养学生的创新精神和实践能力等；二是教学内容上，适当降低了某些知识（如核外电子排布的初步知识、悬浊液和乳浊液、饱和溶液和不饱和溶液、溶解度等）的要求，删减了初中化学的若干难点（如共价化合物和离子化合物、化合价、溶解度的计算、电离和常见酸碱盐的电离方程式等），进一步突出了化学与社会生活实践的联系，增加了"涂料"、"黏合剂"、"食品添加剂"、"胶体"等选学内容；三是学习活动方式上，提倡实验探究与专题调研，如"钢铁制品锈蚀条件的探究"、"调查学校和住处附近的污染状况"、"调查本地农村常用化肥、农药的化学成分"等。对上述活动，大纲还提出了具体的能力要求，如"分析原因，提出初次的改进建议"、"结合使用的注意事项分析利弊"等。本次修订为义务教育化学课程标准的研制奠定了一定的基础。

2000年初，教育部正式启动了基础教育新一轮的课程改革，在国内通过项目管理方式下达各学科课程标准研制任务，化学课程标准研制组于2000年5月正式成立。在国内中学化学教学现状调研和国际化学课程比较研究的基础上，经过一年多的努力，《全日制义务教育化学课程标准（实验稿）》于2001年7月正式出版。这是21世纪初我国化学课程改革的一个重要文件，体现了国家基础教育课程改革纲要的精神。课程标准从提高未来公民科学素养的高度阐述了义务教育化学课程的价值，构建了新的课程目标体系，打破了按学科体系组织化学教学内容的传统框架，立足于学生学习方式的转变，大力倡导科学探究，有针对性地培养学生的创新精神和实践能力。

2001年下半年起，高中化学课程标准研制工作启动。2002年初，按高中课程改革的新思路对《全日制普通高级中学化学教学大纲（试验修订版）》进行再修订，以更好地体现基础课程改革纲要的精神。修订后的《全日制普通高级中学化学教学大纲》在突出科学探究、联系社会生活实际和增强学生社会责任感等方面有所加强；删除了繁、难、偏的内容（如化学Ⅰ中删去内容19条，化学Ⅱ中删去内容23条），整体的教学要求降低，增加选学内容，加强了学生的实验活动，总课时数下降。

化学课程标准研制组对国内外高中化学课程进行了深入的调查研究，并征求多方人士的意见，经多次讨论、修改，于2003年4月出版了《普通高中化学课程标准（实验）》。高中化学课程在课程目标、课程结构、课程内容等方面的改革是一次全新的尝试，它采用模块组织课程内容，分必修和选修两部分，共设8个模块，其中必修模块2个，选修模块6个。高中新课程的多样化和选择性，将使"不同学生学习不同的化学"的目标得以实现。

与以往的初、高中化学教学大纲相比，化学课程标准在课程思想、课程目标、内容体系、学习方式、教学建议、评价建议、教材编写和课程资源开发等方面均有质的飞跃，它显示了较宽广的国际视野，在课程研究方法上也有新的突破，充分体现了我国21世纪初化学课程发展的趋势。

2017年新修订的《普通高中化学课程标准》中明确提出了化学学科核心素养：宏观辨识与微观探析、变化观念与平衡思想、证据推理与模型认知、科学探究与创新意识、科学态度与社会责任。课程内容分为三大部分：必修课程、选择性必修课程、选修课程。其中选择性必修课程包括三大模块：化学反应原理、物质结构与性质、有机化学基础，是学生根据个人需求与升学考试要求选择修习的课程；选修课程设置三个系列：实验化学、化学与社会、发展中的化学科学，是学生自主选择修习的课程，旨在面向对化学学科有不同兴趣和不同需要的学生。此外，本次课程标准的修订更加注重"教、学、评"一体化，教师在进行化学教学评价时应紧紧围绕"发展学生化学学科核心素养"这一主旨，优化教学过程，有效提高教学质量。

三、中学化学课程的特点

（一）体现启蒙性、基础性

中学化学课程是科学教育的重要组成部分，体现了启蒙性、基础性。一方面，要提供给学生未来发展所需要的最基础的化学知识和技能，使学生从化学的角度初步认识物质世界，提高学生运用化学知识、科学方法分析和解决简单问题的能力；另一方面，要帮助学生体验科学探究，在活动中激发学生交流讨论，启迪学生的思维，拓展学生的视野，提高学生的实践能力，引导学生初步认识化学与环境、化学与资源，认识化学对社会发展的重要作用，化学与人类健康的关系，逐步树立科学发展观，增强对自然和社会的责任感，在实践中不断培养学生的创新意识，使其在面临和处理与化学有关社会问题的挑战时，能做出更理智、更科学的思考和判断。

（二）强调学生的主体性

中学化学课程强调学生的主体性，在保证基础的前提下为学生提供多样性的、可供选择的模块。以学生为中心，充分发挥学生的主动性、积极性和创新性，使学生能够有效地掌握当前所学知识，进而培养学生发现问题、分析问题和解决问题的能力，为学生未来的发展打下良好的基础。

（三）强调学生的科学素养

中学化学课程立足于学生适应现代生活和未来发展的需要，以提高学生的科学素养为主旨，激发学生学习化学的兴趣，帮助学生了解科学探究的基本过程和方法，发展科学探究能力，获得进一步学习和发展所需要的化学基础知识和基本技能；引导学生认识化学在促进社会发展和提高人类生活质量方面的重要作用，通过化学学习培养学生的合作精神和社会责任感，培养学生的民族自尊心、自信心和自豪感；引导学生学会学习，学会生存，能更好地适应现代生活。

（四）强调学生的探究性学习

探究性学习是化学课程的重要内容，是学生学习化学的一种重要方式，也是培养学生探究意识和提高探究能力的重要途径。化学课程中学生通过自主探究、合作学习等多种探究性学习活动，提升自身的经验、能力、情感体验和价值观，提高运用所学知识解决实际生活问题的能力，培养科学思维和创新能力。

第三节 中学化学课程的结构

一、中学化学课程目标

（一）中学化学课程目标的制定

化学课程目标指化学课程本身所要达到的结果，是指导整个化学课程编制的最为关键的准则。化学课程目标一方面要体现教育目的、培养目标，另一方面又要考虑社会的需求、学生特点和化学学科要求。因此，确定化学课程目标，有助于明确课程与教育目的、培养目标的关系，有助于明确化学课程编制的方向，有助于化学课程内容的选取和组织，并能够作为化学课程实施与评价的标准。

我国教育部颁布的《全日制义务教育化学课程标准》明确指出：义务教育阶段的化学课程以提高学生的科学素养为主旨，激发学生学习化学的兴趣，帮助学生了解科学探究的基本过程和方法，培养学生科学探究的能力，使学生获得进一步学习和发展所需要的化学基础知识和基本技能；引导学生认识化学在促进社会发展、提高人类生活质量方面的重要作用，通过化学学习培养学生的合作精神和社会责任感，提高未来公民适应在现代社会生活的能力。

《普通高中化学课程标准（实验）》明确指出：高中化学课程在九年义务教育的基础上，以进一步提高学生的科学素养为宗旨，激发学生学习的兴趣，尊重和促进学生的个性发展，帮助学生获得未来发展所必需的化学知识、技能和方法，提高学生的科学探究能力；在实践中增强学生的社会责任感，培养学生热爱祖国、热爱生活、热爱集体的情操；引导学生认识化学对促进社会进步和提高人类生活质量方面的重要影响，理解科学、技术与社会的相互作用，形成科学的价值观和实事求是的科学态度；培养学生的合作精神，激发学生的创新潜能，提高学生的实践能力。

（二）中学化学课程目标的设计

由于制约化学课程目标的因素比较多，而且相互之间关系复杂，因此从指导思想的意义上需要我们在设计过程中必须处理好各种关系，贯彻一些基本原则。对此，廖哲勋教授进行了专题研究，概括出了课程目标设计需要遵循的三大主要法则："体现社会要求与学生个体需要的统一；体现学校的性质与任务的统一；体现学生原有的发展水平与其新的发展水平的统一"。

深入到设计化学课程目标的具体过程中，为了把握好化学课程目标的内在特性，使设计出来的课程目标是科学的、系统的和可行的，还应遵循一些基本要求。这些基本要求可概括为以下几点。

1. 系统化

系统化要求我们根据化学课程目标的系统特性，用系统的方法来设计化学课程目标。从化学课程目标及其设计的关系看,要把握住整个化学课程目标的系统性,要充分实现各层次目标的连续性和递进性。

2. 具体化

这里说的具体化是指化学课程目标的表述应力求明确、具体,避免含糊不清和不切实际。化学课程目标设计,解决的是教和学要"达成什么"的问题。如果化学课程目标含糊不清,不便理解、把握,势必会影响"如何教"(教学策略的制定)和"教得怎么样"(教学评价),也就不能较好地发挥课程目标的作用,教师的教和学生的学都会失去明确方向,效果也就大打折扣。

3. 层次化

从纵向来看,学生的任何预期学习结果,客观上都要通过达到不同层次的要求而实现,从较低层次目标要求逐步达到较高层次目标要求。从横向来看,不同的学习者达到的目标在层次上是有个体差异的。化学课程目标的设计也需适应这种多层次的要求。因此,这里的"层次化"不是指整个化学课程目标系统的层次化,而是指在某一个特定化学课程目标设计和表述时,这个目标本身要反映出学习结果的层次性。

二、中学化学课程内容

(一)中学化学课程内容的选择

化学课程内容作为化学课程一个主要部分,起着至关重要的作用。因此,选择什么样的课程内容也成为课程改革急需解决的问题。化学课程内容的选择主要遵循以下三个原则。

1. 追求课程内容的实用性和发展性

真实的内容未必有效,因为真实的内容还可能面临着知识陈旧和过时的问题,不仅许多化学事实性知识和信息,而且许多化学理论和原理也已陈旧或过时。例如,农药"六六六"、含磷洗涤剂、药剂法软化硬水、湿法冶炼金属、当量浓度等,都已经随着技术的发展和化学科学的成熟被淘汰。

选择实用性的课程内容便于课程实现其社会价值,发展性的课程内容便于课程实现其对学生的思维训练价值,在化学课程内容的选择过程中,必须坚持两方面相统一的原则。化学课程应该通过提高人的全面素质去实现其社会价值,因而课程内容应该选择对人的发展价值较大的、有一定实用价值的知识。有的知识兼备这两种功能,毫无疑问是化学课程内容应该首选的知识;但较多的知识只具备其中一种功能,如果某种知识在某一方面的功能特别突出、有效,也不应该简单地将其削弱和淡化,忽略了其特有的作用与价值。

2. 关注学生发展的现实性和长远性

我们正处在知识爆炸、信息膨胀和科技迅猛发展的时代,学生要学的与化学相关的东西实在太多了,因此必须在可能的范围内挑选出有代表性的内容。同时,学校担负着使学生有效参与社会建设和社会生活的重任,学生在校期间所学的知识和技能必须着眼于学生的未来发展。例如,化学与环境、化学与新材料、化学与健康、化学与能源等问题都是非常重要的,应该考虑作为普通高中化学校本课程的内容。

学生是动态、有生命的学习主体，并不是静态、呆板的接受机器，因此课程内容的选择必须考虑学生发展的需要。基础教育不仅要对学生的升学考试负责，更要对学生一生的幸福负责。因此，课程内容不仅为学生现在学习生活打下基础，更应该关注学生将来的发展；不仅要培养满足现代社会发展的公民，更应该培养让未来社会得以良好发展的人才。

3. 注重学生的共同性和差异性

处于不同年龄的学生在认识力、理解力、创造力等方面存在着不同的特点。因此，化学课程内容应具有多样性、选择性，便于教师充分发挥其创造性，因材施教，为学生全面而富有个性的发展提供展示的平台。这也与现在所提出的以生为本的教育理念相符。

4. 把握课程内容的科学性和趣味性

普通高中化学校本课程应该选择学生能够理解的和力所能及的课程内容，所选择的内容应该与学生已有的知识水平有所关联。不能选择过于生疏或艰深的内容，使之符合学生的学习能力，如配位化合物的知识、分子轨道理论、过渡元素性质等不宜选作普通高中化学校本课程的内容。

选择学生感兴趣的内容，这有助于提高学生的学习积极性和想象力，易于学生消化学习的内容，往往可以收到事半功倍的效果，避免因枯燥乏味引起的厌学情绪。趣味性与学术性是一对矛盾，就趣味性而言，有一个度的问题，一味强调趣味性而忽视了学术性是不足取的；趣味性应以不影响学术性为准，或者说，应该首先保证内容的有效性和重要性，其次才注意趣味性。

(二) 中学化学课程内容的组织

长期以来，关于课程内容的组织需要考虑的维度主要有三种：纵向组织与横向组织；逻辑顺序与心理顺序；直线式与螺旋式。当然，非学科知识的组织在一定程度上也要考虑这几个维度。在现实的化学课程内容组织中，这几个维度是相互交错的。

1. 纵向组织与横向组织

纵向组织又称序列组织，是指按照一定的准则以纵向顺序排列学习内容。强调按照一定的纵向顺序来组织学习内容，是长久以来教育家、心理学家的一贯主张。具体表现为怎样从最宏观的课程目标具体化为最微观的课程形式。例如，布鲁姆等所著的《教育目标分类学》是强调学习内容由简单到复杂按顺序排列的典型；我国战国后期成文的《礼记·学记》中就强调"不陵节而施"，强调"先其易者，后其节目"，这也是按照纵向顺序的。最一般的纵向组织结构是：课程计划（教学计划）—课程标准（教学大纲）—教科书这样一种从宏观的设计到微观的教学安排的课程结构。

横向组织是指打破学科的界限和传统的知识体系，将各门学科的知识横向地联系起来，以便让学生有机会更好地将各门学科的知识联系起来，从而更好地探索社会和个人最关心的问题。课程的横向组织结构探讨的是课程各组成部分如何有机地联系在一起的问题，以及课程类型的组织体系，如工具类、知识类、技术类学科以何种比例为宜；是否需要设置选修课，必修课程如何安排，综合课程、活动课程、学科课程如何协调各个学科。人类知识本来是一个有机的整体，虽然被划分为各门不同的学科，但是各门学科的知识之间存在着不可分割的联系，只有将各门学科相互联系起来，才能真实地反映客观世界的整体性。因此，在化学课程内容组织上，应该与其他学科联系起来，从而实现良好的横向组织。泰勒强调学习内容组织的整合性，即强调各种课程内容之间的横向联系，以便有助于学生获得一种统一的观点，并把自己的行为与所学的课程内容统一起来，这是对横向组织的一种要求。

2. 逻辑顺序与心理顺序

课程内容的组织既要考虑逻辑顺序又要考虑心理顺序。所谓逻辑顺序，就是科学知识本身的系统和内在的逻辑联系；所谓心理顺序，是指儿童的心理发展顺序和心理活动顺序。在历史上，人们较少做到学习内容组织的逻辑顺序和心理顺序的统一。相对而言，传统教育往往片面地强调课程内容组织的逻辑顺序，强调课程内容固有的逻辑体系，而很少考虑课程内容的心理顺序。而在最近几年的教育改革中，许多人往往转而强调课程内容组织的心理顺序，强调课程内容的组织要符合儿童的心理发展特点，符合儿童心理活动尤其是认识活动的顺序。今天，很少有人再固执一端，片面地强调课程内容组织的逻辑顺序或心理顺序，大多数人都逐渐强调这两种顺序的统一，并且在不少情况下实现了这一点。

著名教育心理学家奥苏贝尔关于学习内容组织的逐渐分化原则可以看作是学习内容组织的逻辑顺序与心理顺序相结合的一个范例。这一原则主张，学生首先应该学习最一般的、包摄性最广的概念，然后根据具体细节对它们加以分化。在此，他有两个基本的假设：首先，学生从已知的包摄性较广的整体知识中拿捏分化的部分，比从已知的分化部分中掌握整体知识难度要低些，也就是说下位学习比上位学习更容易；其次，学生认知结构中对各门学科内容的组织是依次按包摄水平组成的，包摄性最广的概念在这结构中占据最高层次，下面依包摄程度下降而逐渐递减。他认为，这种顺序不仅是与人类习得知识的自然顺序相一致的，也是与人类认知结构中表征、组织和储存知识的方式相吻合的。可以看出，这也符合知识的逻辑结构与顺序。

3. 直线式与螺旋式

直线式就是指把一门课程的内容组织成一条在逻辑上前后联系的直线，前后内容基本上不重复，课程内容直线前进，前面安排的内容后面不再呈现，如苏联教学论专家赞科夫主张采用直线式课程。螺旋式（或称圆周式）则要在不同阶段、单元或不同课程门类中使课程内容重复出现，逐渐扩大知识的范围和加深知识的程度，即同一课程内容前后重复出现，前面呈现的内容是后面呈现的内容的基础，后面呈现的内容是前面呈现的内容的不断扩展和加深，层层递进，如美国教育改革家布鲁纳则明确主张采用螺旋式课程。

就一般情况而言，直线式与螺旋式都各有利弊。直线式可以避免不必要的重复；螺旋式则容易照顾到学生认识的特点，加深对学科的理解。而二者的长处也正是对方的短处。其实，直线式课程和螺旋式课程对学生思维方式有不同的要求，直线式要求直觉思维，适应一些理论性相对较低的学科知识，操作性较强的内容；螺旋式要求逻辑思维，适用于理论性强、学生不易理解和掌握的内容以及低年级的儿童。

三、中学化学课程教学

（一）中学化学课程教学策略

普通高中化学课程是与九年义务教育化学或科学相衔接的基础教育课程，是落实立德树人的根本任务、促进学生化学学科核心素养形成和发展的重要载体；化学学科核心素养是现代社会公民必备的科学素养，是学生终身发展的重要基础；化学课程对于科学文化的传承和高素质人才的培养具有不可替代的作用。

1. 培养学生的化学学科核心素养

高中化学学科核心素养是学生发展核心素养的重要组成部分，是高中生综合素质的具体体现，反映了社会主义核心价值观下化学学科育人的基本要求，全面展现了学生应具有的化学学科特质的关键能力和必备品格。高中化学教学应帮助学生通过化学课程的学习，在知识与技能、过程与方法、情感态度与价值观等方面得到全面发展，逐步形成化学学科核心素养，实现化学学科"立德树人"的具体要求。

化学课程作为科学领域的重要分支，对提高高中生的科学素养是不可缺少的。学习化学课程，有助于学生了解科学的本质和价值，建立科学的观念，掌握科学研究的方法，提高科学探究的能力，形成科学态度和社会责任感。具体而言，通过高中化学课程的学习，可以帮助学生形成5大方面的化学学科核心素养：宏观辨识与微观探析；变化观念与平衡思想；证据推理与模型认知；科学探究与创新意识；科学态度与社会责任。

以培养化学学科核心素养为主旨，立足于学生适应现代生活和未来发展的需要，充分发挥化学课程的整体育人功能，构建全面发展学生化学学科核心素养的高中化学课程目标体系。设置满足学生多元发展需求的高中化学课程，拓展学生的学习空间，在保证学生共同基础的前提下，引导不同的学生学习不同的化学，以适应学生未来发展的多样化需求。选择体现基础性和时代性的化学课程内容，结合人类探索物质及其变化的历史与化学科学发展的趋势，引导学生进一步学习化学的基本原理和方法，形成化学学科的核心观念；结合学生已有的经验和将要经历的社会生活实际，引导学生关注人类面临的与化学有关的社会问题，培养学生的社会责任感、参与意识和决策能力。重视开展"素养为本"的教学，化学教学不仅要关注知识技能，也要关注情感态度，即将智力因素和非智力因素放在同等重要的位置上。化学教学不仅要关注问题解决，也要关注化学思考过程，将结果和过程放在同等重要的位置上。

2. 引入生活化的学习情景

化学教学活动要以学生的发展为本，要把学生的个人知识、直接经验和现实世界作为化学教学的重要资源，使课堂教学由传统的教授学生记诵什么、思考什么，转变为教会学生如何运用已有的知识和经验去学习、去思考、去发现，让学生在生活中"找"化学，使化学生活化；从实践中"做"化学，使化学活动化；在游戏中"玩"化学，使化学趣味化；在情景中"问"化学，使化学问题化。

3. 选用开放性的教学内容

新的化学课程改革强调，化学学习并不是单纯的解题训练，现实的和探索性的化学学习活动要成为化学学习内容的有机组成部分。开放性的教学内容首先表现在开放题的应用上，以开放题为载体来促进化学学习方式的转变，弥补了化学教学开放性、培养学生主体精神和创新能力的不足。

4. 采用多样性的教学方法

新课程标准强调学生是化学学习的主人，教师是化学学习的组织者、引导者与合作者。教师应激发学生的学习兴趣和积极性，向学生提供充分从事化学活动的机会，帮助他们在自主探索和合作交流的过程中真正理解和掌握基本的化学知识与技能、化学思想和方法，获得广泛的化学活动经验，即要求教师要采用多样性教学方法。归纳为四类：教师引导，实践操作，自主探究，合作交流。

5. 展开参与性的教学过程

新课程标准不仅重视知识技能目标，还特别强调过程性目标，注重学生的学习体验和探索感受，因而充分展开学生参与学习的过程非常必要。为顺利有效地展开这一过程，应做好提高自主意识、激励主体参与、重视主动评价这三项工作。

(二) 中学化学课程学习方法

从目前学生的学习方式来看，存在的主要问题是：听的多，做的少(缺少自主性)，个人理解的多，小组合作交流的少(缺少合作性)，被动接受的多，主动探究的少(缺少探究性)。现代化学课程理念倡导自主学习、合作学习和探究性学习。

1. 自主学习

自主学习是一种学习者在总体教学目标的宏观调控下，在教师的指导下，根据自身条件和需要自由主动地选择学习目标、学习内容、学习方法，并通过自我调控的学习活动完成具体学习目标的学习方式。

要想促进学生自主学习，首先必须对现行的以教师为中心的讲授式教学进行改革。把教学的基本程序由讲授式教学的"先讲后学"变为"先学后讲"。也就是说，把学生自己能够掌握的学习内容让学生通过自学、讨论先行解决，然后教师再针对学生不易掌握的内容进行重点讲解或指导。

教师在教学过程中应注意加强对学生自主学习过程的调控，保证自主学习的效果，提高自主学习在调动学生的主动性以及挖掘和发挥学生潜能方面的优势。但自主学习对于自我调控能力和自学能力较差的学生也会带来消极影响，若不能对自主学习的过程进行很好的调控，自主学习的效果很难保证。

2. 合作学习

合作学习是以学习小组为基本组织形式，系统利用教学动态因素之间的互动来促进学习，以团体成绩作为评价标准，共同达成教学目标的一种活动。合作学习模式是对合作学习策略理论的充实与发展，也是教学实践与应用的高度概括化。

新课程倡导合作学习，要求在课堂里使所有学生在交流讨论中学会倾听、尊重、接纳他人的意见，也敢于发表自己的意见；在交流讨论中善于吸取他人的正确意见，修正自己的错误；在交流讨论中学会配合和协调，知道宽容和让步，学会综合各种意见，全面地考虑问题。合作学习、交流讨论并不排斥竞争与独立学习活动，竞争和个体学习活动与合作学习是互补的。没有个体的学习活动和竞争，也不可能有有效的合作。小组的合作学习也可以增强小组与其他小组间的竞争实力。

3. 探究性学习

探究性学习是学生学习化学的一种重要方式，也是培养学生探究意识和提高探究能力的重要途径。教师应充分调动学生主动参与探究学习的积极性，引导学生通过实验、观察、调查、资料收集、阅读、讨论、辩论等多种方式，在提出问题、猜想与假设、制订计划、进行实验、搜集证据、解释与结论、反思与评价表达与交流等活动中，增进对科学探究的理解，发展科学探究能力。

科学探究能力的培养应紧密结合化学知识的教学来进行。例如，在"实验探究卤族元素的性质递变规律"、"实验探究维生素C的还原性"等具体活动中帮助学生掌握知识、技能与方法，体验科学探究的过程，在情感、态度与价值观方面得到良好的发展。

要按照课程内容的要求，积极开展实验探究活动。通过探究活动"发现学习和生产、生活中有意义的化学问题，并进行实验探究；能根据具体情况设计解决化学问题的实验方案，并予以评价和优化；能通过化学实验收集有关数据，并科学地加以处理；能对实验现象做出合理的解释，运用比较、归纳、分析、综合等方法初步揭示化学变化的规律"。科学探究能力的形成和发展是一个逐步提高、持续进步的过程。学生在义务教育阶段已初步形成科学探究能力，教师要在这一基础上制订高中阶段学生探究能力培养的具体方案，并认真加以实施。此外，在高中化学教学中，教师要以改革的精神做好教学，转变教学观点，经常反思自己的教学活动，针对教学中遇到的实际问题开展教学研究。例如，如何在必修课程模块的教学中激发学生学习化学的兴趣？如何处理好必修化学课程模块与选修化学课程模块之间的关系？如何结合不同课程模块的内容特点培养学生的科学探究能力？如何结合学校的实际情况开展化学实验探究教学？教师要通过研究和实践，进一步提高自身的素质，不断地增强驾驭和开发新课程的能力。

四、中学化学课程评价

(一)中学课程评价的意义

评价，泛指衡量、判断人物或事物的价值。它是人类的一项重要意识活动，是人类行为自觉性与反思性的体现，其实质在于促进人类活动日益完善。课程评价就是为推进课程展开、促进学生发展而以一定的方式方法和途径对课程与教学的统一规划、活动以及结果等有关问题的价值和特点作出判断的过程。课程评价既是学校活动的基本环节，也是保证学校各项教育活动沿着正确的方向发展的重要手段。因此，在新一轮的基础教育课程改革中，课程评价改革也列为一项重要的改革目标之一。在《基础教育课程改革纲要(试行)》关于课程改革目标的规定中明确指出："要改变课程评价过分强调甄别与选拔的功能，发挥评价促进学生发展、教师提高和改进教学实践的功能"。可以说，能否建立起一套适合素质教育发展需要、符合新课程改革基本理念的评价与考试制度，是关系到这次课程改革能否沿着预定的方向发展并取得较大成效的关键因素之一。

(二) 中学化学课程评价的价值取向

课程评价的价值取向是指每一种课程评价所体现的特定的价值观，是对课程评价本质的集中概括，它支配或决定着评价的具体模式和操作取向，标示着评价活动持续进行的有效性与真实性。价值取向错位或定位不准，将深层次影响到校本课程开发评价的信度和效度，课程目标确立的合理性，课程内容与方式选择的恰当性，甚至包括评价工具的制定与选择等。常见的课程评价价值取向有以下四种。

1. 强调联系实际，实现评价内容情景化

评价应加强与社会实际和学生生活经验的联系，重视考查学生分析问题、解决问题的能力，注重考查学生的实践动手能力和创新思维，减少考查记忆性的内容。传统的考试多以考查记忆性、技巧性或速度性的内容为主。近年来大量的研究表明，学生能够背诵化学概念、公式并不等于学生真正理解了。新课程倡导在考试内容方面，少考一些名词解释以及计算速度、计算技巧方面的内容，而多考一些与生活实际问题相关联的、能体现综合应用的、需要创新思维的内容，以反映学生真正的理解状况。化学测验要设计有助于学生理解和应用知识的实际问题情景，在解决实际问题的过程中评价学生的能力，应让学生结合所学的知识和经验从多个角度去阐述，如"请结合实际对酸雨的形成、危害和治理发表自己的意见和评论"。通过具有实际背景的、综合性和开放性问题的书面考核，既了解了学生掌握有关知识、技能和方法的程度，又了解了学生解决实际问题能力。对开放性、探究性的问题，应允许学生有较充裕的时间作答，不能操之过急，应给学生留有空间。考试命题应依据课程标准，杜绝设置偏题、怪题的现象。考试内容的这一变革，传统的题海战术、机械练习这种通过增强技巧的熟练性和速度、提高记忆的准确性来换取高分的教学方式将受到前所未有的挑战。它要求教师必须彻底打破这种陈旧的教育观念和教学策略，调整自己的教学行为，关注学生的全面发展。

2. 强调综合评价，实现评价指标多元化

倡导给予多次机会，综合应用多种方法，打破只有笔试的传统做法。传统的考试以笔试为主，而笔试只是考试的一种方式，它无法适应考试内容日益重实践、重创新的变化。因此，新课程倡导考试方式灵活多样，应体现先进的评价思想，如通过自我报告、试卷、辩论、课题研究与论文、制作教具、实验操作表演、调查、小组讨论、学生互评、学生答辩等方式给予评价。非升学的考试中鼓励采用开卷考试的方式，在综合应用中考查学生的发展状况。同时，试行提供多次考试机会，加强综合评价。学生自我评价可以采用建立化学学习档案的方式，在学习档案中收录化学学习的重要资料，包括单元知识总结、疑难问题及其解答、探究活动的设计方案与过程记录，收集化学学习信息和资料、学习方法和策略、自我评价和他人评价的结果等。教师通过学生学习档案和自我评价资料，了解学生的学习态度和学习特点，了解学生对知识的掌握情况和方法上的进步，并及时地给予针对性的指导。

教育评价活动是由主体和客体两方面构成的。素质教育的评价观就是要让学生积极参与评价活动，使评价成为学生自己的事。实践证明，任何评价如果没有被评价者的积极参与，都很难达到预期目的。因此，应当提倡学生对自己的探究性学习过程作自我评价，主动地、客观地检查和评价自己的学习成绩，了解学习活动的进展情况，吸收他人的经验，及时地、有针对性地作出自我改进，进一步完善与提高自己。在探究方式学习的全过程中，专家、教师组成的评价指导小组在一定阶段应给予必要的指导，使学生认同、接受专家的评价。总之，教育评价要符合事实，符合逻辑，符合规范，符合目的。

3. 强调过程评价，实现评价功能合理化

评价是与教育过程并行的同等重要的过程。评价不是完成某种任务，而是一种持续的过程，贯穿于教学活动的每一个环节。实现评价过程的动态化，不仅关注结果，更注重学生成长发展的过程，将终结性评价与形成性评价结合起来；给予多次评价机会，目的是促进评价对象的转变与发展；使评价日常化、通俗化，如口头评价、作业评价、成长记录袋等。活动表现评价是通过观察、记录和分析学生在各项学习活动中的表现，对学生的参与意识、合作精神、实验操作技能、分析问题的思路、知识的理解和水平以及表达交流技能等进行全方位的评价。评价的注意力不能放在研究的成果上，而应重点放在研究的过程与方法上；探究式学习的评价指标设计应宽泛、宽松，而且简单易行。只有这样，才可以使师生不受条条框框的限制，有助于引导学生充分发挥想象力和创造力。

例如，在"测定一段时间内本地雨水的pH，绘制时间-pH关系图，讨论本地区出现酸雨的情况，分析可能的原因"的活动中，学生要经历"提出问题，取样和测定雨水的pH，记录数据，处理数据，通过比较得出结论，分析原因"的过程。考查和记录学生在参与探究活动时的积极性，可采用定性报告与等级记分相结合的方式，这样可以清楚地了解学生的进步和发展，帮助学生认识自己的差距与不足，有利于学生树立自信心和自尊心。过程评价十分重要，只有关注过程，评价才可能深入学生发展的过程，及时了解发展中遇到的问题、所做出的努力以及取得的进步，才能进行有效的指导，评价促进发展的功能才能真正发挥作用。只有关注过程，才能有效地帮助学生形成积极的学习态度、科学的探究精神，才能注重学生在学习过程中的情感、体验、价值观的形成，实现"知识与技能"以及"情感、态度与价值观"的全面发展，有利于学生化学学科核心素养的培养。

过程取向的评价在本质上是受"实践理性"所支配，它强调评价者与被评价者的交互作用，对评价情景的理解以及过程本身的价值。这种评价取向的价值在于开始承认评价是一种价值判断的过程，把人在课程开发、实施及教学运行过程中的具体表现作为评价的主要内容，对人的主体性和创造性给予了一定的尊重。

4. 强调质性评价，实现评价方法多样化

当前，化学课程评价中存在很多问题，如过分强调甄别与选拔功能，忽视改进与激励功能；过分关注评价的结果，忽视了评价过程本身的意义；评价内容过于注重学习成绩，忽视综合素质的评价和全面发展的评价；评价方法单一，过于注重量化和传统的笔试方法，缺少体现新的评价思想和观念的新方法；评价主体多为单一源，而忽视了评价多源、多向的价值。

(三)中学化学课程评价的模式

课程评价的价值观取向对学生评价具有统整作用,它规定着学生评价内容的选择、方法的运用等方面,同时也相应地形成了不同的学生评价模式。比较常见的有选拔性评价、教育性评价与发展性评价三种模式。

1. 选拔性评价

所谓"选拔性评价"是指以一定社会认可的评价标准将学生分类划等,以选拔适合教育的学生为根本目的的学生评价。这种学生评价建构在竞争原理基础之上,对参加竞争的学生,根据竞争的最终结果选出合格者,淘汰不合格者。崇信"结果好,一切都好"的价值准则。在选拔性评价这根指挥"大棒"的挥舞下,教育口号异化为"非人"的教育,知、情、意相统一的完整人被肢解开来,仅仅注重了对人智力的开发,而忽略了人情感的陶冶及意志的磨炼,使教育难以达到学生身心全面、和谐发展的目的而趋于反面;仅仅注重了社会需要的满足,而忽略了人的发展和生活的多样需求。

但是,应清醒地看到,选拔性评价是社会分工、教育分流的必然要求,因而选拔性评价有其存在的客观基础和历史必然性。

2. 教育性评价

"教育性"一词是德国教育家赫尔巴特在《普通教育学·教育学讲授纲要》中首次提出并使用的。他认为,教育性是人类从事所有教育活动的原则和指标。威金斯(Wiggins)认为教育性评价应该体现以下两个本质特征:第一,评价应该是为了教学(不只是为了测量)而精心设计出来的,用以向学生揭示什么是有价值的成人工作(向学生安排真实性任务);第二,评价应该向所有学生及其教师提供有意义和有用的反馈,而且也能确实地评价学生和教师对反馈的适用程度。

所谓"教育性评价"是指以促使学生发现自我、发展自我为目的,以个体的健康发展与成长为评价标准的学生评价。如果说选拔性评价旨在满足社会发展的需要,那么教育性评价则主要侧重于满足学生自身发展的需求。其中,对话性德育评价是一种基于教育性对话的评价,除了具有一般对话的平等性和开放性以外,以内在的权威为主要表现的教育性是其主要特征。随着德育在全球范围内呈现出人性化的趋势,我国德育范式也在逐步转型。让学生成为具有独立人格、具有能动性和创造性、能够过有意义的道德生活的人是当前我国德育的重中之重。在德育人性化的过程中,我国德育目的逐步从培养"听话"的学生向培养"说话"、能够"说自己的话"的学生转变;曾经被压制的缄默知识、道德意蕴及鲜活的生活实践等内容正逐步得到重视;德育方式从灌输向建构转变,从授受式向交往对话式转变;传统的师生关系逐步让位于平等、对话型的师生关系。

3. 发展性评价

目前,高等教育、普通优质教育还不能人人享有,还不能满足人们的主观需要,因而用以区别学生、选择适合教育的学生的选拔性评价就有其存在的客观现实根据。即使将来高等教育大众化,普通优质教育能够人人享有,只要社会分工存在,选拔性评价就有其存在的必然性。而教育性评价在揭批、拒斥选拔性评价的同时，也走向了自身的反面，因为学生的自我教育难以脱离外在社会评价的引导；同时，人发展的内在动机仍需要社会、他人外推力的激发。除了选拔性评价客观存在的社会基础不论，简单地否定选拔性评价对学生健康成长的作用也是不科学、不合理的。理想形态的学生评价既应满足学生个体发展的需要，也应符合社会发展的要求。人们在对选拔性评价和教育性评价的扬弃中，日益形成了一种更加合理、更加科学的学生评价模式——发展性评价。发展性评价在本质上秉持以人为本、以学生为中心，以师生之间的互动建构为基础，以促进学生全面发展为根本宗旨，以重视评价的多元性、过程性和情境性为特征的现代学生评价。

（四）中学化学课程评价的标准和指标体系

1. 中学化学课程评价的对象

化学课程评价的对象至少有四个方面：化学教材，教师的教学，学生的学业，学校的管理。

1）化学教材

教材是学生与文化知识以及教师与学生之间互动的媒介，是学生学习与探究的工具，是汇集人类知识的资源。从对教材的这一定位出发，教材的评价应该有六个基本的维度：知识维度、思想文化内涵维度、心理发展规律维度、编写制作水平维度、可行性维度、特色与导向性维度。应根据学科的具体情况将上述维度和问题学科化、具体化，形成评价的相关指标项，并进一步制定学科的具体评价标准。

2）教师的教学

教师教学质量评价对促进教学质量提高和高等教育改革发展具有重要意义。教师教学质量的评价主要有六个维度：教学价值、教学风格、教学组织、积极个性、教学热情和学识水平，并从中得到关于提高教师教学技能、加强教师个性培养及完善科学的评价方式的启示。

3）学生的学业

在新课程的背景之下，高中学生的学业评价应分为两个不同的层次：第一层次是基于课程模块的学业评价；第二层次是基于学科的学业评价。每一层次中的评价都应包括过程性的评价和终结性的测验考试两个方面。这样就构成了一个2×2的评价体系(图2-1)。过程性评价的主要作用在于促进学生及时地进行反思和展示学生学习的过程。终结性评价可根据模块的内容和类型的不同，组织书面笔试或开放式、表现式的测试。

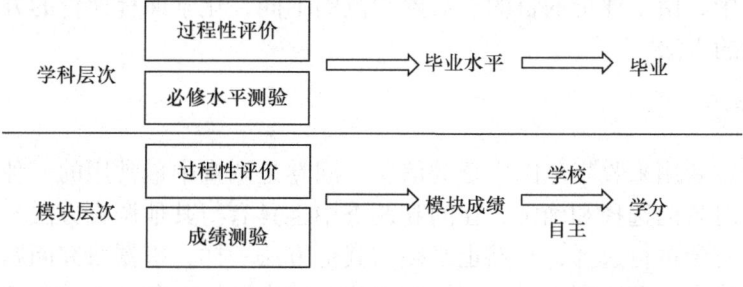

图 2-1　学业评价体系

4)学校的管理

课程实施范围的选择、参与课程实施人员的选择、课程实施指导人员的选择、课程实施工作程序的安排、有关领导人员所起的作用及其长处和短处，都有待评价。从这些工作的评价中所得到的反馈信息有助于改进课程系统，有助于课程开发的连续性和课程的不断发展。

课程评价需要有一整套测定和评价的技术，但并非课程评价所得到的所有根据都要用数量的形式来表示。实际上，课程评价大量的根据是教师主观的意见，这些意见在任何课程评价方案中都是必不可少的。

2. 中学化学课程评价的原则

化学课程评价是教育评价的重要组成部分，一般来说，教育评价活动应当遵循以下原则。

1)科学性原则

课程评价的设计及指标体系应该科学、客观地反映教育的客观规律。同时，也应经得起教育改革与发展实践的检验。从这个意义上讲，评价体系应该是准确的、规范的和合理的。

2)人文性原则

首先，评价的执行要尊重个人与群体(教师、学生、编者等)的合理性需求，并能充分地发挥评价各方的自主性。其次，评价应把学生看成是评价过程的主动参与者，保证学生在评价中有充分的发言权。再次，评价应促进教师的自我评价与对实践活动的反思，尊重和促进教师的专业成长。

3)完备性原则

首先，评价过程与准则的确定是共同分担的责任，而不是由某一方单独确定，并且评价尽可能接近学校和课堂。其次，评价程序要考虑到学生、教师及其他教育人员之间的公正性，评价样本也应有代表性。再次，评价是教学、课程、方案设计、学校与部门的改进、专业发展及其他计划活动的有机组成部分，又是一个独立的领域。

4)适宜性原则

第一，评价应适合课程标准或大纲规定的预期结果。第二，评价应适合教学改革和发展的需要，并向学生、家长、教师及教与学的行动作出反馈。第三，评价应适合评价各方人员信息的可信性。

(五)中学化学课程评价的过程与方法

课程评价方法是根据课程评价的目的和性质采取的一系列具体的评价方式。在化学课程评价的不同阶段中，由于评价的目的、对象和范围不同，化学课程评价的方法是很多的。以下介绍几种常用的方法。

1. 调查与访谈

调查与访谈主要用来收集范围广泛的信息。问卷是调查中最常用的一种。问卷调查法对象的选取：调查对象的选择和确定，在问卷调查中也具有与其他调查方法不同的特点。问卷调查中，对调查对象进行选择，当然也必须与其他方法一样，根据研究问题的需要和调查对象的特点来选择确定。所不同的是，问卷调查法与确定调查对象的总体单位数是不同的。访问法或观察法在确定了研究对象后,按相应数量选择和确定调查对象。但是,问卷调查的研究对象和调查对象一般是不同的,因而问卷调查中的调查对象单位数肯定要比研究对象单位数大。问卷回收率是回收的问卷份数与发放的问卷份数之比。问卷回收有效率是有效问卷份数与回收问卷份数之比。在问卷调查中考虑到问卷回收率和问卷回收有效率的因素,应根据研究问题所确定的研究对象单位数计算调查对象单位数,即应发问卷数。

问卷调查实施步骤:确定调查问题;明确调查对象;策划编制问卷;实施调查活动;汇总分析研究;确定培训需求。

访谈者可以用预设的问题以结构化的形式来了解情况,或者选择非结构化的形式来了解课程使用者的看法和想法。访谈法的具体操作过程如下。

1)访谈前的准备

(1)确定访谈的目的和主要任务。

(2)选择访谈对象。

(3)制订访谈计划:访谈的形式、时间、地点、工作进度等。

(4)编制访谈问卷或提纲:围绕访谈目的,列出通过访谈所要解决的问题。

如果采用结构式访谈,应首先编制访谈问卷,其编制的要求基本与调查问卷的编制相同,可以开放型、封闭型、半封闭型问题并用。在访谈中开放型问题可能更多地被采用,因为它给回答人留下了大量可解释的余地。至于具体问题的设计,除了要使访谈题目的表达尽量口语化外,还应在实质性问题中有意识地插入一些验证性问题,以检验被访者回答内容的真伪。例如,可先问学生课业负担,间隔一段时间再问每天他们有多少时间可供自己支配。也可在一些具体问题之前设计过滤性问题,以确定这些具体问题是否需要被访者回答。例如,可以先问被访者是否有进行广泛的课外阅读的习惯,如果没有,就没必要再问他对哪些课外读物感兴趣等相关问题了。

如果采用非结构式访谈,也应该编写一份细线条的访谈提纲。无论是访谈问卷还是访谈提纲,在编制时都应该紧扣研究的目的和事先确定的研究变量,且在有条件的情况下进行小范围"预访",以揭示问卷或提纲中存在的问题,及时加以修正。要具体、大问题要细化。

问题的设计要合理,虽然要尽量多地获取有用的信息或自己想得到的信息,但也要讲究方式和方法。

(5)培训访谈员,准备好访谈设备,有必要的话在正式访谈之前进行一次小规模的预访谈。

2)开始正式的访谈

(1)访谈前的联系。

(2)初步接触。选择恰当的称呼,亲切自然,此外应不卑不亢表明自己的身份和研究目的、意义、内容,请求被访者的支持和合作,必要时要出示有关证件消除对方的疑虑。最后表示访问的意愿,要用肯定的语气表达出来。

(3)开始访谈。打破坚冰的5个要素:合理的场景和第一印象(访谈场所要令人感到安全并尽量使被访者感到舒适,访谈者给被访者的第一印象应当尽量温和、亲切、安全可信,不要太前卫,当然也不要与被访者的差距太大)、趣味与共鸣(访谈前要下工夫,了解被访者的基本信息,以便访谈时有话可说)、关联信息与相似性("套近乎"、"熟人信任")、粘连的发问(针对被访者自己的话进行发问,找到被访者的兴趣点所在,打开局面之后再导入访谈员预先设计的问题中)、话题处理(避免过度的亲近与套近乎,当然也不要过于进攻和不知深浅)。

3)整理和分析访谈资料,写出研究报告

访谈是一种互动,是研究者和被访者之间的口头语言互动,所以这种互动必然涉及"问"和"答","讲"和"听"。研究者既要做一个掌控整个访谈过程的引导者,也要成为积极主动的"聆听者",在有效互动中完成资料的收集。

提问时有以下四种形式:

(1)假设性提问:问受访者在某种特定的情况下会如何做。

(2)激将性提问:如果受访者的回答很中庸,很敷衍,则需要刺激受访者从新的角度重新回答问题。

(3)理想设定性提问:让受访者描述自己理想的情形。

(4)解读性提问:用于先假设性的导语说明并寻求受访者的回应。

2. 纸笔测试

大多数课程评价都包括成绩测验,尤其是纸笔测试。客观的纸笔测试是使用得最久的一种方法,而且有多种形式。最著名的是选择回答或多重选择测试。在这种测试中,学生必须从几个提供的回答中选择正确的或最佳的回答。这种测试的其他形式还有真假判断题、配对题和简要回答题。多重选择形式在大规模的评估中是常用的。如果同其他手段、策略一并使用,这些测试能提供有用的信息。尽管客观的测试往往是与较低级的学习联系在一起的,如简单的记忆,但它们也被用来测试比较高级的学习,如批判性思维。

与纸笔测验有关的是试卷分析。除了课程评价者当场的纸笔测试外,还应注重对学生平时测验试卷内容和结果的分析,从中评价者可以发现与课程有关的一些问题。这方面的信息对修订课程、增强课程对学生的适应性是十分重要的。

纸笔测试就是以纸笔为工具命、答测试题的教育评价形式,它作为评价的重要形式一直在教育评价中发挥着重要作用。为更好地发挥纸笔测试的功能,促进新课程新理念意义下的化学学科纸笔测试从功能、内容、方式、结果的处理向"立足过程,促进发展"的方向转变,以测查学生的化学学科核心素养,在命题时应注意以下几个方面。

1)构建科学的测试框架,努力融合化学学科核心素养

测试框架要以化学学科核心素养为核心,将知识内容和能力相结合进行构建。化学知识内容主要是基础知识和基本技能,基础知识包括化学事实和化学概念等,基本技能主要涉及观察和实验的操作技能。能力主要是提出问题、猜想与假设、观察、实验、设计与制作、收集整理信息、思考、表达与交流等能力。因此,教师在编制试题前应对测试框架进行深入思考,要摆脱以知识为单一核心的评价方式,探索能将学科核心素养融于纸笔测验的学业评价方式,努力将知识内容与能力有机融合在一起,更好地体现化学学科以培养学生科学素养为宗旨的教学目标和任务。

同时,在对知识内容进行选择时,要重点考查对基础知识的掌握,即重点考查那些对于大部分学生未来的学习与工作都有用的知识和技能,而不是少数专业人员必需、大多数学生迟早要忘记的知识。不要在"深度"和"难度"上做文章,更不要盲目地追求知识量的扩充,因为这对学习能力中等和偏弱的学生来说是不公平的。

2)在真实的情境中命题,关注学生的生活要素

化学是一门生活性、实践性及社会性都很强的学科。研究也表明,从学生的生活经验中进行试题取材,能较好地考查学生发现问题、分析与解决简单实际问题的能力。因此,试题取材要贴近学生的生活,体现学以致用的原则,让学生在社会生活中真正学会探究。立足密切联系生活实际的试题取材丰富,可以让学生发现在现实生活中蕴含着大量的科学信息,感受到生活中处处有科学,并善于从习以为常的现象里发现隐含的知识,促进学生学会真正地学习。其次,学以致用是最重要和有效的学习动力。密切联系生活实际的试题要求学生应用知识解释生活、判断问题、解决问题,可以使学生真切地感受到所学内容的应用价值,增强学习的动机。

3)重视知识形成的过程,增强学生的知识运用能力

知识的形成是一个逐渐积累、循序渐进的过程。因此,设计测试题时就不应只是关注知识形成的最终结果,而应重视学生对知识的理解,鼓励他们用图、表等形式把对知识的理解表达出来。同时,还应关注知识点的衔接和学习思路的连贯,让学生能够将学到的基础知识串接起来,形成连贯的知识体系,鼓励学生通过主动学习得到更全面、更丰富的知识。

4)引入开放性命题和评分方法,促进每个学生的发展

学生的个体发展存在着一定的差异,认知水平也不是整齐划一的,这主要是由于学生学习和生活经验存在着多样性,测试题过难或过易都不能准确检测出学生的真实成绩。为此,命题时在试题的编制上应充分考虑到学生学习的差异和多样性,尽可能体现试题的可选择性,分出层次,设计出难易不同的测试题,让不同层次的学生根据自己的需要进行选择。因此,编制测试题时,可以借鉴 PISA 测试的理念,尝试编制一些开放题,即那些答案或解法不唯一,解题策略多种多样,并在测试方式上要求学生多方面、多角度、多层次探索的问题。同时引入新的评分方法,即利用编码对学生已有的回答进行识别并给出相应的分数,并充分挖掘和利用测试所得到的信息。

5)编排上关注细节,体现以人为本新理念

在书面测试中,学生总会产生不同程度的紧张、焦虑情绪,这些情绪可能会导致学生在应试过程中出现审题不清、问题不明、答题错位等现象,造成非专业的失分。因此,利用纸笔测试时,试卷编排应充分体现工具性与人文性统一的特点,体现生本思想和人文关怀。可关注以下细节:

(1)宽松行距,有助于学生缓和应试的焦虑。

紧密的字间距和行间距在视觉上的压迫感会造成学生的情绪紧张,因此试卷的字间、行间距应较为宽松,字号建议多用小四或五号字,行间距采用 1.5 倍。

(2)测试指导,有助于学生了解答题的策略。

充满鼓励、期待、描述清晰的语言,有助于拉近学生与试卷的距离,消除学生对考试的紧张与恐惧,加深对题目的理解。因此,在编制试题时,对于一些测试指导的描述也要关注,如利用"一些问题的解答可以采用画图的方式、连线画图可使用铅笔、不要将答案写到密封线内、测试完毕请检查你的答案"等一些描述性的亲切的语言提醒学生如何答题等,帮助学生了解必要的答题技巧,便于及时检查自己的解答是否符合相关要求等。

(3)图文并茂,有助于学生了解答题的策略。

每个测验项目除了简短的文字描述之外,最好能配有相关活动照片、操作示例或实验简

图。因为在这些照片或图示中往往会包含重要解题信息，或能对文字起到补充的作用，而且图文并茂的情境描述也有助于每个学生以自己擅长的方式来读懂试题，理解试题的要义。

总之，纸笔测试作为当前一种重要的评价方式，不仅要作为了解学生学习状况的工具，也应作为鼓励师生、促进学与教的手段，最大限度地发挥对学生发展的促进作用。

3. 表现性评价

表现性评价是 20 世纪 90 年代由美国学者提出的一种评价方式，通过让学生完成实际任务来表现其学科核心素养，从而对其表现出来的成就和水平进行评价的过程。与纸笔测验相比，表现性评价的测验情境更加接近真实生活，是一种基于具体情境的评价方式，它对学生来说是一项真实的实践活动，可以围绕学习任务展开，活动的结果是学生创造的一些有形的产品或活动表现，以此反映出学生的思考过程。但是，表现性评价在实际实施过程中也有些不足，如对教师的要求较高，评价过程复杂，评价结果不容易量化，客观性容易引起质疑等。

第四节　中学化学校本课程开发

一、校本课程与校本课程开发

（一）概念

校本课程(school-based curriculum)是指在具体实施国家课程和地方课程的前提下，通过对本校学生的需求进行科学的评估，充分利用当地社区和学校的课程资源而开发的多样性的、可供学生选择的课程。

校本课程开发(school-based curriculum development)是指学校根据本校的教育哲学，通过与外部力量的合作，选择、改编、新编教学材料或设计学习活动，并在校内实施以及建立内部评价机制的各种专业活动。

校本课程开发与校本课程的区别在于：校本课程开发是一个动态的不断完善的过程，而校本课程则属于校本课程开发的产品或结果，一般表现为学校自主决定的可供学生选择的课程计划或方案。

（二）校本课程开发的特点

1. 校本课程开发是民主开放的课程决策过程

校本课程开发是指学校根据自己的教育哲学思想自主进行的适合学校具体特点和条件的课程开发策略。它实质上是一个以学校为基地进行课程开发的开放民主的决策过程，即校长、教师、课程专家、学生以及家长和社区人士共同参与学校课程计划的制订、实施和评价活动。这样，校本课程的开发非常容易融入社会生活的实际变化和最新出现的相关课题，使课程具有更强的主动变革的机制与能力。

2. 校本课程开发旨在尊重学校师生的独特性和差异性

与国家课程开发注重基础性和统一性的特点相比，校本课程开发充分尊重和满足广大师生以及学校教育环境的独特性和差异性。由于学校教育的具体执行者——教师广泛参与课程决策，学校的纵向与横向课程中都充分考虑到学生的需要，考虑到特定学校的具体教育环境，突出本校的课程特色，尤其是充分尊重学校师生以及学校环境的独特性和差异性，因而对学校的教育教学产生重要影响。

3. 校本课程开发是课程理论与课程实践不断丰富和完善的过程

相对于广大的教育人口和地区差异而言，国家课程开发主体的代表性是非常狭窄的，或者说，它只能忽略差异性而寻求共同性与统一性。这在社会比较平稳与发展缓慢的情况下，在计划经济体制下是适宜的，但在社会生活日趋多元和变化发展日益迅速的当今时代，其局限性就越来越明显了。正是在这样的背景下，新的课程理论与课程开发实践应运而生。校本课程开发就是课程理论与课程开发实践不断发展、丰富和完善的过程。其中，校本课程编制、校本教师在职教育、学校自我评价、学校整体考核以及行动研究等单项实践与研究探索方面取得的突破性进展，为校本课程开发提供了宝贵的经验。在这一过程中，教育工作者特别是广大教师的课程意识和课程开发能力以及专业自主意识与能力得到加强。校本课程开发的基本观念和策略也逐步为政府部门所认可和支持，这为校本课程开发的广泛实践注入了直接动力。

4. 转变化学教育观念，充分体现化学课程的实用价值

把化学带到生活中，使化学教育贴近学生的生活实际，让学生了解化学在现代生产生活中的作用，这不仅能使学生认识到化学是一种非常有用的知识，而且在认知方面能增加学生学习化学的兴趣，给学生提供学习化学知识的真实情景，使学生更有效地应用所学的知识。事实上，许多化学问题的提出、解决、在理论或技术上获得突破都是化学科学和技术在生产生活实际中应用的结果，它对学生学习化学知识和培养学生创新能力、实践能力起着不可替代的作用。通过化学知识和技术在社会生产生活中的应用，还能培养学生的科学素养，形成对个人、社会、环境等的责任意识，这是世界中学化学课程改革的趋势。

5. 精心设计课程内容，营造真实的学习环境

目前，我国高中化学课程实施的依然是强调"以教师为中心"和化学知识的系统传授，把对教师传授的系统化学知识的记忆、理解作为化学知识生成的主要途径，社会生产生活中的化学问题是学生理解和巩固所学知识的一种手段。教师很少关注化学知识在生产生活中的应用，更多地倾向于根据自己所传授的知识想象或创造一些问题情景，用于巩固学生所学的知识。例如，在高中化学教育实践中，经常会发现有这样的问题："在通常情况下，1g 金属钠、镁、锌分别与足量的稀盐酸反应，哪种金属生成的氢气物质的量多？"从理论上看这没有什么问题，学生会很快给出答案。但是，这个问题在现有的中学化学实验条件下是无法通过实验来实现的，因为金属钠遇到盐酸就会发生爆炸，它产生的氢气是无法收集到的。尽管从理论上讲能进行而不能通过实验来实现的化学反应例子很多，但对学生来说这是一个不切实际的、不真实的例子。这种虚构的、现实世界中不存在的问题情景，虽然也能加深学生对所学化学知识的理解，但不能帮助学生把所学知识有效地迁移到解决实际问题中去，并且本身也成为学生记忆的对象。因此，普通高中化学校本课程在内容选择上应该尽可能为学生营造

一个真实的学习环境。

6. 拓展化学的视野，重视与其他学科间的相互渗透

化学科学的发展已占据自然科学的中心地位，它对其他自然科学以及人文社会科学的发展起着非常重要的作用。因此，化学教育不应使学生只从化学的角度来认识、了解社会中的有关问题，还要让学生能综合应用有关的多种学科知识，以跨学科的视角和方法，从整体上认识和解决科学技术发展和现实社会中的问题。我国的高中化学课程一直都是分科设置的，面对科学技术发展越来越综合化的大趋势，面对越来越复杂的人口、资源、能源、环境、健康等社会问题，以及面向21世纪全面提高公民科学文化素质的需要，跨学科解决问题的方式方法显得尤为重要。为此，普通高中化学校本课程的开发要重视化学与其他自然科学甚至人文科学的渗透与联系。

二、中学化学校本课程开发的原则

（一）适应社会和学生需要的原则

设置校本课程的一个重要目的就是适应时代的要求和社会发展的需要。由于不同学校和学生的知识基础和生活经验各不相同，统一的国家课程很难满足不同学生全面发展的需求，因此需要开发适应社会和学生需要的校本课程。例如，在课程中可以开设"探索溶洞的奥秘"、"指纹检查"和"蔬菜中维生素C测定"等内容。

（二）基础性和发展性原则

中学化学教育的特点决定其是一种大众化的基础教育，校本课程也应立足于此，认知水平上多以了解、常识性介绍层次为主，能力上注重培养学生的化学核心素养和创新精神，注重学生能力的发展。课程的设置应与国家教育课程相平衡，不能独立于国家课程计划之外，独立形成课程，注意知识加深的程度，必须考虑总体课程知识体系和进度。例如，在课程中可以开设"探究燃烧现象、照明弹原理"、"如何灭火，自制泡沫灭火器，灭火实验"等内容。

（三）与时俱进的原则

化学校本课程的内容要选择人类最新、最有价值的科学成果，要选择与学生生活最近的化学课程资源，不断地将新科技、最近的生活信息等内容引入化学课程。例如，在课程中可以开设"水质监测与污染处理"等内容。

（四）兴趣性的原则

兴趣是学生学习的动力源泉。选材和教学手段要把知识性和趣味性融为一体。校本课程可以根据学生的兴趣爱好进行开发，应能够激发学生学习与探究的兴趣，使学生乐学，促进学生学习效果的提高。例如，在课程中可以开设"玻璃雕刻——不用刀的雕刻"、"自制哈哈镜——化学镀"等内容。

三、中学化学校本课程开发的基本程序

(一)课程研究

认真研究"化学课程标准"、"化学课程标准解读"、《中学课程开发与实施》等相关校本课程开发的资料与书籍，了解学生的知识水平、学习兴趣和发展需要，选择化学校本课程的内容。

(二)开发实践

教师根据教学要求和课时进行课程的规划，依据自己的兴趣与特点选择相关内容进行设计。设计完成后，进行课堂实践，以检验课程开发的效果。

(三)反思改进

教师对课程开发的内容、采用的方法和出现的问题，通过问卷的形式进行教学反馈和教学反思，对教学出现的不当探索原因，并提出具体的改进方案，为下次的课堂实践做好准备工作。

(四)循环提升

对课程开发的改进方案再次进行课堂实践，不断调整、优化，在设计—实践—再设计—再实践的过程中完善化学校本课程开发的内容，在此基础上再进行校本教材的编写。这样便于开展后期的教学活动，同时也提升了教师的校本课程开发的能力。

四、校本课程案例：废旧电池的处理

乌海市是资源型工业城市，环境污染尤为严重。为了让学生更加重视环境问题，可开发"化学与环境污染"的校本课程。校本课程课题由化学组教师共同承担，课题组根据当地环境问题的实际情况，编排教学内容(如化学与大气污染、化学与水质污染、化学与土壤污染、化学与生态的关系)。落实教学内容后，给每位教师分配任务，教师再利用课外活动课以专题课的形式开课。学生可以根据实际需要和兴趣选修校本课程。

教学目标：
(1)通过本次课程的教学，让学生了解废旧电池的危害及其处理，使学生能够从自身做起，从身边做起，主动捡起废旧电池放到专门的垃圾桶，减少环境污染。
(2)通过本次课程，培养学生的环保素养。

教学过程：
引言：我们生活在环境之中，环境质量的好坏与我们息息相关。
21世纪以来，人类赖以生存的环境不断恶化，环境污染逐渐加重。其中，废旧电池给我们的环境生活造成了大范围的污染。所以应该妥善处理这些废旧电池，减少其对人和环境的危害。

讲解：
一、电池的材质

化学电池可分为干电池、充电电池、铅酸蓄电池和燃料电池。充电电池的材料镉、铅、铜等重金属、有机电解质都能对环境造成污染。

二、废旧电池的危害

废旧电池被人们大量丢弃于环境中，会使土壤和水系的 pH 发生变化，导致土壤和水系酸性化或碱性化，其中的镍、铅等重金属能被动植物吸收，然后通过食物链进入人体，大量聚集在人体内会使人体致畸或致变，甚至导致死亡。一粒纽扣电池会对 60 万升水造成污染，相当于一个人一生的饮水量。一节电池烂在地里，能够使一平方米的土地失去利用价值。废旧电池里包含了对自然环境威胁最大的 5 种物质中的 3 种。

三、废旧电池的污染

废旧电池主要造成重金属污染，如汞、镉、铅、铬、镍、锰等。重金属对土壤或水源的污染是短期的，但对生态危害却是长期的。汞会慢慢从废旧电池中溢流出来，进入土壤或水源，然后通过农作物进入人体，对人的肾脏造成损伤。另外，无机汞在微生物的作用下可以转化成甲基汞，甲基汞通过生物链聚集在鱼类体内，人食用了这种鱼后，会引起汞中毒，严重破坏人的神经系统，重者会发疯致死。著名的日本水俣病就是甲基汞所致。废旧电池渗出的镉会污染土地和水体，最终进入人体损坏肝脏和肾脏，也会引起骨质松软，重者造成骨骼变形。据有关资料报道，全球的镉污染有 50%是来自废旧电池的污染，镉污染的危害是导致骨质改变和贫血，长期饮用被镉污染的水会引起镉中毒，典型表现是全身骨骼酸痛。铬会引起胃肠道溃疡和损伤，镍有致癌倾向，还可导致心肌损伤，铅被摄入后不易排泄，导致儿童行为异常和低智商，锰虽为人体所需的微量元素，但吸收过多引起中毒。废旧电池作为生活垃圾进行焚烧处理时，其中的汞、镉、铅、锌等重金属一部分在高温下排入大气，另一部分成为灰渣，产生二次污染。

四、废旧电池的处理

处理方式有：固化深埋、存放于废矿井、回收利用。前两种做法花费太大，而且还会造成浪费，因为其中还有不少可回收利用的物质。废旧电池回收处理的过程如下：

(1) 砸烂回收的废旧电池，剥去锌壳、电池底铁，将归类收集好的锌壳清洗干净后放在铸铁锅中，加热，待锌熔化后保温 2 小时将掺杂在里面的浮渣去掉，滴在铁板上冷却后得到锌粒。

(2) 收集剩余的铜帽，将其展平，用热水洗净后放在 $H_2SO_4(10\%)$ 中煮沸 30 分钟，然后捞出洗净、烘干。

(3) 将石墨棒水洗，然后烘干以备后用。

(4) 剩余二氧化锰和氯化铵的混合物放在盛有 60℃的温水中，搅拌使氯化铵完全溶解，然后将混合物静置、过滤、用水洗涤滤渣两三次，在真空条件下蒸馏母液，当有白色晶体膜出现时停止蒸馏，冷却、过滤回收氯化铵晶体。将滤渣水洗三次后放在锅中蒸干，将其中少量的碳和其他有机物除去后，放入水中搅拌，约半小时后过滤可得黑色二氧化锰。

以上只是废旧电池回收利用的方法之一，另外还有热处理、湿处理、真空热处理法等。

作业：调查废旧电池的回收情况。

思考与练习

一、简答题
1. 简述化学学科的特点。
2. 简述化学课程的特点。
3. 简述化学课程评价的意义、取向、模式、指标以及过程与方法。

二、论述题
结合所学内容并查阅相关文献，选取一所学校尝试论述如何进行校本课程开发。

第三章 中学化学课程标准

本章学习指南

(1) 了解课程标准的定义，知道化学课程标准的定义、结构、作用及其历史发展阶段。
(2) 知道义务教育阶段与高中阶段化学课程标准的结构、内容及其特点。
(3) 了解国外(美国、英国、澳大利亚、日本)化学课程标准的框架结构与内容。

第一节 中学化学课程标准

一、课程标准概述

(一)我国学者对课程标准的认识

《教育大辞典》对课程标准的解释是，课程标准是确定学校教育一定阶段课程水准、课程结构与课程模式的纲领性文件。中小学课程标准是按学段设计和颁发的，其结构一般包括总纲与分科课程标准两部分。总纲是关于一定学校课程的总体设计，包括课程设计的指导思想、培养规格、课程设置、学时分配、课程模式、考试制度、课程实施的要求和课程评价的部署。分科课程标准规定各科教学目标、教材纲要、教学的重点难点、教学时间的分配、教学设备、教学方法和其他注意事项。

(二)国外学者对课程标准的认识

美国《国家科学教育标准》中对课程标准界定为：课程标准就是向我们展示有良好素养的国民应该是什么样子，它着眼的是具有挑战性的未来。它给人们提供了准绳，有了这个准绳就能协调教育改革，步调统一和首尾相贯地进行下去。

澳大利亚维多利亚州《课程标准框架》中指出：课程标准描述的是学生学习所包括的主要领域及大多数学生在每一学习领域能达到的学习结果。它为各个学校课程规划、实施与评价提供了一种参照。

加拿大安大略省《共同课程省级标准》中对课程标准界定为：为教师、家长、校董会、教育部评价学生学习而设计的一般标准，兼具未来性和现实性。

1992年，在美国举行的亚太经济合作组织成员国(地区)教育部长会议中提出：课程标准是对我们希望在校期间掌握特定的知识、技能和态度的非常明晰的阐述。课程标准描述了一个社会或一种教育体系规定学生在不同年级、不同学科领域应该获得的成绩、行为以及个人发展，以使学生为未来丰富完满的生活做好准备。课程标准中的内容标准部分则是根据课程目标，结合具体的课程内容，用尽可能清晰的行为动词阐述的学习目标。

基于国外学者对"课程标准"的界定，结合我国的教育传统以及教师的知识准备，本书将课程标准阐述为：课程标准是国家课程的基本纲领性文件，是国家对基础教育课程的基本规范和质量要求，规定了不同学段学生在某一学科领域所应学习的内容范围和对相应内容所应达到的最低层次要求，同时给出了课程实施的建议，包括教学建议、评价建议、教材编写建议和课程资源开发与利用建议，是教材编写、教师教学、学生学业评估和考试命题的直接依据。

二、化学课程标准概述

（一）化学课程标准的内涵

化学课程标准是国家管理和评价课程的基础，是化学教材编写、化学教学及其评价、化学考试命题的依据。化学课程标准作为国家编制、管理和评价化学课程的基准性文件，规定了化学课程的性质、目标、内容框架，提出了教学和评价建议，并且对国民在化学方面或化学领域基本素质做出要求。我国现行的化学课程标准分别是 2003 年修订的《普通高中化学课程标准（实验）》，以及 2011 年修订的《义务教育化学课程标准（2011 年版）》。

化学课程标准明确了我国初、高中化学课程是科学教育的重要组成部分，指明了高中化学课程改革的目的是培养符合时代要求的高素质人才，对提高学生的化学学科核心素养、促进学生全面发展有着不可替代的作用。化学课程标准阐述了化学教育的价值，打破了化学教学的传统内容框架，立足于学生学习方式的转变，大力提倡科学探究，有针对性地培养学生的创新精神和实践能力。化学课程标准考虑了制约课程发展的知识、社会、学生这三个基本要素，从关注学生未来生活的需要或升学准备转向重视现实的实践与实验，关注体验，实现知识与现实社会、生活的沟通，突出强调学生尽可能通过各种科学探究活动直接获得有关物质及其变化的知识与技能，达到科学素养及化学学科核心素养各方面的全面发展。

（二）化学课程标准的作用

化学课程标准作为国家编制、管理和评价化学课程的基准性文件，它的价值体现在化学课程的各个方面，包括课程实施的全部过程，即包含于课程设置、课程开发、课程实施、课程评价的完整过程中。化学课程标准对于化学教材编写者、化学教学实施者和各地化学教研室工作人员等都有着非常重要的价值和意义。

1. 化学课程标准促进了教师专业化发展

化学课程标准可以帮助化学教师认识和理解化学课程，为化学教师检验和更新化学学科知识提供依据。对化学课程的认识和理解是化学教师创造性实施化学课程与科学指导学生自主选择化学课程模块的前提和基础。自主研读化学课程标准是化学教师认识、理解、熟悉化学课程的主要途径之一。

化学课程标准从课程性质、课程理念、课程设计思路、课程目标、课程内容、课程实施建议等方面为化学教师勾画出一副全方位、立体式的化学课程全景图。通过仔细研读化学课程标准，化学教师可以更进一步认识和理解课程，解决一系列与化学课程相关的问题。

随着化学学科的发展，化学课程在内容上也不断发生变化。例如，在新版高中化学课程标准"化学反应与能量"主题中，增加了"焓变"、"熵变"等一些新概念；在"化学键与物质的性质"主题中，要求学生知道共价键的主要类型σ键和π键等。因此，如何尽快检验、更新化学学科知识是化学教师适应、胜任课程教学的前提条件。对广大一线化学教师而言，以化学课程标准为依据，分析化学课程的具体内容，查缺补漏，无疑是他们检验、更新化学学科知识的最有效途径。

2. 化学课程标准指导了教师教育教学行为

作为化学教学的基本依据，化学课程标准对于化学教师的最大价值就在于其对化学教学的全方位的指导作用。这种指导在具体化学教学实践过程中可分为宏观和微观两个层次。

在宏观层面，化学课程标准的指导作用主要体现在以下几个方面：第一，化学课程标准可以帮助化学教师形成先进的化学教学理念，是否具有先进的化学教学理念是新课程背景下化学教师能否顺利适应化学新课程的关键因素。第二，化学课程标准可以帮助化学教师从总体上把握每一阶段中学化学的教学目的。明确每一阶段的化学教学的具体目的是化学教师从事该阶段教学的前提和保障。化学课程标准在课程目标部分，以总目标和分目标的形式向化学教师传递了这两大阶段化学教学目的的相关信息。第三，化学课程标准可以帮助化学教师把握普通高等学校招生化学科考试的方向。普通高等学校招生化学科考试的命题依据是化学课程标准，并不是哪个版本的教材。因此，只要把握准化学课程标准，就把握住了化学课程的精髓。第四，化学课程标准可以帮助化学教师形成积极的化学情感，积极的化学情感是化学教师从事化学教学的必要素质，也是他们从事化学教学的动力源泉。

在微观层面，化学课程标准的指导作用主要体现在以下几个方面：第一，化学课程标准是化学教师选择和组织化学教学内容最主要的依据。作为教学设计的主要环节，化学教学内容的选择和组织是化学教师课堂教学的前提工作。新课程背景下，"一标多本"的教科书存在格局和多样化的化学教科书，必然要求化学教师把教科书内容看作是化学教学内容选择的依据之一，把化学课程标准中的"内容标准"作为化学教学内容选择的最主要依据。第二，化学课程标准可以为化学教师组织课堂教学提供很多有价值的建议和信息。化学课程标准在其"内容标准"和"实施建议"部分，为化学教师有针对性地组织课堂教学提供了各种有价值的建议和信息，提供了针对不同教学内容的、具体的、可操作性的"学生活动"。第三，化学课程标准可以为化学教师反思课堂教学提供"基本参照点"。课堂教学反思是新课程背景下化学教师检验自身教学效果、提高自身教学水平最有效的方法。作为化学教师课堂教学反思的核心内容，学生学习效果的评价需要具体、明确的"基本参照点"。化学课程标准中的"内容标准"部分较详细地为化学教师提供某个具体内容学生掌握情况的"基本参照点"（基本要求）。不仅如此，化学课程标准还在"实施建议"部分为化学教师提供了一些操作性较强的、具体的评价建议。

3. 化学课程标准规范了化学教科书编写

《基础教育课程改革纲要（试行）》第六条指出：国家课程标准是教材编写的依据；第十二条指出：教材内容的选择应符合课程标准的要求。在教科书编写过程中，编写人员认真领会课程标准的理念和要求，合理地选择本学科的内容并进行组织安排，其编写思路、框架、内容不能违背课程标准的基本精神和要求，内容要达到课程标准的基本要求，同时又不能无限制地提高难度，教材内容呈现方式要有利于改善学生的学习方式。

化学教科书的编写要根据《基础教育课程改革纲要(试行)》和化学课程标准,着眼于提高全体学生的化学学科核心素养,帮助学生掌握化学基础知识、基本技能和基本方法,认识科学的本质,理解科学、技术与社会的相互关系,提高综合应用化学知识解决实际问题的能力。化学课程标准对化学教科书编写的指导作用主要体现在以下三个方面:

第一,化学教科书要根据化学课程标准编写。化学教科书的编写者必须领会和掌握化学学科课程标准的基本思想和各部分内容,并在教材中予以充分体现。课程标准是教科书的编写指南和评价依据,教科书又是课程标准的最主要载体。教科书的编写思路、框架、内容不能违背课程标准的精神和要求。教科书的内容要达到标准的基本要求,同时又不能无限制地提高难度。

第二,化学课程标准通过学生学习结果的描述间接影响化学教科书的编写。从课程标准中可看出,其描述的是学生的学习结果而不是限定教师的教学内容;课程标准规定学习领域,因此它并不直接规范教科书,而是通过学生学习结果的描述间接影响教科书的编写。

第三,教科书的编写和使用可以检验课程标准的合理性。一方面,教科书编写可以检验课程标准的可行性和科学性;另一方面,可以通过使用教科书不断检验并完善教科书和课程标准。在此次新课程改革过程中,为了检验和完善课程标准,教育部组织课程标准组编写课程标准实验教材,并在全国 38 个实验区进行实验。通过使用新教科书,实验区的教师可以更加深刻地了解课程改革的理念和课程标准的实质,同时又为进一步完善和丰富课程标准奠定基础。

三、化学课程标准的历史沿革

我国的化学课程标准,就其名称而言大致历经了三个阶段,分别为 1949 年以前的"前化学课程标准"阶段,1949 年至 2000 年的"化学教学大纲"阶段以及 2001 年至今的"现代化学课程标准"阶段。下面对每个阶段的概况进行简单介绍。

1. "前化学课程标准"阶段

1923 年公布了《新学制课程标准纲要》,初中设置自然课程,含动物、植物、矿物、物理、化学等内容;高中设置必修的《科学概论》课程及以升学为主、侧重理科的化学选修课。《新学制课程纲要高级中学第二组必修的化学课程纲要》对课程内容和课程目标做出了具体规定,标志着我国第一个化学课程标准的诞生。1929 年颁布了《中学课程暂行标准》,初中设置综合课程,有混合(自然)及分科(动物、植物和理化)的两类,由学校自选;高中取消文理分科。1932 年,把初中理化课程分为物理、化学,化学在初中、高中二年级各开设一学年。1936 年把初中化学改在三年级开设。1941 年至 1948 年期间对课程标准进行了不同程度的修订。

2. "化学教学大纲"阶段

中华人民共和国成立以后,教育部于 1950 年印发了《化学精简纲要(草案)》。1952 年 4 月以苏联教学大纲为蓝本,草拟了《中学化学课程标准草案》,12 月修订为教学大纲,公布了《中学化学教学大纲(草案)》。1956 年颁发了《中学化学教学大纲(修订草案)》,提出了社会主义思想教育学和实施基本生产技术教育的任务。1963 年,在总结了中华人民共和国成立以来中学化学教学正反两方面经验的基础上,制定并公布了《全日制中学化学教学大纲(草案)》，强调了化学基础知识和基本技能的教学，主张适当练习。1966 年至 1976 年"文化大革命"期间，教育事业处于混乱状态，化学教学计划与教学大纲被取消。

1978 年 1 月教育部颁布了《全日制十年制学校中学化学教学大纲(试行草案)》，提出努力实现教学内容现代化，增加了新的内容。1986 年对教学内容中的深、难、重内容进行调整，颁布了《全日制中学化学教学大纲》。1988 年 4 月，根据普及义务教育的要求，颁布了《九年制义务教育全日制初级中学化学教学大纲(初审稿)》。1990 年颁布了《全日制中学化学教学大纲(修订本)》，把高中化学教学内容分为必修课和选修课两个部分。1992 年，在义务教育初中化学课程改革实验的基础上，修订了《九年制义务教育全日制初级中学化学教学大纲(试行)》。1996 年，国家教委基础教育司颁布了与九年义务教育初中化学教学大纲相衔接的《全日制普通高级中学化学教学大纲(供试验用)》。2000 年 2 月，教育部颁发了《全日制普通高级中学化学教学大纲(试验修订版)》。

3. "现代化学课程标准"阶段

1999 年教育部制定《面向 21 世纪教育振兴行动计划》，标志着中华人民共和国成立以来进行的第八次课程改革的正式启动。这次课程改革的核心文本包括：《基础教育课程改革纲要(试行)》、《中共中央国务院关于深化教育改革，全面推进素质教育的决定》、《国务院关于基础教育改革与发展的决定》、《义务教育课程设置实验方案》、《义务教育全日制学校课程标准》(2011 年又做出修订)、《普通高中课程方案(实验)》、《普通高中课程标准(实验)》。

现阶段化学课程标准主要分为义务教育化学课程标准(初中化学课程标准)和普通高中化学课程标准(高中化学课程标准)。初中化学课程标准有两个版本，分别是 2001 年颁布的《全日制义务教育化学课程标准(实验稿)》和经过修订后于 2011 年颁布的《义务教育化学课程标准(2011 年版)》；高中化学课程标准有一个版本，为 2003 颁布的《普通高中化学课程标准(实验)》。2014 年 4 月教育部发布《关于全面深化课程改革，落实立德树人根本任务的意见》，普通高中课程标准的全面修订于同年 5 月启动，2017 年底完成《普通高中化学课程标准》。2017 年版化学课程标准的修订立足化学学科核心素养展开，基于核心素养重建化学课程结构，梳理化学必修、选修的课程内容，确定不同模块的学业质量标准，提出化学课程实施的建议。

第二节　义务教育化学课程标准

一、义务教育化学课程标准的编写背景

自中华人民共和国成立之后，特别是改革开放以来，党和国家高度重视教育，坚持把教育摆在优先发展的战略地位，伴随着政治、经济、文化的巨大发展，课程计划也屡次更新，与时俱进。

在社会主义改造时期的基础教育课程阶段，为了适应社会制度的变化和教育改革的需要，教育部于 1950 年 7 月颁布了《化学精简纲要(草案)》，以调整教学内容。1954 年，国家先后颁布了化学课程的"精简教学大纲"，开始了继 1950 年精简之后的第二次精简。在全面建设社会主义时期的基础教育课程阶段，以中共中央、国务院颁布的《关于教育工作的指示》为标志，以缩短学制、大炼钢铁、强调教育与生产劳动相结合为主要特征的中小学课程改革展开了。1963 年 7 月教育部颁布《全日制中小学教学计划(草案)》。在拨乱反正、改革开放初期的基础教育课程改革阶段，1983年颁布了六年制重点中学和五年制中学的化学科两种要求的教学大纲（草案），在义务教育课程体系的建立和发展阶段，1996年，教育部颁布了《全日制普通高中化学教学大纲（供试验用）》，2000年再次颁布了《全日制普通高中课程计划实验修订稿》。从此，教学计划易名为课程计划。2001年教育部颁布《基础教育课程改革纲要（试行）》，改变课程过于注重知识传授的倾向，强调形成积极主动的学习态度，使获得基础知识与基本技能的过程同时成为学会学习和形成正确价值观的过程。2003年颁布《普通高中课程方案（实验）》，对实验的课程标准和教材进行全面修订，2011年教育部颁布了《义务教育化学课程（2011版》。由于现代教育的学科门类已经日趋细化，教育内容也不再局限于课本和以往传统的划分方式，教学设备的改善更加显而易见。在中小学，辅助教学的工具已经很齐全，对于高中生和大学生来讲，经济的发展使得各种研究、交流及实践成为可能，先进的实验室，多媒体教学及网络资源的广泛应用，使得教学活动更加丰富多彩，有效促进了化学课程标准的制定、课程教材的编制与教—学—评手段的革新。

人类在历史发展的过程中积累起来的知识、技能，涉及的面极广。因此，有必要授予学生明确的、系统的基础知识和技能，以便使学生学会灵活地应用这些知识和技能。

二、义务教育化学课程标准解读

（一）《全日制义务教育化学课程标准（实验稿）》

《全日制义务教育化学课程标准（实验稿）》是化学教材编写、教学评估和考试命题的依据，是建设、管理和评价化学课程的基础。此次化学课程改革是在国际比较和全球视野的背景下，在认真分析国内化学教学现状和进行广泛调查研究的基础上，充分吸取中华人民共和国成立以来化学课程建设和改革的经验教训，依据国家《基础教育课程改革纲要（试行）》的指导思想，通过充分研讨，确定了本次化学课程改革的宗旨是全面提高学生的科学素养，并以此为主线贯穿整个化学课程标准的研制。本次课程标准主要包含前言、课程目标、内容标准和实施建议四个部分。

义务教育阶段的化学课程应该体现启蒙性、基础性。一方面提供给学生未来发展所需要的最基础的化学知识和技能，培养学生运用化学知识和科学方法分析和解决简单问题的能力；另一方面使学生从化学的角度逐步认识自然与环境的关系，分析有关的社会现象。因此，在教学过程中让每一个学生以轻松愉快的心情去认识多姿多彩、与人类息息相关的化学，积极探究化学变化的奥秘，形成持续的化学学习兴趣，增强学好化学的自信心。给每一个学生提供平等的学习机会，使他们都能具备适应现代生活及未来社会所必需的化学知识、技能、方法和态度，具备适应未来生存和发展所必备的科学素养，同时又注意使不同水平的学生都能在原有基础上得到良好的发展。注意从学生已有的经验出发，让他们在熟悉的生活情景中感受化学的重要性，了解化学与日常生活的密切关系，逐步学会分析和解决与化学有关的一些简单的实际问题。让学生有更多的机会主动地体验探究过程，在知识的形成、联系、应用过程中养成科学的态度，获得科学的方法，在"做科学"的探究实践中逐步形成终身学习的意识和能力。使学生初步了解化学对人类文明发展的巨大贡献，认识化学在实现人与自然和谐共处、促进人类和社会可持续发展中的地位和作用，相信化学为实现人类更美好的未来将继续发挥它的重大作用。也即是增强学生学习的信心和兴趣，培养学生适应未来社会的科学素养，培养学生的科学探究意识和能力。在评价方面，要为每一个学生的发展提供多样化的学习评价方式。不仅要评价学生的知识,更要评价学生的能力和情感态度与价值观方面的发展,促使学生学会自我评价和反思评价。

义务教育阶段的化学课程以提高学生的科学素养为主旨,以探究教学作为新课程改革的突破口,激发学生学习化学的兴趣,帮助学生了解科学探究的基本过程和方法,培养学生的科学探究能力,使学生获得进一步学习和发展所需要的化学基础知识和基本技能;引导学生认识化学在促进社会发展和提高人类生活质量方面的重要作用,通过化学学习培养学生的合作精神和社会责任感,提高未来公民适应现代社会生活的能力。通过义务教育阶段的学习,学生能在知识与技能、过程与方法和情感态度与价值观三个方面得到发展。在知识与技能方面,希望学生能够认识身边一些常见物质的组成、性质及其在社会生产和生活中的应用,能用简单的化学语言予以描述;形成一些最基本的化学概念,初步认识物质的微观构成,了解化学变化的基本特征,初步认识物质的性质与用途之间的关系;了解化学与社会和技术的相互联系,并能以此分析有关的简单问题;初步形成基本的化学实验技能,能设计和完成一些简单的化学实验。这一阶段是学生学习化学的入门阶段,学生需要了解物质的结构、性质和应用三个方面,并体会三者之间的联系,还要掌握学习化学的一些基本方法和思路。在过程与方法方面,学生学会认识科学探究的意义和基本过程,能提出问题,进行初步的探究活动;初步学会运用观察、实验等方法获取信息,能用文字、图表和化学语言表述有关的信息,初步学会运用比较、分类、归纳、概括等方法对获取的信息进行加工;能用变化与联系的观点分析化学现象,解决一些简单的化学问题;能主动与他人进行交流和讨论,清楚地表达自己的观点,逐步形成良好的学习习惯和学习方法。在情感态度与价值观方面,需要保持和增强对生活和自然界中化学现象的好奇心和探究欲,发展学习化学的兴趣;初步建立科学的物质观,增进对"世界是物质的""物质是变化的"等辩证唯物主义观点的认识,逐步树立崇尚科学、反对迷信的观念;感受并赞赏化学对改善个人生活和促进社会发展的积极作用,关注与化学有关的社会问题,初步形成主动参与社会决策的意识;逐步树立珍惜资源、爱护环境、合理使用化学物质的观念;发展善于合作、勤于思考、严谨求实、勇于创新和实践的科学精神;增强热爱祖国的情感,树立为民族振兴、为社会的进步学习化学的志向。

(二)《义务教育化学课程标准(2011年版)》

2010年7月,中共中央、国务院正式颁布《国家中长期教育改革和发展规划纲要(2010—2020年)》(以下简称《教育规划纲要》)。在《教育规划纲要》中对义务教育有了更明确的规定,指出要"巩固提高九年义务教育水平","注重品行培养,激发学习兴趣,培育健康体魄,养成良好习惯","减轻中小学生课业负担……学校要把减负落实到教育教学各个环节,给学生留下了解社会、深入思考、动手实践、健身娱乐的时间"。这些具体要求为修订义务教育化学课程标准提供了明确的指导思想。

化学课程标准修订组成员立足于义务教育化学课程实施十年的经验和问题,分析国际教育科学改革的现实、社会发展对公民化学素养的需求和未来化学科学发展的趋势,整合而成《义务教育化学课程标准(2011年版)》,于2012年初正式出版发行。

1. 2011年版的设计思路

化学课程改革的宗旨是全面提高学生的科学素养。化学课程标准从课程目标的角度将科学素养界定为"知识与技能、过程与方法、情感态度与价值观"三个方面。

以培养学生科学素养为宗旨的化学课程改革,引导教师和学生改变传统课程过于注重知识技能传授的倾向,强调科学过程与方法,重视情感态度与价值观的教育,使学生获得化学知识和技能的过程成为理解化学、进行科学探究、联系社会生活实际和形成科学价值观的过程。为此,在化学课程内容的选择上,打破了传统的以学科知识为主的体系框架,依据学生的生活经验和心理发展水平,在全面反映化学学科特点的基础上,加强科学、技术与社会的密切联系,确定了"科学探究""身边的化学物质""物质构成的奥秘""物质的化学变化""化学与社会发展"五个一级内容主题。《义务教育化学课程标准(2011年版)》中明确提出"将科学探究作为课程改革的突破口",倡导以科学探究为主的多样化的学习方式。

2. 2011年版的基本结构

《义务教育化学课程标准(2011年版)》由前言、课程目标、课程内容、实施建议以及附录五部分构成,见表3-1。

表3-1 《义务教育化学课程标准(2011年版)》框架结构

组成部分	内容
第一部分 前言	课程性质
	课程基本理念
	课程设计思路
第二部分 课程目标	知识与技能
	过程与方法
	情感态度与价值观
第三部分 课程内容	科学探究
	身边的化学物质
	物质构成的奥秘
	物质的化学变化
	化学与社会发展
第四部分 实施建议	教学建议
	评价建议
	教材编写建议
	课程资源开发与利用建议
附录	有关行为动词的分类

前言部分主要介绍了课程性质、课程基本理念及课程设计思路。课程目标部分的核心是为了提高学生的科学素养,通过义务教育阶段化学课程的学习,学生从知识与技能、过程与方法、情感态度与价值观三个维度都得到相应的发展。课程内容部分包括"科学探究""身边的化学物质""物质构成的奥秘""物质的化学变化""化学与社会发展"五个一级主题。其中,科学探究和STS贯彻整个初中化学课程内容的学习活动中。每个一级主题由若干二级主题构

成。实施建议部分分为教学建议、评价建议、教材编写建议及课程资源开发与利用建议。附录部分呈现了有关行为动词的分类，分为认知性学习目标的水平、技能性学习目标的水平及体验性学习目标的水平。

3. 2011 年版的内容

1）前言

前言部分首句指出："化学是在原子、分子水平上研究物质的组成、结构、性质及其应用的一门基础自然科学，其特征是研究物质和创造物质"。这种对化学概念的新表述，突出了化学在自然科学中的基础性地位，明确了化学研究物质的层次，清晰地体现了化学的研究对象与本质特征。在对化学的概念进行界定之后，进一步提出了义务教育阶段化学课程的性质、基本理念与设计思路。

课程性质分三个维度叙述，突出了义务教育化学课程的基础性、化学实验对学生科学探究能力的作用以及化学学习对学生情感态度与价值观的发展作用。

课程基本理念的设置强调趣味性与基础性，并指出课程应从学生的已有经验出发，密切结合日常生活，使不同水平的学生都能在原有基础上得到发展。除此之外，义务教育化学还应让学生体验科学探究的过程，逐步形成创新与实践意识，让学生了解化学对社会的重大作用，使学生得到全方位的发展。

对课程的设计包括课程理念、课程目标、课程内容和实施建议四个方面，其基本思路见图 3-1。

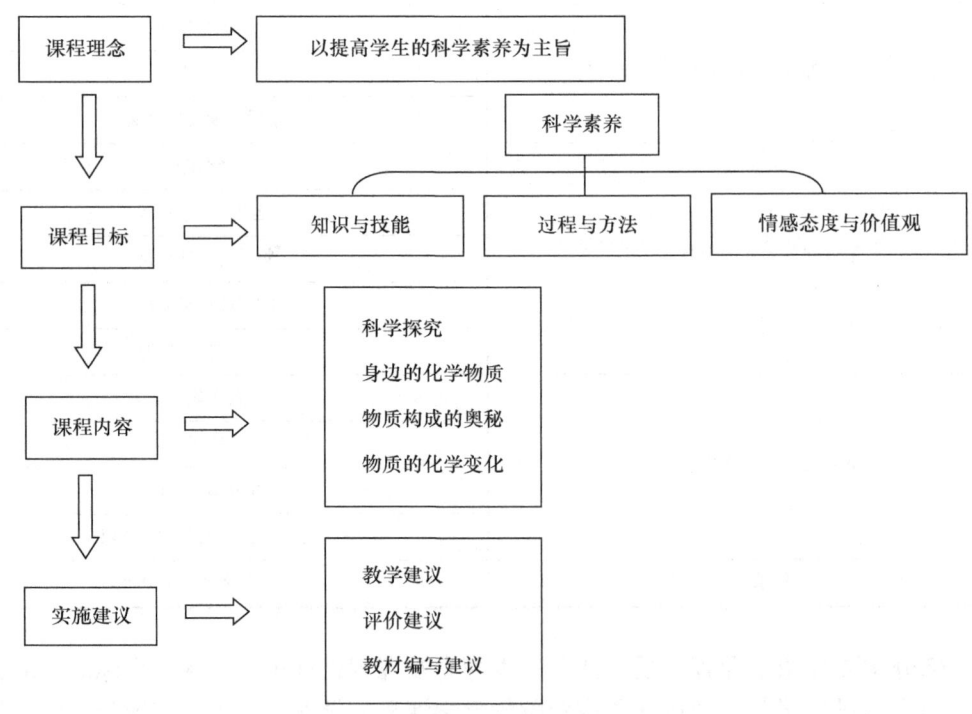

图 3-1　义务教育化学课程设计思路

整体课程设计以提高学生科学素养为主旨，通过知识与技能、过程与方法、情感态度与价值观三个方面具体体现化学课程对学生科学素养的要求，结合学生的已有经验、心理发展水平对化学课程内容进行选择，并进一步给出实施建议。

2）课程目标

义务教育阶段的化学课程以提高学生的科学素养为主旨，激发学生学习化学的兴趣，帮助学生了解科学探究的基本过程和方法，发展科学探究能力，获得进一步学习和发展所需要的化学基础知识和基本技能；引导学生认识化学在促进社会发展和提高人类生活质量方面的重要作用，通过化学学习培养学生的合作精神和社会责任感，培养学生的民族自尊心、自信心和自豪感；引导学生学会学习，学会生存，能更好地适应现代生活。

通过义务教育阶段化学课程的学习，学生主要在知识与技能、过程与方法、情感态度与价值观三个方面得到发展。知识与技能维度要求义务教育化学课程要使学生对化学的一些基本概念有一定的了解，掌握一些基本的化学实验技能，并能初步运用宏观—微观—符号结合的思维方式，结合实际情境对化学知识进行简单的应用。过程与方法维度要求义务教育化学课程要使学生能在科学探究的过程中掌握观察、实验等基本方法，并能运用分类、比较等信息加工策略，培养学生在过程中对变化与守恒进行整体把握，并能与他人交流。情感态度与价值观维度要求义务教育化学课程要使学生增强学习化学的兴趣，在化学学习中拥有情感的体验，密切化学与社会生活的联系，在情感的冲撞与体验中不断形成自己科学的价值观。

3）课程内容

课程内容是课程标准的核心内容，包括五个一级主题，每个一级主题由若干二级主题（单元）构成，如表 3-2 所示。每个二级主题从"标准""活动与探究建议"两个维度加以说明。"标准"规定了学习本课程所要达到的最基本的学习要求。"活动与探究建议"中所列举的活动在教材编写或教学时可依据实际情况选择应用，也可以增补更适合的探究活动。其中的实验探究活动应尽可能鼓励学生主动去完成；综合性较强的探究活动要组织学生以小组为单位共同协作完成，以培养学生的团队精神和协同工作能力。每个二级主题还提供了可选择的学习情景素材，为教学设计提供一定的线索。

表 3-2 课程内容主题分类

一级主题	二级主题（单元）
科学探究	增进对科学探究的理解
	发展科学探究能力
	学习基本的实验技能
	完成基础的学生实验
身边的化学物质	我们周围的空气
	水与常见的溶液
	金属与金属矿物
	生活中常见的化合物
物质构成的奥秘	化学物质的多样性
	微粒构成物质
	认识化学元素
	物质组成的表示

续表

一级主题	二级主题(单元)
物质的化学变化	化学变化的基本特征
	认识几种化学反应
	质量守恒定律
化学与社会发展	化学与能源和资源的利用
	常见的化学合成材料
	化学物质与健康
	保护好我们的环境

A. 科学探究

义务教育阶段化学课程中的科学探究，是学生积极主动地获取化学知识、认识和解决化学问题的重要实践活动。它涉及提出问题、猜想与假设、制订计划、进行实验、搜集证据、解释与结论、反思与评价、表达与交流等要素。学生通过亲身经历和体验科学探究活动，激发学习化学的兴趣，增进对科学的情感，学习科学探究的基本方法，初步形成科学探究能力。科学探究对发展学生的科学素养具有不可替代的作用。通过科学探究，学生要增进对科学探究的理解，发展科学探究能力，学习基本的实验技能以及完成基础的学生实验。

B. 身边的化学物质

该主题引导学生观察和探究一些身边常见的物质，帮助学生了解它们对人类生活的影响，体会科学进步对提高人类生活质量所做出的巨大贡献；增强学生对化学的好奇心和探究欲望，使学生初步认识物质的用途与性质之间的关系，帮助学生从化学的角度认识和理解人与自然的关系，初步形成科学的物质观和合理利用物质的意识。

C. 物质构成的奥秘

该主题旨在帮助学生用微粒的观念去学习化学，通过观察、想象、类比、模型化的方法使学生初步理解化学现象的本质；从五彩缤纷的宏观世界步入充满神奇色彩的微观世界，激发学生学习化学的兴趣；利用有关探索原子结构的科学史实，使学生了解科学家严谨求实的科学态度；通过对问题的探究和实践活动，提高学生的想象能力、创新能力，帮助学生初步认识辩证唯物主义的一些观点。

D. 物质的化学变化

化学变化是化学研究的重要内容，它对认识和确定物质的组成、结构等有着极其重要的作用。该主题主要包括化学变化的特征、化学反应的类型、化学反应中的能量变化以及质量守恒定律和化学反应的表示方法等内容。

E. 化学与社会发展

该主题主要涉及材料、能源、健康、环境等问题，使学生知道自然资源并不是"取之不尽，用之不竭"的，帮助学生正确认识化学与社会发展的关系是十分重要的。人类要合理地开发和利用资源，树立保护环境、与自然和谐相处的意识，保证社会的可持续发展。

4. 2011年版的实施建议

《义务教育化学课程标准(2011版)》分别从教学、评价、教材编写和课程资源开发与利用四个方面给出了实施建议。

教学建议主要包括：科学设计教学目标，全面发展科学素养；精心设计科学探究活动，加强实验教学；注意贴近学生的生活，联系社会实际；优化课堂教学过程，提高课堂教学的有效性。教学目标是课程目标在教学中的具体体现，是化学教学的出发点和归宿，教学目标的设计应全面体现三维目标，教师在教学过程中对教学目标既要有整体规划又要有单元、课时规划；教师应充分认识科学探究对于促进学生科学素养发展的独特价值，根据学生的认知发展水平，精心设计探究活动，要高度重视和加强实验教学，充分发挥实验的教育功能；在教学中，教师应密切结合学生的生活实际和社会实际，帮助他们感受身边的化学物质及其变化，增强学习化学的兴趣，认识化学知识在实际生活中的应用；在教学过程中，教师要努力创设真实而有意义的学习情景，灵活运用多样化的教学方式和手段，有效开展复习和习题教学，不断提高自身的教学反思能力。

课程实施评价的重点是学业评价，其功能主要是促进学生的有意义学习，改善教师的教学，进一步完善课程实施方案。课程标准以评价实施的过程为脉络，分别对评价目标的确定、评价方式的选择、评价标准的制订、评价工作的实施以及评价结果的解释与反馈每个环节做了具体的叙述与分析，具有很强的可操作性。

教材是教师教和学生学的主要工具。好的教材是教学活动的有效介质，它能够调动教师的积极性，使教师创造性地进行教学；并能改进学生的学习方式，促进学生主动地学习和发展。教材编写建议对教材编写具有重要的参考价值，它对教材的质量起着至关重要的作用。

良好的实验室条件对化学教学起着至关重要的作用，学校应加强对实验室的建设与管理，并联系自身实际情况合理地使用仪器与试剂。在教学过程中，教师要根据学生实际情况选择教学方式与探究方法，并及时对教学过程与结果进行总结与评价。教师要重视利用网络等信息，将教学与多媒体结合，在必要情况下，还可根据具体情况对课程资源进行开发。

5. 2011年版的附录

附录列出了有关行为动词的分类：认知性学习目标的水平、技能性学习目标的水平及体验性学习目标的水平(表3-3～表3-5)。

表3-3 认知性学习目标的水平

从低到高	知道、记住、说出、列举、找到 认识、了解、看懂、识别、能表示、懂得 理解、解释、说明、区分、判断、简单计算

表3-4 技能性学习目标的水平

从低到高	模仿操作、初步学习 独立操作、初步学习

表3-5 体验性学习目标的水平

从低到高	经历、体验、感受 认同、意识、体会、认识、关注、遵守 内化、初步形成、树立、保持、发展、增强

认知性、技能性和体验性三种不同水平的行为动词与三维课程目标相对应，教师可根据行为动词的类别与水平高低对课程目标进行更准确的把握，同时也能更好地对学生的学习结果是否达到所要求的目标做出分析。

三、2011 年版与实验稿的对比分析

（一）与旧课标一脉相承

教育部于 2001 年颁布了《全日制义务教育化学课程标准(实验稿)》，经历了十年课程改革，于 2011 年颁布了《义务教育化学课程标准(2011 年版)》。2011 年版不是对实验稿的全盘否定，而是对它的调整与修改，是对它的梳理与补充、继承与发展。两版课标的结构框架、基本理念、课程设计以及目标设计基本是相似的。在结构框架方面，两者都是由前言、课程目标、课程内容(实验稿中表述为"内容标准")和实施建议四个部分构成。在基本理念方面，2011 年版是在实验稿的基础上，结合时代发展对学生的要求，对之前的内容做了相应的补充和调整。在课程设计方面，两者都采用了"以提高学生的科学素养为主旨"的课程理念，且将科学素养通过三维目标体现，并据此制订课程具体目标，确定课程内容，提出教学建议、评价建议、教材编写建议和课程资源的利用与开发建议。在课程目标设计方面，两者都以学生的个性发展与独特发展、社会的需求与期望以及课程改革实践的基本经验等为起点进行考量。

（二）突出了化学学科的特征和本质，弘扬了化学学科的教育价值

化学学科是一门以实验为基础的自然科学，这是化学学科最为本质的特征。2011 年版不仅在"课程性质"中对其做出了明确的要求，同时也在"课程内容"中的一级主题"科学探究"中增加了"完成基础的学生实验"这样一个二级主题；在"教学建议"中也明确提出教师要"加强实验教学"。除此之外，2011 年版还明确提出学生要形成"化学的基本观念"，建议教材编写时要"根据课程标准选取核心知识，重视化学基本观念的形成"。这都表明了化学教学要特别重视研究化学的基本观念，揭示学科本质。

（三）凸显了义务教育化学课程的基础性

基础性是义务教育化学课程的主要特征。2011 年版在课程性质部分开宗明义地指出："义务教育阶段的化学课程是科学教育的重要组成部分，应体现基础性"。此外，在课程目标部分增加了"形成基本的化学实验技能，初步学会设计实验方案，并能完成一些简单的化学实验"、"能进行简单的探究活动"等更为具体的体现课程基础性的课程目标。同时，与实验稿相比，2011 年版还适当地降低了部分课程目标的难度，如将"能用变化与联系的观点分析化学现象，解决一些简单的化学问题"改为"能用变化与联系的观点分析化学现象，说明并解释一些简单的化学问题"。

（四）体现了统领性、时代性、指导性与规范性

2011 年版在"前言"中明确指出：义务教育阶段的化学教育要"启迪学生的科学思维，培养学生的实践能力……理解科学的本质，提高学生的科学素养"；"培养学生终身学习的意识和能力，树立为中华民族复兴和社会进步而勤奋学习的志向"。在"课程目标"中明确提出

"增强热爱祖国的情感"等内容,进一步加强了对学生价值取向的引导。另一方面,2011年版强调课程的目的不仅是为学生的全面发展、终身发展奠定基础,而且要提高民族的创造力和凝聚力。在"课程基本理念"中明确指出:"为学生创设体现化学、技术、社会、环境相互关系的学习情景","让他们在熟悉的生活情景和社会实践中感受化学的重要性";在"课程目标"中增加了"引导学生学会学习,学会生存,能更好地适应现代生活"等内容,这些都体现了化学课程标准的时代性。与实验稿相比,2011年版对"实施建议"部分进行了大幅度修改;在"教学建议"中分四个方面对教师的教学进行具体指导,要求教师教学要全面体现三维目标、精心设计探究活动、联系社会和学生实际、优化课堂教学过程;在"评价建议"中给出了七个具体案例供教师学习参考;在"教材编写建议"中增加了"重视化学基本观念的形成"等具体指导,并给出两个体例供参考。这些内容对教学具有很强的指导作用,具有可操作性。语言准确规范、明了、全面是2011年版编写时所遵循的基本原则和思路。例如,2011年版将实验稿中的"社会问题"改为"社会热点问题"、"科学精神"改为"科学品质"、"民族振兴"改为"中华民族复兴"、"猜想"改为"猜想与假设"、"地球周围的空气"改为"我们周围的空气"、"含量较大"改为"含量较高"、"水资源危机"改为"淡水资源危机"、"消除这类污染"改为"减少这类污染"等。这样的修改,使得语言更确切、规范,充分体现了科学的严谨性和规范性。

第三节 普通高中化学课程标准

一、普通高中化学课程标准的编写背景

(一)政治背景

进入21世纪,为应对世界信息技术、知识经济和全球化给教育带来的挑战,美国、欧洲诸国、日本、韩国、新加坡等许多国家加大对基础教育课程改革的力度。2001年,我国在《国务院关于基础教育改革与发展的决定》(国发[2001]21号)中指出,"基础教育是科教兴国的奠基工程,对提高中华民族素质、培养各级各类人才、促进社会主义现代化建设具有全局性、基础性和先导性作用","加快构建符合素质教育要求的新基础教育课程体系"是社会、教育发展的必然要求,其意义的深刻性和广泛性是前所未有的。

(二)经济背景

我国仍是一个发展中国家,而且是一个经济发展偏低的人口大国。我国的综合国力还比较弱,即使到了今天人均生产总值仍然低于日本、美国等国家。同过去经济发展主要靠为数不多的精英人物相比,当前我们更需要与经济建设要求相适应的"数以亿计的高素质劳动者、专门人才和一大批拔尖创新人才"。在"人口众多"这一既成的、不可更改的事实面前,充分开发和利用丰富的人力资源,把沉重的人口负担转化为巨大的人力资源优势,已成为加快我国社会主义经济建设的需要,也是实现我国经济、社会可持续发展的重中之重。而能否充分开发和利用好我国的人力资源取决于多种因素,其中教育是一个至关重要的因素。只有实施人才强国战略,培养大量高素质的人才,才能加速经济的发展,进而提高综合国力,最终实

现中华民族伟大复兴的中国梦。

(三)文化背景

我国有五千年的历史文化,这种深厚的文化底蕴给21世纪中国的发展提供了宝贵的动力与经验。但是这种文化底蕴却也使我们唯书、唯上、唯理论、唯权威,只看重经验、墨守成规。这种思想严重影响了我国教育的发展,导致学生过分重视书本知识,轻视实践活动和直接经验,对实际问题难以提出解决的方案和策略,此外,学习过程中学生缺乏自信,常表现出被动、沉静和腼腆。这种文化对教育的影响引发了社会各界对教育改革的深思,著名的"钱学森之问":"为什么我们的学校总是培养不出杰出人才"尤其振聋发聩。

二、普通高中化学课程标准解读

(一)《普通高中化学课程标准(实验)》

1. 编写背景

我国从1996年起加入国际公众科学素养调查行列,科学素养不仅是人所受教育程度高低的象征,也是现代社会人类普遍文明的标志。世界各国逐步将国际理科课程改革的主流转向科学素养教育。根据1996年的公众科学素养调查,我国的水平低于美国10.7%,低于欧洲部分国家6.3%,我国具备科学素养的统计人数比例仅为0.2%,同期美国具备科学素养的人数为我国的35倍。因此,我国的科学教育必须与世界接轨,力求培养出更多适应21世纪中国社会发展需要的高素质人才。化学作为自然科学的重要组成部分,也必须承担培养学生科学素养的这一重任。

正是在这样的背景下,教育部制定了《面向21世纪教育振兴行动计划》(1999年1月),颁布了《基础教育课程改革纲要》(2001年6月),标志着面向21世纪的我国基础教育课程改革全面启动。2001年下半年起,高中化学课程标准研制工作启动,2002年初,按照高中课程改革的新思路对《全日制普通高级中学化学教学大纲(试验修订版)》进行再修订,以更好地体现基础课程改革纲要的精神。修订后的《全日制普通高级中学化学教学大纲》在突出科学探究、联系社会生活实际和增强学生社会责任方便有所加强;删除了繁、难、偏的内容,整体的教学要求降低;增加选学内容,加强了学生的实验活动,总课时数下降。化学课程标准研制组对国内外高中化学课程进行了深入的调查研究,并征求多方人士的意见,经多次讨论、修改,于2003年4月出版《普通高中化学课程标准(实验)》。

2. 课程理念

1)课程模块多样,着眼"三维目标"

高中学生的兴趣、爱好和发展方向等是多种多样的,高中化学课程标准重在改变教学大纲一刀切的现状,在课程结构上采用"必修课程"和"选修课程"相结合的思路,设置了2个必修模块和6个选修模块。学生在学完必修模块并取得学分后,再选修一个选修模块,并取得学分,即获得6个学分,高中化学课程就算达到毕业要求。必修模块体现了高中化学课程的基础性。通过必修模块的学习,从知识与技能、过程与方法、情感态度与价值观三个维度为学生打下必备的科学素养基础,并为后续课程的学习奠定坚实的学科基础。选修模块尊重个性、发展特长，有利于学生自主合作、环境保护、终身学习和可持续发展等意识的形成与培养。从目标要求来看，选修课程是必修课程关于知识与技能、过程与方法、情感态度与价值观三维目标的继续延伸、发展和提高。教师在组织、指导学生学习时，要加强对学生的引导和指导，对三维目标要进行深入研究，使得教学内容具体化。

2) 重视社会联系，明确社会责任

重视课程与社会实际的联系。不仅在《普通高中化学课程标准（实验）》文本的各个部分中都反复强调要突出这一点，而且在必修课程中用 2 个主题、选修课程中用 2 个模块及 1 个主题共计 9 个主题（这里没有将实验这类实践内容包括在内），以高新科技、化工生产、生活实际中的常用物质和常见现象、当代重大的自然和社会问题、化学重要史料等为载体来设置这类学习内容。

在其他主题中也都无一例外地含有相当数量的这方面的学习要求。课程标准要求通过化学课程的学习，使学生形成科学的世界观，这是有深远意义的。科学的世界观是人类认识自然、改造自然、保护自然的思想武器。科学世界观的形成是长期的、逐渐的，绝非易事。课程标准要求从学生已有的经验和将要经历的社会生活实际出发，帮助学生认识化学与人类生活的密切关系，关注人类面临的社会问题，培养社会责任感、参与意识和决策能力。

3) 在探究中体验，在探究中发展

课程标准要求通过化学课程的学习，使学生体验科学探究的过程，强化科学探究的过程，强化科学探究的意识，在整个学习过程中达到人文精神和科学精神的整合，体现教育育人的本质。这种新的要求仅凭听讲、看书、做作业就能达到吗？显然不可能。在教学中要开展以实验为主的多种探究活动，使学生在探究中获得认知、体验；在探究中培养创新精神、实践能力；在探究中学会做人，学会合作，学会做事。

4) 倡导多元评价，促进师生发展

倡导评价目标多元，评价方式多样，是课程标准有别于教学大纲的特点之一。对学生而言，既要重视学业成绩，也要关注潜能和个性发展，关注创新精神和实践能力，不仅重视结果，更要注重发展和变化过程。

考试是评价不可缺少的重要形式之一，要注意有效可信，难度合适。要把形成性评价、阶段性评价、终结性评价（试题要关注应用，考查能力，不出偏题、怪题）结合起来，使发展变化过程成为评价的重要组成部分。从评价方式来看，要把他评（教师、家长、同学）和学生自评相结合，笔试、口试、面试相结合。要重视学生个人的回顾反思，自我调整，对学生每一点进步都要充分肯定，激励学生不断走向成功。

对教师的评价，要从教育思想观念、课堂教学能力、处理突发事件的能力、学习愿望、合作意识、反思改进教学等多方面进行。要以教师自评为主，自评与他评（学生、领导、家长）相结合。

3. 课程目标

高中化学课程在九年义务教育的基础上，以进一步提高学生的科学素养为宗旨，激发学习化学的兴趣，尊重和促进个性发展；帮助学生获得未来发展所必需的化学知识、技能和方法，提高科学探究能力；在实践中增强学生的社会责任感，培养热爱祖国、热爱生活、热爱集体的情操；引导学生认识化学对促进社会进步和提高人类生活质量方面的重要影响，理解科学、技术与社会的相互作用，形成科学的价值观和实事求是的科学态度；培养学生的合作精神，激发创新潜能，提高实践能力。

高中化学课程标准通过设置多样化的、可供学生选择的课程模块，构建了"知识与技能""过程与方法"、"情感态度与价值观"相融合的化学课程目标体系。

1）知识与技能

在实验稿中，中学化学知识主要指化学基本概念、化学原理、元素及其化合物、有机化学基础等知识体系。技能是指学习者在特定目标指引下，通过练习而逐渐掌握的对已有的知识经验加以运用的操作程序。技能按性质和特点可分为智力技能（心智技能）和动作技能两种，按内容可分为交往、数据处理、信息技术、共同操作、改进学习、解决问题等。在中学化学中，技能主要指化学实验技能和化学计算技能。

化学课程目标对知识与技能的要求是：

（1）了解化学科学发展的主要线索，理解基本的化学概念和原理，认识化学现象的本质，理解化学变化的基本规律，形成有关化学科学的基本观念。

（2）获得有关化学实验的基础知识和基本技能，学习实验研究的方法，能设计并完成一些化学实验。

（3）重视化学与其他学科之间的联系，能综合运用有关的知识、技能与方法分析和解决一些化学问题。

2）过程与方法

实验稿倡导以科学探究为主的学习方式，重视发展学生的科学探究能力，其目的是体现《基础教育课程改革纲要（试行）》的有关精神，全面提高学生的科学素养，即改变以往课程过于注重传授知识的倾向，强调形成积极主动的学习态度，使获得基础知识与基本技能的过程成为学会学习和形成正确价值观的过程；改变以往课程过于强调接受性学习、死记硬背、机械训练的现状，倡导学生主动参与、乐于探究、勤于动手，培养学生收集和处理信息的能力、获取新知识的能力、分析和解决问题的能力以及交流与合作的能力。

化学课程目标对过程与方法的要求是：

（1）经历对化学物质及其变化进行探究的过程，进一步理解科学探究的意义，学习科学探究的基本方法，提高科学探究能力。

（2）具有较强的问题意识，能够发现和提出有探究价值的化学问题，敢于质疑，勤于思索，逐步形成独立思考的能力，善于与人合作，具有团队精神。

（3）在化学学习中，学会运用观察、实验、查阅资料等多种手段获取信息，并运用比较、分类、归纳、概括等方法对信息进行加工。

（4）能对自己的化学学习过程进行计划、反思、评价和调控，提高自主学习化学的能力。

3）情感态度与价值观

教学中的情感态度与价值观其内涵变得丰富，情感不仅指学习兴趣、学习热情、学习动机，更是指内心体验和心灵世界的丰富。态度不仅指学习态度、学习责任，更是指乐观的生活态度、求是的科学态度、宽容的人生态度。价值观不仅强调个人的价值，更强调个人价值与社会价值的统一；不仅强调科学的价值，更强调科学价值与人文价值的统一；不仅强调人类的价值，更强调人类价值与自然价值的统一，从而使学生从内心确立对真、善、美的价值追求以及人与自然和谐并可持续发展的理念。从横向角度看，这三个要素具有相对独立性，它们构成了人的感性世界或非理性世界的相对完整的画面;从纵向角度看,这三个要素具有层次递进性,它们构成了一个由低级到高级的心灵连续体。

化学课程目标对情感态度与价值观的要求是:

(1)发展学习化学的兴趣,乐于探究物质变化的奥秘,体验科学探究的艰辛和喜悦,感受化学世界的奇妙与和谐。

(2)有参与化学科技活动的热情,有将化学知识应用于生产、生活实践的意识,能够对与化学有关的社会和生活问题做出合理的判断。

(3)赞赏化学科学对个人生活和社会发展的贡献,关注与化学有关的社会热点问题,逐步形成可持续发展的思想。

(4)树立辩证唯物主义的世界观,养成务实求真、勇于创新、积极实践的科学态度,崇尚科学,反对迷信。

(5)热爱家乡,热爱祖国,树立为中华民族复兴、为人类文明和社会进步而努力学习化学的责任感和使命感。

4. 内容标准

内容标准是普通高中化学课程标准的重要组成部分,分为必修和选修两部分。第一部分(必修)包括2个模块,第二部分(选修)包括6个模块。各课程模块之间的关系如表3-6所示。

表 3-6 各课程模块之间的关系

高中化学课程	必修课程 (2个模块)	化学1	认识化学科学
			化学实验基础
			常见的无机物及其应用
		化学2	物质结构基础
			化学反应与能量
			化学与可持续发展
	选修课程 (6个模块)		化学与生活
			化学与技术
			物质结构与性质
			化学反应原理
			有机化学基础
			实验化学

实验稿规定,全体高中学生都必须学习必修课程;课程实行学分管理,每个模块2学分;学生要达到高中化学课程学习的毕业要求,最少要修满6个学分,即必须完成必修课程和任意一个选修模块的学习。

实验稿指出,化学课程标准是普通高等学校招生化学科考试的命题依据。必修课程是高考化学考试内容的基本组成部分;高考化学的考试内容对报考不同专业的学生有不同的要求:

报考人文学科或社会科学专业的学生，最多不超过 3 个模块；报考理工类专业的学生，最多不超过 4 个模块；报考化学及其相关专业的学生，最多不超过 6 个模块。

实验稿建议，学生在修满 6 学分后，鼓励学生尤其是对化学感兴趣的学生选学更多的模块，以拓宽知识面，提高化学素养。

实验稿的内容标准有 25 个一级主题，相当于 25 个知识单元；在 135 个二级主题中，则详细说明了具体知识点的教学目标(包括知识与技能、过程与方法、情感态度与价值观三个方面)。在每个二级主题的教学要求上，又给出了可供采用的"活动与探究建议"计 162 项。其中，必修课程充分体现了基础性和发展性，为学生科学素养的进一步发展和高中阶段后续课程的学习提供基础。课程内容力求反映现代化学研究的成果和发展趋势，积极关注与化学相关的社会现实问题，帮助学生形成可持续发展的观念，强化终身学习的意识，体现时代的特色。选修课程是必修课程的进一步拓展和延伸。各选修模块具有不同特点，针对学生志趣、个性发展的多样化方向和潜能的差异，凸显了课程的选择性；课程内容以物质的组成、结构和反应为主线，更充分反映现代化学发展、应用的趋势以及化学、技术与社会的密切联系。

课程内容是实现课程目标的载体和保证。实验稿指出，课程不是单纯按学科知识本位来描述课程内容，而是以学生的发展为本，综合考虑学科知识、社会需要等，精选了能体现化学知识现代化，在社会生活中有广泛应用，利于激发学生学习化学的兴趣，利于培养学生终身学习的能力和愿望，利于学生体验探究的过程、学习科学研究的基本方法、增强创新精神和实践能力、形成科学的自然观和严谨求实的科学态度、深刻地认识化学和社会之间的相互关系、树立可持续发展的思想等比较系统、核心的基础知识与基本技能，构建最基础的、学生发展所必需的化学知识体系。

5. 实施建议

实验稿分别从教学、评价、教科书编写和课程资源开发与利用四个方面给出了实施建议。

教学建议包括：尊重和满足学生发展需要，指导学生自主选择课程模块；把握不同课程模块的特点，合理选择教学策略和教学方式；联系生产、生活实际，拓宽学生的视野；突出化学学科特征，更好地发挥实验的教育功能；重视探究学习活动，发展学生的科学探究能力。

评价建议包括：高中化学课程评价既要促进全体高中学生在科学素养各个方面的共同发展，又要有利于高中学生的个性发展。积极倡导评价目标多元化和评价方式的多样化，坚持终结性评价与过程性评价相结合、定性评价与定量评价相结合、学生自评互评与他人评价相结合，努力将评价贯穿于化学学习的全过程。实施多样化评价，促进学生全面发展；根据课程模块的特点选择有效的评价策略；实施学分制管理，进行综合评定。

教科书编写建议包括：教科书内容要有鲜明的时代性；教科书编写要处理好各课程模块之间的关系；教科书内容要反映科学、技术与社会之间的相互关系；教科书内容的组织要有利于学生科学探究活动的开展；习题类型要多样化，要增加实践题和开放题的比例；教科书编写要有助于发挥化学教师的创造性。

课程资源的开发与利用建议包括：加强化学实验室的建设；重视利用信息化课程资源；充分利用社区学习资源；编写配合教科书使用的教师手册。

(二)《普通高中化学课程标准(2017年版)》

《国家中长期教育改革和发展规划纲要(2010—2020年)》提出要"树立科学的质量观，把促进人的全面发展、适应社会需要作为衡量教育质量的根本标准"，从"以人为本"的角度，对我们的教育要培养什么样的人提出了要求。《普通高中化学课程标准(2017年版)》以贯彻落实党的"十八大"提出的"立德树人"根本任务为指针，在总结了21世纪以来我国普通高中课程改革的宝贵经验，以及充分借鉴国际课程改革的优秀成果基础上，努力将我国普通高中课程标准修订成既具有国际先进水平，又符合我国实际实际情况的纲领性教学文件，构建具有中国特色的普通高中课程体系。对普通高中化学课程标准做出修改建立新的基础教育课程是国家意义的体现，也是社会主义核心价值观在教育领域的直接体现。

在《普通高中化学课程标准(实验稿)》实施以来的十余年中，基本建立起了适合我国国情的普通高中化学课程体系，坚持正确的教育改革方向和课程理念，更新了广大教师的教育教学理念，促进了全体师资力量的提升，同时也间接培养了一大批优秀的人才。但是面对着我国经济、科技迅猛发展的现状，面对着新常态经济和全面要求创新的新时代，现行实验稿中还存在着某些不相适应和亟待解决之处。这些不相适应与亟待解决之处也是对普通高中化学课程标准做出修订的初心。

课程需要实事求是，需要与时俱进，教育改革也需要不断深化。对普通高中课程标准的修订正是推动课程前进，深化教育改革的必然之需和应有之意。

1. 编写依据

时代与科技变革能够显著影响人们的生活方式，对公民的素养也会提出新的要求。全球化、知识时代、科技发展与信息时代都和时代与科技的变革有关，是全球面临的共同挑战与机遇。在这样的时代背景之下，21世纪的学生应该具备哪些知识、能力和情感态度，成为世界各国发展与规划未来教育无法避免的问题。在这种背景之下，国际组织、世界主要国家和地区先后展开了学生核心素养的研究与探索，并取得了丰硕的研究成果与经验。比较和分析各国际组织、国家和地区开展核心素养的思路与方法及其指标体系与具体内容，为确定我国学生发展核心素养，理清化学学科面向未来应该培养怎样的人提供参考。

在落实"立德树人"根本任务的前提下，2017年版力图充分发挥课程在人才培养中的核心作用，着力培养学生高尚的道德情操、扎实的科学文化素质、健康的身心、良好的审美情趣。引导教师从关注学科到关注人的发展。课程是学校教育的基础，课程标准是指导学校教育的基本准则。要适应未来发展需要，落实"立德树人"，需要将核心素养融入课程标准，尤其是融入新修订的课程标准之中。在课程标准中贯彻核心素养的要求，主要涉及三个方面：第一，化学课程的教学目标一定是体现学生发展核心素养的教学目标。高中阶段化学学科应依据高中阶段学生核心素养的表现形式与主要内容，提出化学学科高中阶段核心素养的具体目标，同时需要体现化学学科的学科特点。第二，内容标准是促进学生形成化学学科核心素养的保证，化学学科需要根据高中阶段需要落实的学科核心素养合理选取知识和安排知识，并且根据素养的培养目标和化学学科内容特点提出针对性教学建议。第三，让化学学科核心素养具体体现在质量标准上，核心素养可以为权衡学生的全面发展提供依据，让质量标准与核心素养紧密结合，不仅可以对教学实践提供指导，并且还能监测学生发展情况。

修订过程中坚持以问题为导向，现行课程面对全面提高人才培养质量的新形势、新要求，有不少需要破解的问题。普通高中课程标准修订坚持统筹规划、协同推进的原则，针对各学段课程之间统整不足、各项改革之间协同性不强、课程实施的保障条件不配套等问题，进一步完善、调整了课程结构和内容。积极推进普通高中课程改革与评价考试、高校招生、教师配备、资源条件和经费保障等相关改革的配套。

2. 编写理念

1) 以发展化学学科核心素养为主旨

立足于学生适应现代生活和未来发展的需要，充分发挥化学课程的整体育人功能，构建全面发展学生化学学科核心素养的高中化学课程目标体系。

2) 设置满足学生多元发展需求的高中化学课程

通过有层次、多样化、可选择的化学课程，拓展学生的学习空间，在保证学生共同基础的前提下，引导不同的学生学习不同的化学，以适应学生未来发展的多样化需求。

3) 选择体现基础性和时代性的化学课程内容

结合人类探索物质及其变化的历史与化学科学发展的趋势，引导学生进一步学习化学的基本原理和方法，形成化学学科的核心观念；结合学生已有的经验和将要经历的社会生活实际，引导学生关注人类面临的与化学有关的社会问题，培养学生的社会责任感、参与意识和决策能力。

4) 重视开展"素养为本"的教学

倡导真实问题情境的创设，开展以化学实验为主的多种探究活动，重视教学内容的结构化设计，激发学生学习化学的兴趣，促进学生学习方式的转变，培养他们的创新精神和实践能力。

5) 倡导基于化学学科核心素养的评价

依据化学学业质量标准，评价学生在不同学习阶段化学学科核心素养的达成情况，积极倡导"教、学、评"一体化，促进每一个学生化学学科核心素养得到不同程度的发展。

3. 基本结构

《普通高中化学课程标准》由课程性质与基本理念、学科核心素养与课程目标、课程结构、课程内容、学业质量、实施建议、附录七个部分组成（表3-7）。课程性质与基本理念部分主要介绍了普通高中化学课程的性质及其基本理念。学科核心素养与课程目标部分先介绍了宏观辨识与微观探析、变化观念与平衡思想、证据推理与模型认知、科学探究与创新意识、科学态度与社会责任五项化学学科核心素养，接着对课程目标进行了介绍。课程结构部分分为设计依据、结构、学分与选课三个方面，其中学分与选课方面主要介绍了学分设置与选课要求。课程内容部分分为必修课程、选择性必修课程、选修课程，必修课程包括化学科学与实验探究、常见的无机物及其应用、物质结构基础及化学反应规律、简单的有机化合物及其应用、化学与社会发展五个主题，选择性必修课程分为化学反应原理、物质结构与性质、有机化学基础三个模块，选修课程分为实验化学、化学与社会、发展中的化学科学三个系列。学业质量部分包括学业质量内涵、学业质量水平、学业质量水平与考试评价的关系三个方面。实施建议部分包括教学与评价建议、学业水平考试命题建议、教材编写建议、地方和学校实施本课程的建议。附录部分包括附录1、附录2和附录3，其中附录1为化学学科核心素养的水平划分,附录 2 为教学与评价案例,附录 3 为学生必做实验索引。

表 3-7 《普通高中化学课程标准》框架结构

组成部分	内容	
一、课程性质与基本理念	课程性质	
	基本理念	
二、学科核心素养与课程目标	学科核心素养	
	课程目标	
三、课程结构	设计依据	
	结构	
	学分与选课	
四、课程内容	必修课程	主题 1:化学科学与实验探究 主题 2:常见的无机物及其应用 主题 3:物质结构基础及化学反应规律 主题 4:简单的有机化合物及其应用 主题 5:化学与社会发展
	选择性必修课程	模块 1:化学反应原理
		模块 2:物质结构与性质
		模块 3:有机化学基础
	选修课程	系列 1:实验化学
		系列 2:化学与社会
		系列 3:发展中的化学科学
五、学业质量	学业质量内涵	
	学业质量水平	
	学业质量水平与考试评价的关系	
六、实施建议	教学与评价建议	
	学业水平考试命题建议	
	教材编写建议	
	地方和学校实施本课程的建议	
附录	附录 1:化学学科核心素养的水平划分	
	附录 2:教学与评价案例	
	附录 3:学生必做实验索引	

4. 具体内容

1) 课程性质与基本理念

A. 课程性质

化学是在原子、分子水平上研究物质的组成、结构、性质、转化及其应用的一门基础学科，其特征是从微观层次认识物质，以符号形式描述物质，在不同层面创造物质。化学不仅与经济发展、社会文明的关系密切，也是材料科学、生命科学、环境科学、能源科学和信息科学等现代科学技术的重要基础。化学在促进人类文明可持续发展中发挥着日益重要的作用，是揭示元素到生命奥秘的核心力量。

普通高中化学课程是与九年义务教育化学或科学课程相衔接的基础教育课程，是落实立德树人根本任务、发展素质教育、弘扬科学精神、提升学生核心素养的重要载体；化学学科核心素养是现代学生必备的科学素养，是学生终身学习和发展的重要基础；化学课程对于科学文化的传承和高素质人才的培养具有不可替代的作用。

B. 课程的基本理念

《高中化学课程标准》对课程的基本理念作了相关阐述，指出高中化学课程的基本理念有以下五点：以发展化学学科核心素养为主旨；设置满足学生多元发展需求的高中化学课程；选择体现基础性和时代性的化学课程内容；重视开展"素养为本"的教学；倡导基于化学学科核心素养的评价。

基于该理念，高中化学应立足于学生适应现代生活和未来发展的需要，充分发挥化学课程的整体育人功能，构建全面发展学生化学学科核心素养的高中化学课程目标体系。通过有层次、多样化、可选择的化学课程，引导不同的学生学习不同的化学，培养学生的社会责任感、参与意识和决策能力。倡导真实问题情境的创设，激发学生学习化学的兴趣，促进学生学习方式的转变，培养他们的创新精神和实践能力。积极倡导"教、学、评"一体化，促进每一个学生化学学科核心素养得到不同程度的发展。

2) 学科核心素养与课程目标

A. 学科核心素养

高中化学学科核心素养是高中学生发展核心素养的重要组成部分，是学生综合素质的具体体现，反映了社会主义核心价值观下化学学科育人的基本要求，全面展现了化学课程学习对学生未来发展的重要价值。

化学学科核心素养包括"宏观辨识与微观探析""变化观念与平衡思想""证据推理与模型认知""科学探究与创新意识""科学态度与社会责任"5个方面。并对化学学科核心素养的内涵进行分述，素养将化学知识与技能的学习、化学思想观念的建构、科学探究与解决问题能力的发展、创新意识和社会责任感的形成等方面的要求融为一体，形成完整的化学学科核心素养体系。

B. 课程目标

对应5大方面的化学学科核心素养，《高中化学课程标准》给出了五点课程目标：

(1) 通过观察能辨识一定条件下物质的形态及变化的宏观现象，初步掌握物质及其变化的分类方法，能运用符号表征物质及其变化；能从物质的微观层面理解其组成、结构和性质的联系，形成"结构决定性质，性质决定应用"的观念；能根据物质的微观结构预测物质在特定条件下可能具有的性质和发生的变化，并能解释其原因。

(2)认识物质是在不断运动的,物质的变化是有条件的;能从内因与外因、量变与质变等方面较全面地分析物质的化学变化,关注化学变化中的能量转化;能从不同视角对纷繁复杂的化学变化进行分类研究,逐步揭示各类变化的特征和规律;能用对立统一、联系发展和动态平衡的观点考察化学反应,预测在一定条件某种物质可能发生的化学变化。

(3)初步学会收集各种证据,对物质的性质及其变化提出可能的假设;基于证据进行分析推理,证实或证伪假设;能解释证据与结论之间的关系,确定形成科学结论所需要的证据和寻找证据的途径;能认识化学现象与模型之间的联系,能运用多种模型来描述和解释物质的结构、性质和变化,预测物质及其变化的可能结果;能依据物质及其变化的信息建构模型,建立解决复杂化学问题的思维框架。

(4)能发现和提出有探究价值的化学问题,能依据探究目的设计并优化实验方案,完成实验操作,能对观察记录的实验信息进行加工并获得结论;能和同学交流实验探究的成果,提出进一步探究或改进的设想;能尊重事实和证据,破除迷信,反对伪科学;养成独立思考、敢于质疑和勇于创新的精神。

(5)具有安全意识和严谨求实的科学态度;形成真理面前人人平等的意识;增强探究物质性质和变化的兴趣,关注与化学有关的社会热点问题,认识环境保护和资源合理开发的重要性,具有"绿色化学"观念和可持续发展意识;能较深刻地理解化学、技术、社会和环境之间的相互关系,认识化学对社会发展的重大贡献,能运用已有知识和方法综合分析化学过程对自然可能带来的各种影响,权衡利弊,强化社会责任意识,积极参与有关化学问题的社会决策。

3)课程结构

A. 设计依据

依据普通高中课程方案,满足学生发展的多元需求,设置必修、选择性必修和选修课程;借鉴国内外课程研究成果、反映课程实施的现实需要,设计课程组织形式;基于化学学科特点及核心素养内涵,确定课程主题、模块和系列。

B. 结构

普通高中化学课程结构如图 3-2 所示。必修课程是全体学生必须修习的课程,是普通高中学生发展的共同基础。必修课程努力体现化学基本观念与发展趋势,促进全体学生化学学科核心素养的发展,以适应未来社会发展需求。必修课程内容包括 5 个主题。

选择性必修课程是学生根据个人需求与升学考试要求选择修习的课程,培养学生深入学习与探索化学的志向,引导学生更深入地认识化学科学,了解化学研究的内容和方法,提升学生化学学科核心素养的水平。选择性必修课程设置 3 个模块。

选修课程是学生自主选择修习的课程,面向对化学学科有不同兴趣和不同需要的学生,拓展化学视野,深化对化学科学及其价值的认识。选修课程设置 3 个系列。

C. 学分与选课

(1)学分设置:必修课程不划分模块,共 4 学分。选择性必修课程包括 3 个模块,每个模块 2 学分,共 6 学分。选修课程包括 3 个系列,每修习完成 9 学时可获得 0.5 学分,最高可获得 4 学分。

(2)选课要求:全体高中学生必须修习 4 学分的必修化学课程。选择化学作为计入高等学校招生录取总成绩的学业水平考试科目的学生,需要修习选择性必修课程全部 3 个模块的内

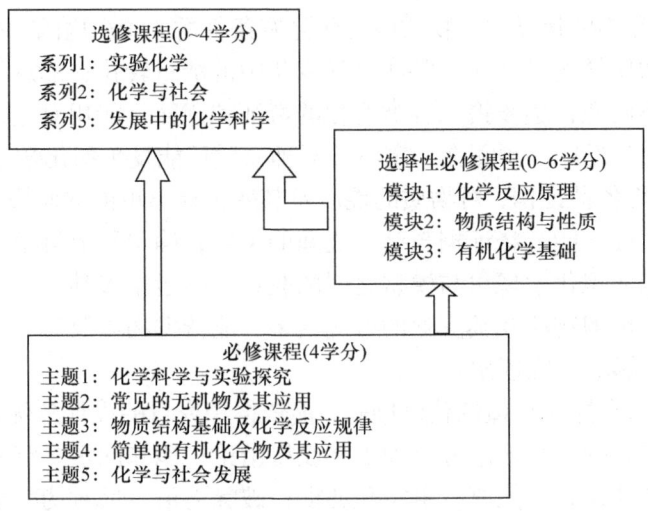

图 3-2　普通高中化学课程结构示意图

(注：箭头表示建议的学习路径)

容，获得 6 个学分。其他学生也可选修学习选择性必修课程的部分模块，获得相应学分。选修课程供学生自由选择修习，学分为 0～4 学分。

4) 课程内容

A. 必修课程

必修课程设置 5 个主题(表 3-8)，旨在促进全体学生在"宏观辨识与微观探析""变化观念与平衡思想""证据推理与模型认知""科学探究与创新意识""科学态度与社会责任"等化学学科核心素养的各个方面都有一定的发展。

表 3-8　《普通高中化学课程标准》课程内容：必修课程

主题	内容
主题 1：化学科学与实验探究 主题 2：常见的无机物及其应用 主题 3：物质结构基础及化学反应规律 主题 4：简单的有机化合物及其应用 主题 5：化学与社会发展	内容要求 教学提示 (教学策略、学习活动建议、情境素材建议) 学业要求

必修课程包括化学科学与实验探究、常见的无机物及其应用、物质结构基础及化学反应规律、简单的有机化合物及其应用、化学与社会发展 5 个主题。每个主题由内容要求、教学提示和学业要求几部分组成。其中，教学提示包括教学策略、学习活动建议、情境素材建议三方面的内容。

B. 选择性必修课程

选择性必修课程是学生根据个人需求与升学考试要求选择修习的课程，培养学生深入学习与探索化学的志向，引导学生更深入地认识化学科学，了解化学研究的内容与方法，提升学生化学学科核心素养的水平。选择性必修课程设置"化学反应原理""物质结构与性质""有机化学基础" 3 个模块(表 3-9)。每个模块又分为 3 个主题，"化学反应原理"模块分为：化学反应与能量主题，化学反应的方向、限度和速率主题，水溶液中的离子反应与平衡主题；"物质结构与性质"模块分为：原子结构与元素的性质主题，微粒间的相互作用与物质的性质主题，研究物质结构的方法与价值主题；"有机化学基础"模块分为：有机化合物的组成与结构主题，烃及其衍生物的性质与应用主题，生物大分子及合成高分子主题。每个主题内容设置与必修课程相同。

表 3-9　《普通高中化学课程标准》课程内容：选择性必修课程

	主题	内容
模块 1：化学反应原理	主题 1：化学反应与能量 主题 2：化学反应的方向、限度和速率 主题 3：水溶液中的离子反应与平衡	内容要求 教学提示 （教学策略、学习活动建议、情境素材建议） 学业要求
模块 2：物质结构与性质	主题 1：原子结构与元素的性质 主题 2：微粒间的相互作用与物质的性质 主题 3：研究物质结构的方法与价值	内容要求 教学提示 （教学策略、学习活动建议、情境素材建议） 学业要求
模块 3：有机化学基础	主题 1：有机化合物的组成与结构 主题 2：烃及其衍生物的性质与应用 主题 3：生物大分子及合成高分子	内容要求 教学提示 （教学策略、学习活动建议、情境素材建议） 学业要求

C. 选修课程

选修课程旨在为不同的学生提供丰富多样的选择性，学生在必修课程或选择性必修课程的基础上都可以凭兴趣进入选修课程不同模块的学习，以满足不同学生个性化发展的需要，促进学生在化学学科核心素养的各个方面都有所提升。选修课程设置了"实验化学""化学与社会""发展中的化学科学" 3 个系列，每个系列又分为内容建议、教学提示和学业要求（表 3-10）。其中，内容建议给出了每个系列对应的选修主题。

表 3-10　《普通高中化学课程标准》课程内容：选修课程

系列	内容
系列 1：实验化学	内容建议 主题 1：基础实验 主题 2：化学原理探究 主题 3：化工生产过程模拟实验 主题 4：STSE 综合实验 教学提示 学业要求
系列 2：化学与社会	内容建议 主题 1：化学与生活 主题 2：化学与技术 主题 3：STSE 综合实践 教学提示 学业要求
系列 3：发展中的化学科学	内容建议 主题 1：化学科学研究进展 主题 2：作为交叉学科的化学 主题 3：化学工程研究进展 教学提示 学业要求

5. 学业质量

《普通高中化学课程标准(2017 年版)》增加了学业质量，用以检验和衡量学生的学习程度和水平，进而指导教学与评价工作。化学学业质量分为四级。在每一级水平的描述中均包含化学学科核心素养的 5 个方面，依据侧重的内容将其划分为四个条目(每个条目前面的数字代表水平，后面的数字代表条目序号)。每个条目(按数字表示)分别对应于一定的化学学科核心素养，如序号 1 侧重对应"素养 1 宏观辨识与微观探析"和"素养 3 证据推理与模型认知"；序号 2 侧重对应"素养 2 变化观念与平衡思想"；序号 3 侧重对应"素养 4 科学探究与创新意识"；序号 4 侧重对应"素养 5 科学态度与社会责任"。

在不同等级水平之间，内容要求呈现纵向递进关系，并结合不同的内容对象进行界定。例如，有关"物质分类"的不同水平的要求逐级提升。等级 1 "能根据物质组成和性质对物质进行分类，形成物质是由元素组成和化学变化中元素不变的观点"；等级 2 "能从不同视角对典型的物质及其主要变化进行分类"；等级 3 "能从组成、结构等方面认识无机化合物和有机化合物的多样性，能从物质的组成、性质、官能团、构成微粒及微粒间作用力等多个视角对物质进行分类"；等级 4 "能在物质及其变化的情境中，依据需要选择不同方法，从不同角度对物质及其变化进行分析和推断"。

6. 实施建议

1) 教学与评价建议

化学知识是培养学生化学学科核心素养的重要载体，化学教学是落实化学课程目标、引导学生达成化学学业质量标准的基本途径；化学学习评价是化学教学评价的重要组成部分，对于学生化学学科核心素养具有诊断和发展功能。教师在化学教学与评价中应紧紧围绕"发展学生化学学科核心素养"这一主旨，优化教学过程，有效提高教学质量，发展素质教育，落实立德树人根本任务。包括以下几点：①深刻领会化学学科核心素养内涵，科学制订化学教学目标；②准确把握学业质量要求，合理选择和组织化学教学内容；③充分认识化学实验的独特价值，精心设计实验探究活动；④创设真实问题情境，促进学习方式转变；⑤实施教、学、评一体化，有效开展化学日常学习评价；⑥增进化学学科理解，提升课堂教学能力。

2) 学业水平考试命题建议

学业水平考试命题建议部分包括考试目的、命题框架、命题原则、命题程序、典型试题与说明五部分内容。考试目的着重介绍了化学学业水平考试的主要目的是评价学生化学学科核心素养的发展状况和学业质量标准的达成程度。命题框架指出化学学业水平考试命题必须以化学学科核心素养为导向，准确把握"素养"、"情境"、"问题"和"知识"四个要素在命题中的定位与相互联系，具体框架如图 3-3 所示。命题原则指出学业水平考试命题应以核心素养为测试宗旨，以真实情境为测试载体，以实际问题为测试任务，以化学知识为解决问题的工具。命题程序介绍了以化学学科核心素养为导向的一般命题程序。典型试题与说明给出了一道典型试题，并对其测试宗旨、测试载体、测试任务以及解决问题的工具进行了详细说明。

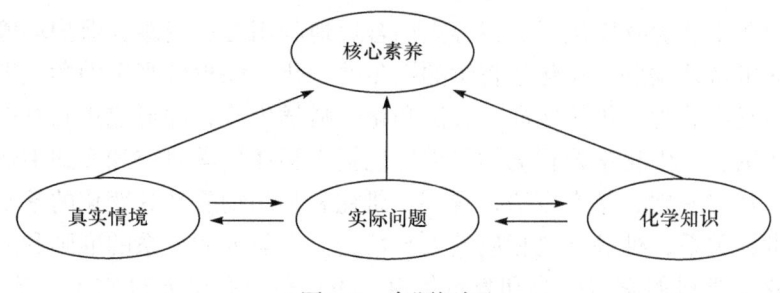

图 3-3 命题框架

3) 教材编写建议

高中化学教材是高中化学课程的物化形态与文本素材,是实现高中化学课程目标、培养学生化学学科核心素养的重要载体。教材的编写要立足于立德树人的根本任务,依据化学课程标准,以发展化学学科核心素养为主旨,体现基础性、时代性和人文性,密切结合学生实际,体现先进的教学理念。在化学教材内容的选择上,要凸显化学学科核心观念,精选化学核心知识,重视实验探究与实践活动,关注社会生活,体现科技发展趋势,体现科学与人文的融合,重视化学习题设计的创新。在教材内容的编排与呈现上,要注重化学知识的结构化,关注学生的学习进阶,注重情境、活动和问题解决的整体设计,促进学习方式的转变,注重凸显教材的教学属性,重视教材助读系统的设计。教材编写应重视化学教材信息资源平台的建设,促进化学教材的信息化发展。此外,还对化学教材的物理形态给出了相应的建议。最后,化学教材的编写应重视教师用书和学生自主学习资料的编写。

4) 地方和学校实施本课程的建议

地方教育行政部门、教育科研机构、学校校长及教师应充分理解化学课程在普通高中课程体系中的独特价值,充分认识化学教学是科学教育的重要组成部分,并从化学课程和学科建设入手,在课程实施中全面培育学生化学学科核心素养,全面落实化学学业质量标准。在具体实施中,应加强化学课程实施规划,加强化学实验室和化学学科专用教室建设,加强化学教研(备课)组建设,加强校内校外化学教学资源的开发与利用。

7. 附录

附录分为附录1、附录2和附录3。附录1为化学学科核心素养的水平划分,将宏观辨识与微观探析、变化观念与平衡思想、证据推理与模型认知、科学探究与创新意识、科学态度与社会责任5项核心素养分别划分为四种水平。附录2为教学与评价案例,该部分给出了以"素养为本"的教学设计案例——《氧化还原反应》(必修)教学设计,并对该案例进行了相应的点评。附录3为学生必做实验索引。

三、普通高中化学课程标准的特点

(一)凸显化学学科核心素养

从我国基础教育的总目标、学生发展核心素养要素出发,结合化学学科的本质特征和基础教育阶段化学教育教学的性质和目标,研究出了化学学科核心素养的内涵与水平维度。

化学是在原子、分子水平研究物质的组成、结构、性质、转化及其应用的一门基础学科。

化学科学的功能在于认识物质世界、指导人们合理地利用自然资源,保护环境,创造新的物质,保证社会的可持续发展。从化学哲学的视角看,化学课程应当帮助学生形成看待和研究物质及其变化的基本观念、价值取向、方法和化学科学伦理,即形成正确看待化学变化过程的世界观和方法论。高中化学课程的学习内容包括人类在化学研究和实践中形成的最基础的化学基本概念、基本原理、基本方法,看待、研究和利用物质及其变化的基本观念,也包括处理人与物质世界关系,处理与之相应的人与社会、人与人的关系的准则和方式。从教育哲学的视角看,化学学科的学习内容和教育价值,不仅仅是化学基础知识、基本技能的传承,化学方法的习得和化学学科价值的认识,还应该包含跨学科的知识、观念、思维方法、价值观和科学伦理观念的形成。帮助学生认识学科的本质特征,弄清化学学什么、怎么学、对社会和自身的发展有什么作用,怎么运用、怎么创造新的知识,是化学课程育人价值的体现。

认同物质世界的客观性和可认知性是探索物质世界的前提,否则将陷入主观唯心主义或不可知论的陷阱。科学精神、问题意识,基于证据的判断、推理和探究能力是学习、研究化学科学的必备品格和关键能力。研究物质的组成、结构和性质、变化需要从宏观现象入手,在分子水平上做分析研究,并运用化学符号表征模型,这是化学科学的基本认知方式。掌握物质变化及其反应规律,能运用逻辑思维对物质及其规律进行分析、推理、抽象和概括,这是理解、创造有关物质新知识的基础和途径。在运用化学知识、技能和方法,研究、利用、创造新物质的过程中,能自觉遵循科学伦理,具备社会可持续发展的观念和绿色化学思想,具有交流合作意识,这是全球化对现代社会人才的基本要求。

综上所述,将化学学科核心素养概括为五大方面:宏观辨识与微观探析、变化观念与平衡思想、证据推理与模型认知、科学探究与创新意识、科学态度与社会责任。以"宏观辨识与微观探析"为例,其内涵表述如下:能从不同层次认识物质的多样性,并对物质进行分类;能从元素和原子、分子水平认识物质的组成、结构、性质和变化,形成"结构决定性质"的观念。能从宏观和微观相结合的视角分析与解决实际问题。

化学学科核心素养的内涵描述符合我国学生发展核心素养的要求,比较全面地体现了化学学科基本观念、化学的学习和研究的基本方法和能力,体现了从化学视角看待、分析和解决简单化学问题的能力和品质要求。全面关注了化学学科的知识与技能学习、过程与方法的了解和训练、情感态度与价值观的教育,把三者有机结合起来。有化学基础知识技能的学习要求,有化学基本观念和化学思想的建构,有化学学科或理科共有的学习研究方法的学习要求,既体现了化学学科独有的特质,又包含了理科学科应培养的必备品质和关键能力。例如,"科学态度与社会责任""创新意识"体现了"立德树人"的方针和时代对人才的培养要求。"宏观辨识与微观探析""证据推理与模型认知""科学探究"概括了化学学习和研究的思维方式和方法:从物质性质和变化的宏观现象入手,运用观察、实验、分类、表征等方法获得物质及其变化的现象和基本规律等信息,并进行初步的加工,从宏观上认识物质及其变化;在此基础上,进一步从原子、分子等微观角度对物质结构、性质与变化进行探析,获得更为本质的认识;同时提出了实验探究、实证研究、模型方法等研究方法的了解和训练要求。"变化观念与平衡思想"指出了帮助学生形成物质变化与能量守恒、质能联系、变化与平衡观念、对立统一和动态平衡规律的要求。

在化学学科素养内涵表述的基础上,进一步形成了 5 维度×4 水平的化学学科素养体系,为制定课程内容和学业评价标准奠定了基础。以"宏观辨识与微观探析"的水平为例，见表 3-11。

表 3-11 "宏观辨识与微观探析"素养的水平划分

素养水平	宏观辨识与微观探析
水平 1	能根据实验现象辨识物质及其反应，能运用化学符号描述常见简单物质及其变化，能从物质的宏观特征入手对物质及其反应进行分类和表征，能联系物质的组成和结构解释宏观现象
水平 2	能根据实验现象归纳物质及其反应的类型，能运用微粒结构图式描述物质及其变化的过程，能从物质的微观结构说明同类物质的共性和不同类物质性质差异及其原因，解释同类的不同物质性质变化的规律
水平 3	能从原子、分子水平分析常见物质及其反应的微观特征，能运用化学符号和定量计算等手段说明物质的组成及其变化，能分析物质化学变化和伴随发生的能量转化与物质微观结构之间的关系
水平 4	能依据物质的微观结构描述或预测物质的性质和在一定条件下可能发生的化学变化，能评估某种解释或预测的合理性；能从宏观与微观的结合对物质及其变化进行分类和表征

化学学科核心素养的 5 大维度和 4 级水平必须结合化学课程的学习才能具体体现。高中学生在必修、选修两大阶段面临的学习任务不同，核心素养应达到的水平也有差异。明晰学生学业发展不同阶段的特征及相应的素养水平，可以帮助教师据此选择课程资源，设计教学方法和策略，为各级各类考试和评价提供理论框架和水平依据。因此，将核心素养转化为化学课程的学业质量标准尤为重要。

基于核心素养的学业质量标准对上指向学科核心素养，对下指导学业要求的编写和试题命制。立足学科的核心素养培养制定的学业质量标准，既结合不同阶段化学课程的核心内容，又避免按知识点来描述学业质量，在按类统整的基础上进行概括，呈现学科能力、观念的培养要求。

(二) 课程结构多样化

遵循"促进课程的多样性，满足学生的多样化需求，促进学校的特色发展，为基于高考统一考试、高中学业水平考试和学生综合素质评价的三位一体新的考试招生制度的建立奠定基础"的原则，普通高中化学课程在义务教育阶段化学课程的基础之上，为学生提供基础性、多样化和可选择的课程，其中必修课程力图满足学生发展、社会时代发展和化学学科发展的共同需要，选择性必修课程侧重发展学生对化学科学进行深入学习和探索的志向和愿望，满足学生继续求学深造的需要；选修课程拟设置 3 个学习系列，引导有兴趣的学生对化学科学有更加广泛而丰富的认识。

必修课程面对全体学生，旨在促进所有的学生在化学学科素养方面都有一定的发展。本课程划分为 6 个主题，分别是化学科学与实验探究、常见的无机物及其应用、物质结构基础及化学反应规律、简单的有机化合物及其应用、化学与社会发展。这 6 个主题综合落实化学学科核心素养和化学核心观念，帮助全体学生奠定基础。

选择性必修课程面向对化学感兴趣的学生，主要依据化学科学的核心领域设定 3 个模块，分别是化学反应原理、物质结构与性质、有机化学基础。通过这 3 个模块的学习，学生可以在化学学科素养方面有一个整体提升，初步建立化学科学的面貌、研究内容与研究方法。

选修课程则面向不同类型的学生，旨在促进不同需要、不同兴趣学生的发展，设定了 3 个不同的系列，分别是实验化学、化学与社会、发展中的化学科学。每个系列又给出不同的主题设置建议，以满足不同学生的需要。

（三）课程内容现代化

此次普通高中化学课程标准修订将科学素养的三维目标内涵进一步整合深化，明确提出了学生在各化学学科核心素养的发展要求，并且具体化为帮助学生建立和发展如下核心观念："基于元素认识物质""微粒之间存在相互作用""结构决定性质""化学反应中的守恒与平衡""实验是科学探究的基本过程和方法""化学科学技术促进社会可持续发展"等，这些核心观念具有普遍的意义价值，具有统摄和迁移功能，既是核心概念又是重要的学科思想，同时又与学科内容有着密切的联系。基于上述学科素养与核心观念，选择和组织重要的概念和知识内容，设计合理的必修和选修的学习进阶。

落实"立德树人"和课程改革的要求，体现时代性、基础性和选择性。培养学生的科学素养和学科素养，发展学生与化学相关的核心认识、关键能力和必备品格。彰显学科核心知识的学生核心素养发展功能价值，突出学科本质，建立具体知识与学科核心认识、关键能力和必备品格的关系。根据科学素养和化学学科素养的要求，提炼学科大观念，围绕学科大观念选取重要知识，基于模块或主题，明确核心认识要求、预期关键能力表现、设计重要学习活动任务、提供有意义学习情境素材。基于模块或主题，多维度刻画学业质量标准。

必修与选择性必修课程内容的受核心观念和学科核心素养统领，加强了学习内容的主题性、层次性和关联性，突出核心观念和重要概念的认识功能，针对内容主题提出教学策略和学习活动建议并规定学生必做实验，精选真实、有意义、体现时代性的学习情境素材，以主题为单位明确学习内容、学业要求和能力表现。

选修课程内容在保持和继承原有选修课程模块的基础之上，力图更加体现多维、生动、发展的现代化学科学面貌，更有利于进一步激发和调动学生的学习兴趣，更加重视与区域和校本选修课程的可兼容性，更增强开课和教学实践的可操作性。

（四）实施建议具体化

高中化学课程标准实施建议部分的修订以"立德树人"为指导原则，坚持社会主义核心价值观，紧紧围绕发展学生的化学学科核心素养这一主旨，从理论和实践两个层面，对如何开展"素养为本"的教学与评价、学业水平考试命题、教材编写，以及学校本课程的实施等，较为全面、系统地给出了具有指导性和可操作性的实施建议。

1. 教学与评价建议

（1）提倡教、学、评一体化。

以"教、学、评一致性"为原则，注重引导教师开展"教、学、评一体化教学"，使一线教师在理解课程标准的同时，达到"教"与"评"的有机结合。

（2）构建发展学生化学学科核心素养的教学目标新体系。

强调教学目标的素养发展功能，通过学生核心素养发展的能力表现来制订教学目标。这种基于素养发展能力表现的教学目标新体系，使得目标的制订、学生发展的能力表现及其评价有机地整合起来。

(3) 落实学生化学学科核心素养的发展的建议系统化、可操作。

强调"真实问题解决情境"的创设，从真实的化学史实和 STSE 问题两个方面，结合具体的教学实例，对此给予了指导性建议；强调从"知识"到"素养"的发展路径，从基于"知识关联"的结构化，到基于"认识思路"的结构化，再到基于"核心观念"的结构化三个阶段，结合具体的教学示例，给出了实施建议；强调开展具有学科特质的认识和实践活动，在真实化学实验探究活动中发展学生的化学学科核心素养；强调学生化学学习方式的转变，倡导问题解决学习、建构学习和探究学习，使学生在自主建构的问题解决活动中形成和发展化学学科核心素养；强调化学日常学习评价的诊断和发展功能，通过具体的教学示例，有针对性地给出了有效开展化学课时学习、单元学习和模块学习的评价策略。

(4) 教师开展"素养为本"的课堂教学实践的建议具有针对性。

强调化学教师"学科理解能力"的提升，并就教师提升这一能力的途径、方式和方法给出了建议；强调开展"素养为本"课堂教学的行动研究，并就有效开展行动研究的策略提出了参考性建议。以"氧化还原反应"为例，提供了开展"素养为本"的课堂教学与评价的完整案例，在教学与评价目标的制订、教学与评价的思路、教学与评价的流程等方面提供了样例。

2. 学业水平考试命题建议

(1) 旨在解决大规模学业水平考试命题中的关键问题。

将"考试命题建议"作为课程"实施建议"的一个组成部分单独呈现，以期解决在大规模学业水平考试命题中如何测试学生化学学科核心素养这一关键问题。

(2) 提出学业水平考试命题的"三个要素"和"基本要求"。

提出了"素养""情景""知识"三个命题要素，提出了命题应"坚持以核心素养为测试任务""坚持以真实情景为测试载体"和"坚持以化学知识为测试工具"的基本要求，凸显了学生"应用知识"能力的重要性。

(3) 构建指导命题的"测试框架"和"命题思维路径"。

构建"测试框架"有利于命题者把握命题方向，体现测试学生化学学科核心素养的命题思想，从命题框架中抽提出"命题思维路径"，可以帮助命题者形成命题思路，提高命题的针对性和效率。建议中给出了两个命题案例，对"测试框架"和"命题思维路径"的应用给予了说明。

3. 教材编写建议

(1) 明确高中化学教材的编写方向。

高中化学教材的编写必须立足于"立德树人"的根本，高中化学教材应成为培养学生化学学科素养的载体。

(2) 提出高中化学教材编写的系统性指导建议。

对高中化学教材从"内容选择"、"内容组织与呈现"、"实验设计"、"习题设计"及"信息技术的应用"等维度就如何促进学生学科素养养成给出具体的编写建议，并附有案例说明。

内容选择：提出以形成化学学科核心素养的核心概念与原理为依据精选化学核心知识的

原则;以文化性、学生生活与社会经验和科技发展为载体精选情境素材的原则。

内容组织与呈现:强调化学知识的组织应有助于学生学科核心素养的发展,有利于"教师的教"和"学生的学"的原则;化学知识的呈现符合学生心理发展水平的原则。

实验设计:此次修订提出高中化学教材中的实验均以科学探究为主旨,实验设计应立足于便于学生认识知识形成过程、认识技术手段创新的意义、掌握科学方法、形成科学素养的原则。

习题设计:此次修订明确要求高中化学教材中的习题应具有层次性,为达成不同教学目标服务,发挥习题对学生建构概念、应用概念和形成解决问题能力的作用。

信息技术的应用:此次修订强调必须运用信息技术促进高中化学教材服务于教师的教与学生的学。

4. 学校实施本课程的建议

(1)建议学校"加强化学课程实施规划"。

强调学校应充分理解化学课程在普通高中课程体系中的独特价值,充分认识化学教学是科学教育的重要组成部分;建议学校认真做好学期、学年乃至整个高中学段化学课程实施规划,切实开齐化学必修课程、选择性必修课程,开好选修课程。

(2)建议学校"加强化学教研(备课)组建设"。

强调化学教研(备课)组在学校教育教学工作中的重要作用,对加强教研(备课)组建设提出了具体建议,如"明确教研(备课)组在学校发展中的地位、作用与责任;发挥教研(备课)组长及其他骨干教师的模范作用;培育民主、互助、进取、分享的教研文化"等。

(3)从文本、信息技术、生成性、生活环境和社会教育5个维度,就"加强校内外化学教学资源开发与利用"提出了系统建议。

第四节 国际中学化学课程标准

一、美国科学课程标准

美国是联邦制国家,除联邦政府对高等教育统一管理外,各州具体负责各类中学和小学教育的立法和管理,所以美国各州的化学课程标准也并不完全一样。相比较而言,得克萨斯州的教育在整个美国较为领先。

美国得克萨斯州的课程标准《得克萨斯州基本知识与技能》(Texas Essential Knowledge and Skills, TEKS)是得克萨斯州教育厅研制的中小学课程标准,是得克萨斯州所有中小学课程和教学的指导方针,是美国课程的核心文件,在制定过程中广泛收集了各级教育部门和不同地区的社会不同行业以及教育管理人员、学生家长及一线授课教师的意见和建议,同时制定相应的教育政策对学校的课程和教学提供指导建议。

《得克萨斯州基本知识与技能》中高中阶段的化学课程主要分为四部分:化学、综合物理与化学、大学预科化学(AP化学)和国际学位化学(IB化学),其中化学供10、11、12年级学生选择学习,综合物理与化学供9年级或10年级学生学习,大学预科化学和国际学位化学主要面向"大学准备类"的高中毕业生学习,是在学生修完化学课程以及两年实验科学课程的基础上才可选修。下面主要介绍化学和综合物理与化学这两部分课程的课程标准。

得克萨斯州的课程标准对于每门课程的要求主要由以下三个部分组成：一是总体要求，给出了本课程的学分、学习要求及建议开设此课的年级；二是前言，介绍了学习的内容主题及科学本质、科学探究、科学与社会道德、科学系统与模型的相关内容；三是知识与技能目标，描述了学生学习每一部分内容将要达到的目标。

(一) 总体要求和前言

得克萨斯州课程标准总体要求和前言的内容如表3-12所示。

表3-12　得克萨斯州课程标准总体要求和前言的内容

总体要求	规定本课程的学分、学习要求及建议开设此课程的年级
前言	化学
	科学本质
	科学探究
	科学与社会道德
	科学系统与模型

得克萨斯州课程标准课程性质及课程理念如表3-13所示。

表3-13　得克萨斯州课程标准课程性质及课程理念

部分	化学	综合物理与化学	大学预科化学、国际学位化学
课程性质	化学是综合课程科学里的一部分，任务是培养学生所具备的最基本的科学素养	综合物理与化学是综合课程科学里的一部分，是以化学和物理的基本概念为基础、对生活中存在的物理、化学现象的理解为目标，培养学生所必须具备的基本化学、物理素养	进一步深化和提高化学素养，有专政的方向，对化学科目的学习有较高的要求，为进入高等学校化学及相关专业的学习奠定坚实的基础
课程理念	(1)每个学生都应该有接受科学教育的机会和权利，并在科学素养上达到一定的水平 (2)科学教育的主要目的是使学生能够从了解和理解自然界的过程中体验到乐趣，运用正确的科学知识和原理做出个人的决定，以及理性地参与公众有关科学和技术问题的讨论和对话 (3)个人能够运用科学知识和技术进行批判性的思考，创造性地解决日常生活问题 (4)科学学业评估重视外部效度，即"真实评估"，主要是评价学生将习得的知识应用到课堂之外的生活情境中的能力 (5)注重培养科学素养和科学探究精神 (6)为了保证科学探究活动的贯彻和开展，科学教师应具备科学探究精神，即对自己的教学活动进行评估、反思，并从中总结经验 (7)科学教育倡导合作精神 (8)倡导评估的多向度。评估方法除了传统的纸笔测验，还有操作、完成任务量、口头测试、撰写调查报告和书面论文、多项选择和简要回答问题等评估形式；评估的主体可以是教师实施，也可以是学生；评估的对象包括学生和教师；评估内容除了评估学生的学业成绩，还要计量学生参与科学学习的机会		

(二) 知识与技能目标

大学预科化学的内容要求在大学委员会出版社的《大学预科课程描述：化学》中，国际学位化学内容要求由国际学位组织规定。本节主要介绍化学和综合物理与化学的内容，"化学"课程的知识与技能目标如表 3-14 所示。

表 3-14 "化学"课程的知识与技能目标

科学的过程	实验教学要求
	科学探究方法
	科学探究思维
科学概念	学生知道物质的特性并能分析化学或物理变化与其特性之间的关系
	了解周期表的发展历史并会应用
	知道并理解原子理论的历史发展
	知道原子是如何形成离子键、金属键和共价键的
	掌握化学反应中的化学计算
	理解理想气体、分子运动论以及影响气体运动的因素
	理解并能运用影响结果表现的因素
	了解化学反应中的能量变化
	了解核化学反应的基本过程

"综合物理与化学"课程的知识与技能目标如表 3-15 所示。

表 3-15 "综合物理与化学"课程的知识与技能目标

科学的过程	实验教学要求
	科学探究方法
	科学探究思维
科学概念	知道生活中力与运动的存在
	认识各种形式的能量，知道能量转换和能量守恒
	知道结构和物质间的关系
	知道物质的变化

高中阶段的化学课程都属于科学领域，把化学放在整个科学的大背景下，化学是提高学生科学素养的一门学科，即该课程的主要目的仍然侧重于培养全体高中学生的科学素养，化学是培养公民所具备的最起码的科学素养，综合物理与化学是在初级阶段所学物理和化学知识的基础上有所提升，培养公民所具备的基本化学、物理素养，大学预科化学和国际学位化学则是更进一步深化化学素养，有专攻的方向，对化学科目的学习有了较高的要求。其课程性质每个阶段有所不同，呈现了明显的层级性。

美国在课程目标中明确提出了化学与学生未来职业生涯的关系，并提到科学、社会和环境方面研究的影响，重视科学技术社会(STS)教育思想的渗透，注重对科学、技术、社会之间关系的理解，强调对与化学有关的问题的判断和解决，如社会、环境问题等，更注重操作性目标，化学课程目标是根据不同课程设置的，符合学生的心理发展特点，分层级实现。

得克萨斯州科学课程标准对于科学探究方式给予了广泛的关注，重视训练学生的解决问题能力和创新意识，在学习化学知识的同时，强化科学方法论的教育，知识与方法的学习相辅相成，如科学的本质、基本技能等。得克萨斯州科学课程标准对科学本质无处不渗透，没有硬性指标，灵活性较高，便于实践者的教学操作。

二、英国高中化学课程标准

英国最主要的规范或衡量学生学习内容和结果的准则或尺度称为国家课程。英国的国家课程主要由各学科的成绩目标（attainment targets，AT）和学习计划（program of study）构成。成绩目标是指在每一关键阶段结束时，不同能力水平和成熟水平的学生所应具备的知识、技能和理解力。学习计划是指为达到某学科所规定的成绩目标，而应教授给学生的全部内容、知识、技能和过程。在学习计划内，教师可自行确定教学细节，以确保学生达到适当的成绩水平。可知，各学科的成绩目标和学习计划是英国国家课程教材编写、教学、评估和考试命题的依据。

A&AS Level 是英国的国民教育课程，也是英国学生进入大学前的主要测试课程，A&AS Level 课程是与普通中等教育直接衔接的高级程度课程，而成绩则相当于中国的高考。学生凭借 A&AS Level 课程成绩可以直接申请英国任何一所大学（包括牛津大学和剑桥大学）、美国 395 所（包括哈佛大学、耶鲁大学等著名大学）、加拿大、澳大利亚等多所正规大学。

英国剑桥国际 A&AS Level 化学课程标准主要由以下六个部分组成：一是介绍，介绍了 A&AS Level 化学考试的权威性；二是概况，介绍了 A&AS Level 化学考试试卷的组成以及各部分内容；三是课程标准的目标和评估，描述了 A&AS Level 课程的课程目标和评价目标；四是课程标准的内容，描述学生学习每一部分内容将要达到的目标；五是实验操作评价，介绍了实验部分的评价内容；六是附录，介绍信息技术、术语表等内容。

（一）介绍和概况

英国剑桥国际 A&AS Level 化学课程标准介绍与概况部分如表 3-16 所示。

表 3-16 英国剑桥国际 A&AS Level 化学课程标准介绍与概况部分

介绍	为什么选择剑桥大学	剑桥国际委员会（CIE）的权威性
	为什么选择剑桥国际 A&AS Level 化学	剑桥国际 A&AS Level 化学考试的权威性
	怎样发现得更多	咨询的方法
概况	试卷 1	考试内容、考试形式和评分标准
	试卷 2	考试内容、考试形式和评分标准
	试卷 31、32	考试内容、考试形式和评分标准
	试卷 4	考试内容、考试形式和评分标准
	试卷 5	考试内容、考试形式和评分标准

(二)课程目标和评价目标

英国剑桥国际 A&AS Level 化学课程标准课程目标和评价目标如表 3-17 所示。

表 3-17　英国剑桥国际 A&AS Level 化学课程标准课程目标和评价目标

课程目标		(1)通过实验和实用化学的设计研究,为所有的学生提供一个有价值的教育经验,使他们能够获得充分的理解和知识
		(2)发展一些包括研究和科学实践,生活中有用的,鼓励有效的和安全的实践等能力和技巧
		(3)培养科学的态度
		(4)激发对环境的兴趣和关心
		(5)提升科学信息技术运用
		(6)激发学生创造和保持在化学上的兴趣
评价目标	A 知识与理解	(1)考生要能表达出和如下相关的理解性的知识 (2)科学现象、事实、法则、定义、概念、理论 (3)科学词汇、专有名词、约定俗成(包括符号、数量和单位) (4)科学仪器和设备(包括操作技能和安全方面) (5)科学的数量及其测定 (6)科学技术在其相关社会、经济和环境领域的应用 (7)现象、模式和关系给出理性的解释
	B 操作、运用和评估的信息	考生要能用文字或象征性的、图片的和数字的表达形式做到以下方面: (1)从各种资源中寻找、筛选、组织和呈现信息 (2)处理信息,鉴别有用信息和无用信息 (3)处理数字资料和其他资料以及将信息从一种形式转换成另一种形式 (4)分析和评价信息以确定信息模式、报告趋势和得出结论 (5)创建论据来支持假设或者证明某个行动过程的合理性 (6)在新的情境下应用知识(包括原理)
	C 实验技巧和调查	(1)考生要能做到:做探究计划 (2)使用技术、设备和材料 (3)观察测量和评价并记录结果 (4)解释和评价观察与实验结果 (5)选择技术、设备和材料 (6)对实验方法进行评价,并提出可能的改进方法
加权评估的目标		A、B、C 三部分占的分数比值和在试卷中的分布

(三)内容

英国剑桥国际 A&AS Level 化学课程标准内容如表 3-18 所示。

表 3-18　英国剑桥国际 A&AS Level 化学课程标准内容

1 课程标准结构	介绍课程标准结构	
2 学科内容	物理化学	(1)原子、分子和化学计量法
		(2)原子结构
		(3)化学键

续表

2 学科内容	物理化学	(4) 物态
		(5) 化学热力学
		(6) 电化学
		(7) 化学平衡
		(8) 反应动力学
	9 无机化学	元素
	10 有机化学	有机化合物及聚合反应
	11 化学应用	化学与生活
		分析化学的应用
		设计和材料

(四) 实验操作评价

英国剑桥国际 A&AS Level 化学课程标准实验操作评价如表 3-19 所示。

表 3-19 英国剑桥国际 A&AS Level 化学课程标准实验操作评价

介绍	教师教学中应该达到的要求
31/32 部分	实验设备和操作的要求以及分值分布
第 5 部分	实验设备和操作的要求以及分值分布
设备和材料清单	滴定和定性分析的设备和材料
定性分析笔记	阳离子、阴离子和测试气体三部分笔记

(五) 附录

英国剑桥国际 A&AS Level 化学课程标准附录如表 3-20 所示。

表 3-20 英国剑桥国际 A&AS Level 化学课程标准附录

实验室安全	遵循相关机构的网站，手册和规章的要求和建议
对于关键的量和单位的总结	国际物理量和单位
数学上的要求	化学中数学方面的要求
信息技术的运用	IT 技术的总要求和在不同内容标准中的具体要求
术语在学术论文中的运用	化学用语
化学数据表	不同化学数据的表格
资源	考试参考用书

A&AS Level 课程目标的内容很注重强调学生的思想及其信息的表达能力的培养，并发展学生这种适应社会的能力，如强调让学生学会表达自己的思想以及所想要表达的信息，并强调让学生去适应不同的工作和学习环境来增强自身的能力和自信心，更加注重培养学生自主进行实验方案设计以及评价和改进实验方案的能力。另外，还重视学生所学知识技能在未来的生活和工作中的实际作用。由于大部分中学生将来步入社会从事的不是和化学相关的工作，所以中学化学课程的学习，除了要让学生掌握化学基础知识和原理以外，更重要的是要使学生在将来可以更好地使用化学知识和技能去解决工作和生活中的实际问题。

从其课程内容设置方面来看，多样化的主题和分模块学习让学生不仅对化学学科的各个领域都有所了解，更重要的是让学生掌握一种循序渐进和持续学习的能力。将能力目标贯穿各阶段始终，强调知识、技能和理解力的有机融合，突出技能的培养；评价标准科学合理，教师易于掌控；IT 技术在各学科教学、学生学习活动中得到广泛应用；课程为所有学生而设计，凸显国家课程的包容性。

三、澳大利亚高中化学课程标准

澳大利亚是联邦制国家，联邦政府对各大、中、小学及其他院校进行宏观管理。除高等教育由联邦政府统一管理外，各类中小学教育的立法权归州或地区政府，由各州具体负责，因此每个州的课程标准并不完全一样。

澳大利亚维多利亚州被誉为澳大利亚文化教育之州，其高质量的高中教育与其课程标准设计的科学性、规范性和时代性密切相关。在维多利亚州，化学是选修课程，高中为 11、12 年级，相当于中国的高二和高三。在 11、12 年级课程学习后，所有的学生都必须参加州政府组织的高中教育证书考试，通过考试的学生可以获得维多利亚州颁发的高中毕业证书，即"维多利亚教育证书（Victorian Certificate of Education，VCE），获得 VCE 的学生即获得了大学入学申请资格，类似于我国的高考。

维多利亚州的化学课程标准主要由以下六个部分组成：一是重要信息，说明了本课程标准的版权；二是介绍，介绍了化学的基本原理及课程目标等内容；三是课程评价，描述评价报告和需要达到的关键技能；四是课程内容，描述学生学习每一部分的内容；五是术语表，以表格形式介绍了一些常用的化学术语；六是教师建议，为教师的教学提供建议。

（一）重要信息与介绍

维多利亚州化学课程标准重要信息与介绍如表 3-21 所示。

表 3-21　维多利亚州化学课程标准重要信息与介绍

重要信息	认证周期	
	其他信息来源	
	VCE 颁发者	
	版权	
介绍	基本原理	化学是通过物质属性和物质间反应的理解来解释宇宙运作的关键科学，并从分子水平上学习化学，可以通过特定的知识，技能和态度的发展丰富了学生的生活，使他们成为社会中具有科学能力的成员，解释自然现象，以及创造新的材料
	课程目标	（1）理解化学术语、化学研究方法和化学基本理念 （2）理解实证在化学知识产生及发展过程中的重要作用 （3）理解化学知识形成与发展过程 （4）评估假设的质量和模型，数据和结论的局限性 （5）发展设计和实际的调查安全行为技能，调查包括风险评估、危险源辨识和废物管理 （6）发展完整的实验过程、程序和研究调查所需的技能和知识 （7）进行实际调查，收集、解释和分析数据和证据，并得出结论 （8）发展运用化学观点与他人进行有效沟通的能力 （9）意识到适用于化学科学研究的伦理 （10）理解化学如何与科学和技术相互渗透 （11）意识到化学及相关技术对社会、经济和环境的影响

续表

介绍	课程结构	单元1：化学基本理念 单元2：环境化学 单元3：化学研究方法 单元4：化学工业生产
	学习条件	在学习单元1、2和3之前没有先决条件。学生学习单元4之前必须先学习单元3
	课时	每个单元包括至少50个小时的课堂教学
	改变设计	在认可周期内，官方公告是改变规定和认可的研究的唯一来源
	质量监控	维多利亚州课程及评估局会定期进行化学的审核，以确保该研究正在教学和评价
	安全	这项研究可能涉及有潜在危险的物质的处理和使用潜在危险的设备。在进行研究过程中，学校应确保所有学生的健康和安全
	利用信息和通信技术	在教学活动中利用适当的信息和通信技术
	就业技能	这项研究提供了大量的机会，让学生开拓就业技能。在"教师建议"部分有具体的例子
	法律合规	收集和使用的信息应符合隐私和版权法的规定

（二）课程评价

维多利亚州化学课程标准课程评价如表3-22所示。

表3-22 维多利亚州化学课程标准课程评价

评价报告	满意地完成	基于学生完成每个单元特定目标的展示结果而定
	认证	相关工作的成果将只接受教师证明
	成就水平	单元1和2　校本评价 单元3和4　校本评价：40%；标准化考试：60%
关键技能	科学探究能力	(1)能进行独立和合作探究，在探究活动中能充分考虑安全问题，妥善处理废弃物 (2)能在探究活动中收集资料，记录并分析定性和定量数据资料，基于数据资料得出正确结论，评价实验方法和数据的可靠性 (3)能提出问题或形成假设，能设计和实施探究活动，能鉴别、查找误差的可能来源 (4)能在探究过程中遵守科学研究道德规范
	应用化学知识能力	(1)加强概念之间的联系；处理信息；适用于理解和熟悉新的环境 (2)利用第一手或第二手数据资料证明化学概念和理论是如何随时间演变的 (3)能分析化学与科技发展的关系 (4)能分析和评价公众对化学看法的可信度
	交流化学信息能力	(1)能正确有效解释、说明和交流化学信息 (2)能根据交流对象和交流目的选择恰当的交流方式 (3)能正确运用科学术语和习惯用语

（三）课程内容

维多利亚州化学课程标准课程内容如表3-23所示。

表 3-23 维多利亚州化学课程标准课程内容

单元 1：化学基本理念领域	主题 1	周期表	元素周期表、原子理论、物质的量、阿伏伽德罗常量、质谱
	主题 2	材料	化学键、烃的系统命名法、同分异构体、纳米技术、聚合物
单元 2：环境化学	主题 1	水	水的重要性、酸和碱、溶液浓度、氧化还原反应、绿色化学
	主题 2	大气	气体的重要性、温室效应、气体定律
单元 3：化学研究方法	主题 1	分析化学	滴定分析法、重量分析法、色谱技术和光谱技术等化学分析方法
	主题 2	有机化学	有机物的命名、有机化学基本反应、分馏方法、蛋白质、DNA 分子
单元 4：化学与工业生产	主题 1	工业化学	碰撞理论、可逆反应、化学工业生产
	主题 2	能源化学	能源、反应热、原电池、电解池、法拉第定律

(四)化学术语表与教师建议

维多利亚州化学课程标准化学术语表与教师建议如表 3-24 所示。

表 3-24 维多利亚州化学课程标准化学术语表与教师建议

术语表		对风险管理、系统命名、浓度单位、压力单位、体积单位专业词汇的解释
教师建议	课程开发	教师必须开发课程，其中包括适当的学习活动，使学生养成在每个单元目标声明中确定的知识和技能。在相关情境中，学生的学习是最有效的，因此设计方案应基于情境。鼓励教师探索资源来丰富课程，这些资源包括科学、在社会上普遍使用的化学品，以及跟化学有关的问题 教师要确保让学生有机会发展和展示自己的知识，理解和掌握技能的多种方式。合适的学习活动，包括实验，构建模型，研究，使用基于 Web 的学习模块，准备一个带注释的流程图一系列事件，应对关键问题，写了一个账户特定的过程，准备和提交一个简短的报告，解释出现在视频或纪录片中的概念
	利用信息和通信技术	在化学课程的设计和学习活动开发中，教师应充分利用信息和通信技术。同时，信息和通信技术也可以帮助学生培养许多化学家所需要的关键沟通技巧
	就业技能	化学的学习中，学生有机会参与一系列的学习活动。活动中，学生展示他们理解和掌握的内容和技能，还可以培养他们的就业技能
	学习活动	提供每个单位学习活动的例子
	校本评价	在单元 3 和单元 4 教师必须在每个单元提供的评估表选择合适的任务。对任务评价的建议，刊登在维多利亚州课程及评估局的评估手册中。单元 3 和 4 的评估表给出评估每一个任务的例子

维多利亚州化学课程标准的课程目标强调学生科学探究和知识应用能力的形成，课程目标注重学生综合科学探究能力的形成，对科学探究各环节做出了明确界定，如必备知识的范围与技能水平，科学假设能力的形成，搜集证据、分析实验数据和现象、交流实践探究成果

的具体要求，提高安全意识与遵守科学道德的具体做法等，便于教师在具体教学中指导学生科学探究。课程目标还强调学生经历化学知识生成过程，要求学生知道化学知识产生和发展的历程，知道模型、实验在化学知识形成过程中的重要作用；注重学生对化学新知识与新技术在现代科学研究和现代社会中重要作用的了解，创造条件让学生在科学探究过程中使用这些化学新知识与新技术。

课程结构简单灵活，面向不同水平和发展需要的学生。课程结构没有按传统的知识分类方法将化学知识分门别类，而是将高中化学知识融于4个单元中，以单元主题的形式将相关知识有机结合。各个单元相对独立，学生可在教师指导下自行选择单元学习。4个单元的知识难度也不同，单元1、2相对简单，单元3、4难度较大，适合不同水平和发展需要的学生选修，满足不同学生的需要。

课程内容体现化学学科的前沿性课程内容。将化学学科前沿知识和技术手段纳入其中，前沿知识如纳米技术、绿色化学、生物燃料化学等，技术手段如滴定分析法、重量分析法、色谱技术、光谱技术、质谱技术等。课程标准引入最新、最前沿的化学知识，及时进行新旧知识更迭，有效指导高中化学教材编写和教学内容选择，保证基础教育的先进性和时代性。

课程评价方式指导性、操作性强。课程评价实行标准化考试与校本评价相结合的方式，巧妙结合终结性评价与表现性评价，体现出先进的课程评价理念。课程标准对课程评价做了细致的规定，并拟定具体的评价方案，具有很强的指导性和操作性。

四、日本高中化学课程标准

日本是历来重视教育的国家。自明治维新以来，日本高中化学历经模仿、改进、创新之路。日本本次修订高中学习指导要领是在21世纪之初知识、信息和科学技术急剧发展，日本学生学力水平出现下降，现行学习指导要领在实施中面临诸多问题的背景下展开的。

日本的化学课程主要有"化学基础"与"化学"两部分，每部分的课程标准都由课程目标和课程内容两部分组成。课程目标介绍了这门课程的总目标，课程内容介绍了这门课程的主要学习内容。

(一)课程目标

日本化学课程标准课程目标如表3-25所示。

表3-25 日本化学课程标准课程目标

项目	目标
化学基础	在试图与日常生活和社会的关联中提高学生对物质及其变化的关心，进行有目的、有意识的观察与实验等，培养化学的探究能力和态度，同时理解化学的基本概念和原理、法则，养成科学的看法与想法
化学	提高对化学的事物与现象的探究心，进行有目的、有意识的观察与实验等，培养化学的探究能力和态度，同时加深理解化学的基本概念与原理、法则，养成科学的自然观

(二)课程内容

日本化学课程标准课程内容如表3-26所示。

表 3-26 日本化学课程标准课程内容

课程	大项目	中项目	小项目
化学基础	化学和人类生活	化学和人类生活的关系	①人类生活中的化学
			②化学及其用途
		物质的探究	①单质、化合物、混合物
			②热运动和物质的三态
	物质的构成	物质的构成粒子	①原子结构
			②电子排布与周期表
		物质与化学键	①离子与离子键
			②金属与金属键
			③分子与共价键
	物质的变化	物质的量与化学反应式	①物质的量
			②化学反应式
		化学反应	①酸、碱与中和
			②氧化和还原
化学	物质的状态与平衡	物质的状态及其变化	①状态变化
			②气体的性质
			③固体的结构
		溶液和平衡	①溶解平衡
			②溶液及其性质
	物质的变化与平衡	化学反应和能量	①化学反应和光、热
			②电解
			③电池
		化学反应和化学平衡	①反应速度
			②化学平衡及移动
			③电离平衡
	无机物质的性质和利用	无机物质	①典型元素
			②过渡元素
		无机物质和人类生活	无机物质和人类生活
	有机化合物的性质和利用	有机化合物	①烃
			②含有官能团的化合物

续表

课程	大项目	中项目	小项目
化学	有机化合物的性质和利用	有机化合物	③芳香族化合物
		有机化合物和人类生活	有机化合物和人类生活
	高分子化合物的性质和利用	高分子化合物	①高分子化合物的合成
			②天然高分子化合物
		高分子化合物和人类生活	高分子化合物和人类生活
2门	8个1级主题	17个2级主题	至少36个3级主题

注：每个1级主题都有相应的探究活动

  日本化学课程标准中化学基础部分的内容编排强调与初中理科基础课程衔接，强调在化学基础的教学中把提高学生学习化学的兴趣摆在重要的位置，并要求在促进学生形成化学概念的同时重视化学探究方法的学习，培养学生的科学思考力、判断力和表现力。在进行学习内容中设计探究活动时，把观察、实验体现在各个学习项目的活动之中，给予学生撰写实验报告书并发表的机会。探究活动的设计可以让学生学会如何收集信息、掌握设定假说、编写实验计划、进行实验验证、进行实验数据分析、得出结论并解释等科学探究的方法，同时使学生能够使用计算机和网络来收集、检索和处理信息，并与同学沟通。

  日本课程标准在内容方面设置与人类生活相关的项目，加强学习内容与日常生活和社会的联系，让学生切实感受到学习化学的意义和有用性。提高学生对化学的兴趣与关心，加深理解化学在人类生活中的作用，防止学生对化学的关心与热情下降。

思考与练习

一、简答题

1. 简述《义务教育化学课程标准（2011年版）》与《普通高中化学课程标准》框架结构及其差异。
2. 查阅《普通高中化学课程标准》，简答"课程标准"对"化学反应原理"模块下主题1化学反应与能量内容的学习能力层次的要求。
3. 简要介绍我国《普通高中化学课程标准》中有机化合物部分的内容要求及其活动建议。
4. 简要介绍澳大利亚维多利亚州高中化学课程标准的框架和内容。

二、论述题

1. 结合所学内容并查阅相关文献，试论述化学课程标准在化学教育中的重要作用。
2. 简述《普通高中化学课程标准》的设计思路，并结合《普通高中化学课程标准》的结构与内容说明该设计思路在"课程标准"中的具体体现。
3. 我国《普通高中化学课程标准》的课程理念是什么？对你有什么启示？
4. 美国、英国、澳大利亚、日本四个国家课程标准的结构框架各有什么特点？
5. 美国得克萨斯州的化学课程标准中的课程理念与我国《普通高中化学课程标准》中的课程理念相比有哪些优点？
6. 澳大利亚维多利亚州的高中化学课程标准中的教师建议与我国《普通高中化学课程标准》中的教师建议相比有哪些优缺点？

第四章 化学教材

> **本章学习指南**
>
> (1) 知道教材的概念，掌握教材的结构和特征，了解教材的功能和编写的理论基础及指导原则。
>
> (2) 知道化学教材的概念，掌握化学教材的结构和特征，了解化学教材的功能与编写的理论基础及指导原则。
>
> (3) 了解我国现阶段人教版初、高中化学教材内容选择、内容编排与呈现和实验设计的特点。

第一节 教 材

一、教材的概念

(一) 教材概念的界定

"教材"是课程与教学中极其重要的基本用语之一，在课程与教学理论与实践中占有举足轻重的地位。教材是学生系统学习文化知识的主要载体，是教师教学的基本素材，也是学校促进学生朝着既定方向发展的重要凭介。依据界定视角的不同，可以将"教材"的概念分为以下三类。

1. 教材即"教学材料"

从形式上看，可将教材视为"教学材料"，它包括两类：教科书、教学辅助图书资料等具有文本意义的教学材料和课件、唱片等具有视听效果的教学材料。例如，《中国大百科全书》中对教材定义为"教材是教师指导学生学习的一切教学材料。它包括教科书、讲义、讲授提纲、参考书刊、辅导材料以及教学辅助材料（如图表、教学影片、唱片、录音、录像磁带等）。教科书、讲义和讲授提纲是教材整体中的主要部分"。《教育大词典》中对教材定义为"教材是教师和学生据以进行教学活动的材料，包括文字教材（含教科书、讲义、讲授提纲、图表和教学参考书等）和视听教材"。这类定义是从表面或形式上对教材的一种描述性解释，未涉及教材概念的内在本质。

2. 教材即"学科知识结构"

从学科角度来看，可将教材视为"知识技能体系"或"学科知识结构"，即认为教材是根据一定学科的任务，编选和组织具有一定范围和深度的知识技能的体系。它一般以教科书的形式来具体反映。例如，张念宏认为"教材是根据一定学科的任务，编选和组织具有一定范围和深度的知识技能的体系，一般以教科书的形式来具体反映"。这类观点是把学科作为解释教材概念的出发点和落脚点，是学科中心主义教材观的典型代表，忽视了学生需要与社会需要。

3. 教材即"课程内容"

从课程论角度来看，可将教材视为"课程内容"，包括构成课程标准内容项目的素材，构成教科书单元的素材，构成学科知识的概念性教材，构成理想的课程之单元的素材，构成教案的教学素材。钟启权教授提出"课程内容即教材"。施良方教授也提出"教材应当包括教学的内容和教学的教材两大部分"。日本课程教学论学者伊藤信隆教授从课程论的角度，对教材的概念作出界定，他认为教材是"旨在构成课程而选择出来的、具有文化价值的信息性素材"。

教材总体是受学校教育内容所制约的，它源于实质性的科学、文化、艺术、生活的各个领域，并以计划的形式表现出来。它包括了学生在教师指导下通过学习活动在心理上和实践上主动地作为普通教育和专业教养的成分加以掌握的物质对象和观念对象。日本学者欢喜隆司从教学论的角度论述了教材概念所包含的三个要素：第一，作为学生的知识体系所计划的事实、概念、法则、理论；第二，同知识紧密相关的、有助于各种能力与熟练的系统学习、心理作业与实践作业的各种步骤、作业方式与技术；第三，知识体系同能力体系的密切结合，奠定世界观之基础的，表现为信念的、政治的、世界观的、道德的认识、观念及规范。由此可见，现代教材的含义越来越广泛。

(二)"教材"与"教科书"

教科书作为课程的重要组成部分，直接反映和表现课程的具体内容，是教学活动中必不可少的材料。对于教科书的内涵界定主要有以下说法。

美国大百科全书给教科书定义为：教科书是为了学习的目的通过编制加工并通常用简化方法介绍主要知识的书。我国大百科全书的定义为：教科书是根据教学大纲(或课程标准)编制的系统反映学科内容的教学用书。日本研究者则认为，教科书是根据学科课程组织排列的，作为学校的主要教材供教学所用的学生用书。

综上所述，教科书是根据学科课程的构成加以系统编制、供教学用的学生用书。而教材包括了教师的教授行为中所利用的一切素材。可见，教材概念的外延比教科书宽泛，教科书只是教材家族中最基本、最主要的一种。因此，教材涵盖了教科书，但不限于教科书，如图4-1所示；而教科书则是最有代表性的最基本的教材，也是学校管理和教材研究的重点。由于人们习惯上喜欢把教科书称为教材，所以在对教科书的探讨中，有时也会称教科书为教材。

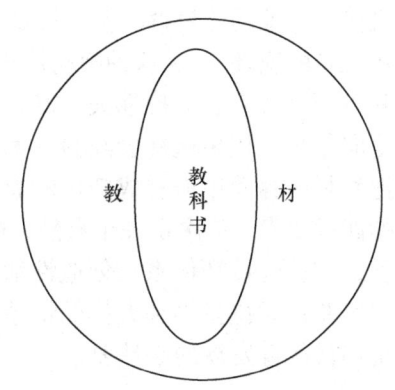

图4-1 教材与教科书的关系图

二、教材的结构

教材结构是由教材系统中各基本要素之间的联系方式、组织秩序及其时空表现形式组成的有机整体。20世纪50年代以来，很多学者从不同的角度或不同的层面对教材结构问题进行了一些研究，发表了一些著述，观点不尽相同。这里试举国内三种较有代表性的观点作简要分析。

第一种观点认为教材结构就是教材的表层结构，以从事教育学和教学论研究的一些学者为代表。例如，王道俊、王汉澜两位教授主编的《教育学》认为："教科书一般由目录、正文、习题、实验、图表、注释、附录等部分构成。正文是主要部分。"吴也显教授主编的《教学论新编》认为，教材有三种系统，即课题系统、图像系统和作业系统。这种观点只概括地指出教材表层系统的优化设计，但缺乏教材深层结构的透析。

第二种观点把教材结构理解为教材的知识结构，以从事学科教学研究的一些教研员为代表。这种观点看到了科学逻辑与学科逻辑的差别，并力图通过教材心理化构建科学的教材知识体系。但是，它只看到了教材结构中的知识要素，而忽视了其他要素，将学科逻辑混同于教材逻辑。

第三种观点认为教材结构是由若干子系统构成的复杂结构，以从事学科教学论研究的一批学者为代表。例如，苏鸿将教材结构划分为由深层到表层的三个层次，即教材内容、教材程序和教材形态，这三个层次相互依存、相互制约，共同实现教材的整体功能，即促进学生的个性发展。这种观点看到了教材结构的复杂性，较为系统全面。

本书采用苏鸿的观点对教材的结构进行简单介绍。据此将教材结构分为教材内容结构、教材程序结构和教材形态结构。

(一) 教材内容结构

教材内容处于教材结构的最深层次。对教材内容的不同理解，必然会导致教材程序设计和教材形态设计的差异。

传统的教育学书籍大多将教材内容归结为知识和技能。例如，《中国大百科全书（教育卷）》写道：教材是"根据一定学科的任务，编选和组织具有一定范围和深度的知识和技能的体系"。凯洛夫主编的《教育学》也提到："所谓教养和教学的内容，我们理解为知识、技能、熟练技巧三者的连环"。受这种教材内容观的影响，我国传统的中小学教材都是以知识为主线。以苏联以斯卡特金、克拉耶夫斯基、列尔涅尔为代表的教养内容理论学派认为，教学的社会目的是向年轻一代传递社会经验，为此就必须使教材内容的成分类似于社会经验的成分，而不能把教材内容简单地看成知识的总和。从活动的观点出发，他们将社会经验分成各具独特功能的四种要素，依次是关于自然、社会、思维、技术、活动方法的知识体系；关于活动方式的经验，即技能技巧体系；创造性活动的经验，即为解决所面临的新问题而进行创造性探究活动的经验；对待世界和客体的情感，即评价态度的经验。重视教材内容四种要素的有机结合也是当代教育发展的必然要求。

(二) 教材程序结构

教材程序是指教材内容纵向编排的体系，它反映了教材内容的逻辑顺序与学生心理发展顺序相互制约的关系，其实质是作为客体的教材内容与作为主体的学生相互作用的关系。教材程序制约着教与学双边活动的实际进程，强烈影响着学生个性发展的方向和水平。

1. 教材内容的逻辑顺序

教材内容的逻辑顺序包括教材中知识的逻辑顺序、技能训练的逻辑顺序、能力训练的逻辑顺序和态度培养的逻辑顺序。教材知识的逻辑顺序不同于相关科学的逻辑顺序，苏联学者平斯基和戈林指出，教材知识的逻辑是相关科学的逻辑在一定程度上的投影。因此，教材知识的逻辑顺序可以理解为课本知识功能的规律性体系，其中包括构建教材的机制、该门学科中结论性知识的获取方式、公认的判断的论证和证明的体系。技能和能力的逻辑顺序也不同于知识的逻辑顺序。加涅提出的学习层级说可以视为技能与能力组织的一种逻辑顺序，即每一级智力技能的学习要以低一级智力技能的获得为前提，最复杂的智力技能则是把许多简单的技能组合起来而形成。关于态度的逻辑顺序，布卢姆所提出的情感领域的层级架构(接受、反应、估价、组织、性格化)可以说是典型的一例。值得指出的是，由于知识是技能、能力和态度的基础，因此后三者的逻辑顺序都与知识的逻辑顺序密切相关。

2. 学生的心理发展顺序

学生的心理发展顺序包括作为主体的儿童的认识顺序、认识能力发展顺序以及非智力因素发展顺序等。教材设计必须对这些要素予以周全的考虑。儿童心理发展顺序的最大特点是，既有连续性又有阶段性。传统心理学将儿童心理的发展视为一个连续的、均质的、量的积累过程，结果儿童被视为"小大人"，教材的设计主要考虑的是成人的需要。现代心理学研究证明，儿童的发展不是一个量的累积过程，而是其认知结构不断重新组合、构建而产生质的区别的过程，是发展的连续性与阶段性的统一。这就要求教材程序的设计必须考虑儿童的心理顺序，反映儿童意义建构的能动过程。

(三)教材形态结构

教材形态是在学生学习活动制约下教材内容和教材程序所呈现的多种多样的表现形式，可分为正文系统和正文辅助系统两部分。经过优化设计的教材形态能够使教材内容和教材程序所具有的育人功能得到最大限度的发挥。因此，深入研究教材的形态结构对于充分发挥教材的育人功能具有十分重要的意义。

1. 正文系统

教材中正文系统的变革呈现出类型多样化和表述人性化的趋势。教材的正文系统承担着传授知识、培养技能、发展智力和能力以及情感态度教育等多方面的任务，主要包括课文和活动。课文主要是通过文字叙述的方式向学生准确地提供知识信息。教材的课文主要是呈现或解释理论、概念、事实等。教材中的活动是为了引导学生的学习、呈现知识的形成过程而设计的一系列学习任务，在教材中主要以"栏目"的形式来呈现。此外，在正文的表述方式上应注重生动性和启发性，以激发学生思维，引导学生进行积极的意义建构。

2. 正文辅助系统

教材中正文辅助系统也日趋复杂多样，从而大大加强了教材的教学功能。正文辅助系统可分为图表、习题、注释、附录等。

图表是指教材中以直观、视觉化方式呈现的信息，包括照片、实物图、示意图、流程图、表格等。在教材中插入图表可以吸引学生的注意力，激发学生的学习动机，增进学生对知识的记忆和理解。习题是组织学生学习实践活动的一种重要形式，也是促进学生全面发展的重要途径。编制合理的习题不仅能巩固、拓展、深化学生的知识技能，培养学生分析问题和解决问题的能力，也能使学生在情感态度与价值观方面得到发展。通过习题还可以引导学生及时反思、调控自己的学习活动,促进预定目标的实现。注释是对正文内容的补充说明,或者是对活动过程的解释和指导。传统教材中的注释多是对内容的补充,一般出现在教材的页面下端。而突出学生发展的教材设计,学生活动任务较多,对一些难度较大的活动,教材往往需要为学生提供必要的信息资料和方法指导,这些内容就以注释的方式出现在活动栏目的左右两旁,引导学生的学习活动。附录是指学生学习中常用的数据、公式等,一般列在教材内容的最后。

三、教材的特征

教材作为现代教育的产物,是学习者接触真理、了解真理的重要途径。教材应具有以下三点本质特征。

(一)科学性和教学性

教材不是原始研究成果,而是对某学科现有知识和成果进行综合归纳和系统阐述,较少进行新的探索和提出一家之言。教材在材料的筛选、概念的解释、不同观点或学派的介绍,以及学科知识的综合归纳、分析论证和结论等方面,都应具有全面、系统、准确的特征。教材在编排结构上层次分明,按知识体系和学生的心理发展规律循序渐进地安排内容,便于学生逐步、系统地接受和掌握知识。简言之,教材必须体现其知识的科学性,并且可满足实际教学的需要。

(二)思想性和时代性

思想性是指教材应体现出人类文明进步的方向,是先进的、代表社会发展方向的。在教材编写的过程中,要杜绝腐朽落后的思想,用先进的文化和思想影响学生。时代性是指教材应反映当代社会文化和科技发展的成果,具有鲜明的时代色彩,教材中的知识和方法要致力于解决当前社会面临的问题,适应社会发展的需求。

(三)思考性和艺术性

有思考性是教材的生命力所在。教材要促进学生的理解学习,要构建学生合理的认知结构,必须要引发学生积极思考,调动学生思维的积极性和主动性,引导学生通过高水平的思维来学习。例如,教材可从学生的生活实际出发创设情境,设计探究问题,进而引发学生的认知冲突,激发学生积极思维的动机。教材的艺术性主要表现在教材的设计、编写和语言表达等方面要符合人的审美需求。例如,教材要结构清晰、内容具体,语言要生动活泼、富有感染力,在形式上应图文并茂,能够引起学生的兴趣等。

四、教材的功能

教材的功能是指教材在实际教学过程中为达到教育目的所起的作用。现代教材应有的主要功能包括:传递人类文化遗产和科研成果;提供教学活动范例;促进学生学习方式的转变;促进学生科学价值观的形成;引导学生进行自我反思与评价。

(一)传递人类文化遗产和科研成果

从教材的特性中可知,教材中包含了人类千百年来积累的文化知识精华,其内容反映社会科学、自然科学和思维科学的各个方面，并且经过教育理论的精选而加以重构，担负传递经验、使个体尽早完成社会化的重任。事实上，优秀教材本身就是人类文化精华的浓缩与集中。

(二)提供教学活动范例

教学是以促进学习的方式影响学习者的一系列事件。教材的基本功能离不开"指导教师的教"和"促进学生的学"两大方面。以学生发展为本的课程改革，要求教材从"文本"向"对话"转变。因此，教材不再是课堂教学的全部内容，而只是为展开教学活动以使师生互动产生知识提供的一种范例和素材，以便师生能够以这些"范例"为基础，积极主动地开展对话与交流，在理解和建构教材内容意义的基础上获得知识与技能、过程与方法、情感态度与价值观的全面和谐发展。

(三)促进学生学习方式的转变

新课程改革强调以学生发展为中心，倡导自主、合作、探究的学习方式，充分调动学生参与学习的积极性和主动性。这就要求教材的设计从"知识"向"素质"转变，不仅要给学生提供最基本的知识，还应向学生展示如何获得知识的过程和方法，为学生提供主动参与、乐于探究、积极实践的机会，让学生经历和体验提出问题和解决问题的探究过程，从而促进学生学习方式的转变。

(四)促进学生科学价值观的形成

所谓价值观是指一个人对自身及其与自然、社会和他人之间的关系的整体认识。科学的价值观主要表现为对自然的关爱，对社会的责任感以及善于合作、积极进取的科学态度等。任何教育都不是价值中立的，它总反映特定的价值观念和社会要求。而教材作为学校课程的主要内容，也必然会体现出一个国家和民族的核心价值观，为培养适合未来社会发展的合格公民服务。

(五)引导学生进行自我反思与评价

自我反思与评价充分调动了学生的主体性，有助于提高学生自我学习与发展的意识和能力。作为促进学生发展的工具和手段，教材往往通过设置一定的活动栏目，及时引导学生对学习过程和学习结果进行自我总结、反思与评价，充分发挥评价对学生的激励、促进和发展功能。

五、教材的编写

教材的编写是根据一定的教育教学理论和学科的知识逻辑体系制造一个有利于传播者传递信息和信息接收者理解信息的媒体。教材的编写不同于文学创作、科学专著的编纂，也不同于通俗读物、科普读物的编写。编写教材必须考虑教材有三大特点：第一，有特定的目的。教材是为了完成教学目标，进而实现课程目标，并最终为达成国家的教育目标服务。第二，有必须遵照的规定。教材的编写必须遵照国家的教育制度、办学模式，以实现国家的教育目标为根本任务。各科教材的编写都需要遵循《基础课程改革纲要(试行)》的指导精神，以课程标准为依据。

（一）教材编写的理论基础

教材编写不是凭空想象出来的，而是以一定的理论基础作为指导。缺少了理论指导，教材编写将无从着手。在近现代课程理论发展的每一阶段，都能看到教育教学理论的介入和所留下的痕迹。作为教与学媒介的教材，其内容和形式必然要受到相关教育教学理论的支持和影响。下面从建构主义理论、发展心理学理论阐述教材编写的理论基础。

1. 建构主义理论

建构主义是从科学哲学、科学社会学和认知科学等学科发展起来的一种集大成的理论，它在知识观、学习观、教学观等方面都与传统的客观主义形成了鲜明的对照。由于建构主义的诸多观点与当今教育改革所倡导的以学生为中心、重视学生个性发展的主张相吻合，因此它成为我国新一轮基础教育课程改革的理论基础之一。下面从知识观、学习观和教学观三方面简要阐述建构主义的基本观点及其对教材编写的启示。

1) 建构主义理论的基本观点

A. 知识观

在知识上，建构主义在一定程度上质疑知识的客观性和确定性，强调知识的动态发展性，注重知识的情境性。建构主义认为知识并不是对现实的准确表征，它只是一种解释、一种假设，并不是问题的最终答案。相反，它会随着人类的进步而不断地被"革命"掉，并随之出现新的假设。而且，知识并不能精确地概括世界的法则，在具体问题中，需要对具体情境进行再创造。

B. 学习观

在学习上，建构主义强调学习的能动建构作用，重视学习的社会作用性。建构主义认为学习不是教师向学生"传授"知识的过程，而是学生自己"建构"知识的过程，即学生不是知识的被动接受者，而是知识的主动建构者。此外，建构主义还认为每个学生都在以自己原有的知识经验为基础建构自己的理解。由于不同学生的已有经验以及对经验的看法不同，因此不同人看到的是知识的不同侧面，对同一个问题常会表现出不同的理解。因此，要获得知识的意义，就必须在学习中进行彼此交流，这样才能全面地建构知识的意义。

C. 教学观

在教学上，建构主义旨在使学生真正地、深刻地理解知识。建构主义以其知识观和学习观为基础，强调在教学过程中以学生为中心，学生是知识意义的主动建构者，教师是意义建构的帮助者、促进者，教材所提供的知识不再是教师传授的内容，而是学生主动建构意义的对象。此外，建构主义认为教学要为学生创设理想的学习情境，增进学生之间的合作，激发学生的推理、分析等高级思维活动，促进学生自身积极的意义建构。

2) 对教材编写的启示

(1) 教材要充分关注学生已有经验。

建构主义认为每个学生都在以自己原有的知识经验为基础建构自己的理解。因此，促进学生主动学习的教材必须关注学生已有的知识经验，努力从学生已有的知识经验入手，引导学生积极主动地学习。

(2)教材应重视学习内容的情境性。

建构主义强调学习的情境性，认为学习是在真实的情境中发生的。在学校的正式学习往往脱离了特定情境，这种类型的学习存在形式化、抽象化、简单化、记忆表征单一化等弊病。由此产生的结果是学生所学的知识只能应付考试，而不能迁移至复杂的真实情境用于解决现实问题。为避免这种问题的继续存在，教材编写应注意知识表征的多元化和情境性问题。

2. 发展心理学理论

心理学理论作为教材编写的理论基础，对教材的影响更为直接和具体。在相当长的时期内，有关人类学习的各种理论对教材编写有很大影响。发展心理学作为心理学的一个分支，使课程与教材编写获得了更为精确和丰富的理论基础。发展心理学认为，儿童的学习不是成人学习的简单化，儿童的认识具有自身的独特性。儿童心理的发展既具有连续性，又呈现出阶段性，在不同的发展阶段，儿童以不同的方式学习和认识，表现出质的差异。当前，课程与教材编写的理论基础逐渐从学习心理学转向发展心理学。

发展心理学是研究个体生命全程的心理发展特点和规律。具体来说，是研究心理发展的年龄特征范围，主要包括人的认知发展和社会性发展的年龄特征两个部分。儿童的心理发展包括认知发展和社会性发展两个方面，二者不是彼此分离的，而是相互依存的。

1) 儿童认知发展

所谓认知发展，是指个体吸收知识时的认知方式与解决问题时的思维能力随年龄增长而逐渐改变的历程。从学校教育角度看，认知发展是个体心理发展最重要的一个层面，是知识教育的心理学基础。下面从认知发展阶段、认知结构和认知差异三方面认识儿童发展心理学。

A. 认知发展阶段

儿童的认知发展表现出明显的阶段性，即在每一个特定的时间阶段内，儿童将表现出一些特定的、较为一致的思维方式与行为方式。瑞士著名心理学家和哲学家皮亚杰提出个体从出生到成熟的发展历程中，认知结构在与环境的相互作用中不断重构，表现出具有不同质的不同阶段。据此，皮亚杰把儿童的认知发展划分为四个阶段：①感知运动阶段（0~2岁）；②前运算阶段（2~7岁）；③具体运算阶段（7~11岁）；④形式运算阶段（11岁至成年）。这四个阶段是普遍存在的，并且每个阶段之间存在先后顺序，前一阶段的发展是后一阶段顺利发展的条件。这种发展顺序是不可逾越和颠倒的。

B. 认知结构

儿童认知发展的实质是儿童认知结构的变化与发展。认知结构是个人在某一知识领域的全部观念和组织。从内容上看，认知结构是学生头脑中的知识经验，包括陈述性知识、程序性知识和策略性知识。新知识的学习会在数量上丰富认知结构。反之，如果学习者头脑中缺少必要的背景知识，新知识将难以纳入原有的认知结构当中，学习就会出现困难。从组织上看，认知结构是一系列知识相互联系、相互作用而整合成的一种网络结构，是知识经验的组织化和层次化程度的表现。人们对新信息的整合主要取决于其头脑中已有的认知结构的层次。一个良好的认知结构应具有整体性、层次性和开放性三个特征。整体性是指良好的认知结构是一个相对完整的体系，它包括陈述性知识、程序性知识、策略性知识。学生掌握知识越全面，认知结构越完整，则越容易同化新知识。层次性是指良好的认知结构并非各种不同知识的简单、线性排列，而是把零散、琐碎的知识点串成线，线结网成面，面延伸成体，以知识组块的形式形成立体的知识网。开放性是指随着学习过程的不断发生，良好的认知结构总是处于不断丰富、扩大的动态运动过程中，是一个无限发展的过程，而不是封闭和僵化的系统。认知结构开放性越强，当进行新的学习时就能很快地激活学习者头脑中的图式，并且这种激活可以从一点向四周扩散，以激活其他结点，从而促进新知识的学习。

C. 认知差异

学生的认知发展既存在共同的特征，也体现出不同的个性差异。个体的认知差异表现在多方面，其中参与并调节认知活动进行的认知风格对学习过程发挥着直接、稳定的作用。认知风格也称认知方式，是指个体偏爱的加工信息方式，表现在个体对外界信息的感知、注意、思维、记忆和解决问题的方式上。不同认知风格的人对于信息加工和处理的方式有差异，主要表现在场独立型与场依存型、冲动型与沉思型等方面。认知方式上的差异不同于智力上的差异，它没有优劣之分，但影响学生的学习方式。

2）儿童社会性发展

当前儿童社会性发展研究的主题集中于儿童心理整体中认知、情感与行为的关系、社会环境因素对社会性品质发展的作用、个体特定行为表现与情境因素的关系以及儿童自身在社会性发展中的地位等方面。下面主要介绍对学生认知学习发展有直接影响的学习动机和学习兴趣。

A. 学习动机

学习动机是指引起与维持学生的学习行为，并使其指向一定学业目标的一种动力倾向。在学校情境中，有哪些需要和诱因可促使学生把自己的行为指向学习？奥苏贝尔指出，学校教育中学习动机至少包括三个方面的内驱力，即认知内驱力、自我提高内驱力和附属内驱力。认知内驱力是一种要求了解和理解的需要，要求掌握知识的需要，以及系统地阐明问题并解决问题的需要。学生的认知内驱力是在学习过程中由于多次获得成功，体验到满足需要的乐趣而逐渐形成的一种比较稳固的学习动机。这种动机指向是由学习活动本身提供的，因而也称为内部动机。自我提高内驱力是指因自己的胜任能力和学习成就而赢得相应地位的需要，是一种外部动机。附属内驱力是指学生为了获得家长、教师的赞许和认可而产生的学习需要，它也属于外部动机。

B. 学习兴趣

兴趣是人力求认识、探究某种事物或从事某种活动的心理倾向。它总是伴随着良好的情感体验。当一个人对某种事物发生了兴趣，他就会对该事物表现出特别的关注，大胆探索，并从事与此事有关的活动。学习兴趣是学习动机中最现实、最活跃的成分，是学习活动的重要动力。在学习活动中，当新知识的难度与学习者的认知水平相适应，学生经过努力就可以理解和掌握的知识容易激发学生的学习兴趣。化学是一门实验性和生活性很强的学科，在化学学习中，鲜明直观的化学实验和与生活实际联系密切的具体元素化合物等知识能够激发学生的学习兴趣。

3）对教材编写的启示

（1）教材应有助于学生形成良好的认知结构。

良好的认知结构既是学生学习的基础，也是学生学习的结果。学生的学习过程就是积极主动地构建认知结构的过程。教材要促进学生的学习，必须关注学生认知结构的构建。一方面，教材内容的选择应重视学科的基本结构，不仅要体现学科的基本概念、原理和法则，还要反映学科研究的方法、过程以及历史背景等；另一方面，教材内容的组织要尽可能体现知识内在的逻辑顺序，要有层次性，以利于在学生头脑中形成清晰的、稳定的认知结构。

(2)教材应重视激发学生内在的学习动机。

学习的最好动机是对所学材料的兴趣。教材内容的选择要尽可能与社会生活实际紧密联系，使学生认识到所学知识在社会生活中的应用和价值，激发学生学习的兴趣。同时，教材内容的组织要充分考虑学生的心理发展水平，把握好各类活动的难度，使学生通过认真思考和积极探究能够解决问题，从而体验到学习成功的乐趣，增强学生的学习动机。

(二)教材编写的指导原则

教材作为一种正规的学习材料，尤其是教科书，具有科学性和权威性的特点。教材的编写要遵循一定的原则。

1. 要依据学生的心理发展特征和认知水平

教材的编写要尊重学生的心理发展特征和认知水平，这是编写教材最重要的原则。教材为学生服务，要从学生的实际出发进行编写。著名学者杜威指出，学生要学习的知识是无限的，而学生的认知却是有限的，二者形成了一对矛盾。要解决这对矛盾，杜威建议教材要"心理学化"，即根据学生的心理发展水平编写教材。学生在不同年龄阶段，心理发展特征不同。因此，教材编制者要根据学生的心理发展差异针对性地编写教材。此外，皮亚杰提出的认知发展阶段理论揭示了学生心理发展的基本规律。显然，教材的编写必须根据这一规律进行，教材的内容和难度不能超越学生的认知发展水平。

2. 要注重学生已有的知识基础

学生学习的起点是学生已有的知识基础，是教材编写的重要参考。只有在学生原有经验基础之上，学生的学习才能进行。值得注意的是，尊重学生已有的知识，并不是完全迁就学生现有发展水平或"前概念"，是要促进学生经验的提升与改造。因此，在教材编写中，要充分关注知识的系统性，循序渐进地呈现教学内容与学习材料。

第二节　中学化学教材

一、化学教材概念的界定

广义的化学教材包括教师为实现化学教学目标、在化学教学活动中使用的、供学生选择和处理的、负载着知识信息的一切手段和材料。从表现形式上讲，它包括化学教材、化学教师用书、化学实验用具、模型及其他教具、化学教学课件、音像资料、网络资源等。狭义的化学教材通常是指依照一定的教学目的要求组织编写的教学内容，是学生在化学教学活动中知识的主要来源。本书所提到的化学教材均指狭义的概念。

二、化学教材的结构

化学教材结构是由化学教材内容、教材程序和教材形态三个层次的子结构有机构成的，三者相互制约，促进学生的个性发展。

(一)化学教材的内容结构

化学教材内容结构主要是以知识的形态体现出来的,从这个意义上讲,化学教材的内容也就是指化学教材中所编排的知识,具体可分为化学事实性知识、化学理论性知识、化学技能性知识、化学策略性知识和化学情意类知识五类,具体含义如下:化学事实性知识是指反映物质的存在、性质、制法和保存等多方面内容的元素化合物知识以及化学与社会生产、生活联系的知识;化学理论性知识是指反映物质及其变化的本质属性和内在规律的化学基本概念和基本原理;化学技能性知识是指体现化学学科特色的化学用语(符号)、化学计算、化学实验等技能形成和发展的知识;化学策略性知识是指有关学习化学的方法和策略;化学情意类知识是指有关科学观和科学品质的知识。

(二)化学教材的程序结构

化学教材程序结构是指化学教材内容纵向编排的体系,总的来说,化学教材程序结构以化学学科最基本的概念和原理(化学理论性知识)之间的逻辑关系为主线,其他四种类型知识为辅线,按照辅线以主线为核心、围绕主线引出的方式组建化学教材,从而在整体上形成一个具有结构性的化学知识网络体系。具体体现为以下三点:

第一,教材网络体系中的主线(化学理论性知识)部分综合考虑了学生的心理发展顺序和化学概念、理论的科学性与严密性。尤其在低年级教材中通常是结合生活、生产实际,以具体、直观的方式呈现出概念和理论的描述性定义,而不是对其进行严格、抽象的概念性叙述。

第二,理论性知识与事实性知识穿插编排。化学理论性知识在教材中的一个很重要的作用是指导化学事实性知识的学习,从这一点讲,化学教材要先呈现理论性知识,后呈现与之相应的化学事实性知识。但教学实践证明,学生若缺乏必要的事实性知识作基础,理论性知识就变得空洞抽象,难以学习。因此,化学教材将事实性知识与理论性知识穿插编排,有机结合。这种穿插编排的方式会形成化学教材的归纳型知识结构和演绎型知识结构相结合的特色。而且,更重要的是,理论性知识与事实性知识的结合点通常是教材联系生活、社会实际的"生长点",化学教材通过抓住这种"生长点",加强了化学与现实社会的联系,使学生通过解决实际问题领会化学对于社会的冲击和影响,为他们在现代社会中生活做好准备。

第三,显性内容与隐性内容渗透编排。如果把化学事实性知识、理论性知识和化学技能性知识看作是显性内容,则化学策略性知识和化学情意类知识更多的是一种隐性内容。隐性内容不能以独立的显性形态自成体系,只能将其有机渗透到显性内容的知识体系中。具体体现在化学教材结构中就是教材要选准合适的切入点,呈现出知识的形成过程及学生主体的活动方式,即通过活动让学生体验知识的发现过程,以使学生从中获得策略性知识,并感受科学家在发现知识的过程中所倾注的智慧和思想观点。

(三)化学教材的形态结构

化学教材形态结构是在学生学习活动制约下化学教材内容和化学教材程序所呈现的多种多样的表现形式。从化学教材内容和程序的呈现形式上看,化学教材一般由导言、目录、课文、习题、活动、图表、注释、附录等部分构成,根据各要素所具有的教育教学功能的角度,可将其分为正文系统和辅助系统两种类型。

1. 正文系统

1)课文

化学教材的课文主要呈现或解释化学理论、概念、事实等。作为学生的"学材",教材课文应当摒弃传统教材规范的学术化陈述方式,尽量从贴近学生的角度呈现内容,将生活中的情景"移植"到教材中,进行生活化教学情境的创设。此外,教材可以适当采用疑问、设问句来缓解只有单调的陈述语气的不足,调动学生思维。

2)活动

化学教材中的活动是为了引导学生的学习、呈现知识的形成过程而设计的一系列学习任务,在教材中主要以"栏目"的形式来呈现。下面简要阐述人教版化学教材的栏目设计。人教版化学教材设置了"思考与交流"和"学与问"栏目,出现在新内容之前的"思考与交流"提出问题,激发学生的学习兴趣,出现在学习新内容之后的"思考与交流"栏目往往是要求学生通过自己的思考和同学的交流总结新内容的本质和规律等。在实验方面设置了"实验"和"科学探究"。其中"实验"以基础性实验为主,而"科学探究"中的实验有基础性实验、探究性实验和设计性实验。在资料方面主要设置了"科学视野"、"科学史话"和"资料卡片"栏目。其中"科学视野"栏目主要是介绍一些知识性的内容,包括前沿科学的知识,"资料卡片"栏目主要是对课本的一些知识予以补充介绍。

2. 辅助系统

化学教材辅助系统包括导言、目录、图表、习题、附录、注释等。其中,导言、目录、附录为学生的学和教师的教提供必要的引导和帮助,图表、注释增进学生对知识的理解,习题提高学生分析和解决问题的能力。

1)导言

化学教材中的导言以"致同学们"、"引言"等形式出现在教材内容的前面,通常是用富有亲和力和感召力的语言激发学生的学习兴趣,或简要描述化学教材的精彩内容引发学生学习化学的欲望,提出启发性的问题激发学生学习化学的动机。

2)目录

化学教材中的目录是教材正文前各章、节名称的总编排,是教材全部内容的提要。目录可以使学生对教材的内容有一个整体的了解框架,对学生的学习起到先行组织者的作用。

3)图表

在化学教材中,为了吸引学生的注意力、帮助学生理解知识安排了许多图表。图表在化学教材中主要以下列几种角色呈现:①辅助知识理解的资料卡或图片;②工艺流程图,采用工艺流程图的形式,可以使学生很容易发现每个流程中的化学反应,从而轻松地掌握工艺流程;③物质结构图,物质结构的知识一直是学生化学学习的难点,它要靠学生的空间想象力以及立体几何知识才能够准确理解,而教材中不可能用实物展示真实的物质结构,所以对于一些分子模型和晶体模型多采用图片的形式展现;④性质比较类图表,对于一些物质的性质,特别是具有相似性的、学生在学习时容易混淆的性质用表格进行比较分析,教学效果会更清晰;⑤实验中的图表,如分液漏斗、长颈漏斗和各种烧瓶,如果用文字来表示,学生难以记忆,而通过图片就非常容易分清。

4）习题

化学习题是化学课堂教学的延续和补充，它以信息反馈为特征来检查、了解和评价学生的学习水平，并通过其反馈教学效果。化学教材习题在设置上不仅以章节习题、章末复习题、总复习题的形式出现在课后习题当中，而且在教材正文中也穿插了一定形式的习题，并且这类习题栏目多样。化学教材的习题在正文和课后都有呈现，形成了一个连贯的习题栏目形式。这样的形式不仅有利于学生在上新课之前依据自己的已有经验和常识去解决问题，而且多样的习题栏目还可以激发学生的学习兴趣，在知识的学习上形成一种连贯的思维模式，从发现问题，到提出问题，然后到验证问题，最后到解决问题，即让学生形成了一种科学的求知态度，又很好地达到了新课程标准提出的具体要求。

5）附录

化学教材中的附录主要包括各章节中的主要术语与物质名称、涉及的各类物质的主要化学反应等，一般列在教材内容的最后。

6）注释

注释是对化学课文内容的补充说明，或者是对活动过程的解释和指导。

三、化学教材的特征

（一）以化学核心概念和原理为基础

化学教材的内容选择以"化学课程标准"为依据，精选包含物质的组成、结构、性质、变化等内容的核心概念与基本原理。化学核心概念和原理是化学科学知识中的核心内容，即化学学科中最基本的、最重要的概念和原理。同时，化学核心概念和原理是中学化学的重要内容，是化学知识网络中的"节点"，反映着化学现象及事实的本质，也是中学化学教学与学习的重点与难点。

（二）体现以化学实验为基础的学科特色

化学教材中化学实验的设计以科学探究为基础。学生通过实验建构、获取知识，认识、学习化学学科方法；另外，学生通过实验认识技术手段的创新对化学科学的重要价值，认识化学科学的准确性和科学性，进而形成严谨的科学态度。

（三）体现"宏微结合"化学学科思想

化学是在原子、分子水平上研究物质组成、结构、性质和变化规律的科学，化学性质主要表现为宏观变化，而在微观层面上物质的组成和结构理论是解释物质性质和变化的依据，由此形成了"宏微结合"的思想。化学教材从"宏微结合"的角度，形象直观地展示物质宏观形态特征和微观结构特点以及空间分布特征，帮助学生更好地认识物质组成、结构、性质和变化之间的关系，更深刻理解"结构决定性质、性质决定应用"的化学思想。

（四）以化学用语为主要呈现语言

化学教材以化学用语为主要呈现语言，即化学教材主要以化学用语呈现化学知识。化学用语是用来表示物质的组成、结构、变化规律的化学符号及术语，如元素符号、化学式、化学方程式、离子方程式等。化学用语作为一种抽象的符号，承载了多种意义，反映了化学学科特有的思维方式，是化学学习的重要工具。

四、化学教材的功能

(一)对教师教学的辅助

化学教材可以充当教师工作的得力助手，对于新手型教师，教材是必备之物；教材有助于教师完善教学方法，可以为教师提供有效的教学策略。此外，化学教材规范课堂教学内容，节约教师的教学时间，教材与教学过程之间有着密切的联系，系统的教学一般要根据教材内容进行。

(二)提供化学学科的知识信息

传递人类文化知识经验的精华一直是教育教学的目的之一。化学教材作为教育活动发展到一定阶段的产物，是教学内容的"物化形态"，它的一个很重要的功能就是作为一种信息资源向师生呈现化学学科的知识信息。尽管随着社会、教学理论和化学学科本身的发展，化学教材的具体内容不断更新，编排方式不断改变，但是化学教材提供信息的功能是从未改变的。当然，化学教材不同于一般的化学读物和化学专著，它所提供的信息是依据教育学和心理学的理论处理过的化学学科知识。

(三)促进学生化学学科思维的形成

化学学习有三大领域，即可观察现象的宏观世界；分子、原子和离子等微粒构成的微观世界；元素符号、化学式和化学方程式构成的符号世界。从宏观、微观和符号三种层面上认识和理解化学知识，并建立三者之间的内在联系，是化学学习特有的思维方式，在整个化学学科的学习过程中起到统领性作用，在一定程度上制约着学生对化学知识的认识。化学教材作为学生学习化学知识的主要媒介，其设计应具有这种引导和逐步建构的功能，以促进学生化学学科思维的形成。

(四)整合化学知识与社会实际

化学是以物质的组成、结构、性质和应用为研究对象的一门科学。它的这一特点决定了化学对促进社会的发展和人类的进步有着重要作用，尤其是现代化学科学的发展，使化学日益渗透到社会生活、生产的各个领域，环境保护、资源的开发和利用、卫生与健康等都与化学息息相关。化学科学发展的这一特点使化学教育必须与社会紧密联系起来。化学教材作为对学生进行化学教育的一种主要载体，密切联系社会生活和生产实际，突出了化学给社会、个人带来的影响，让学生意识到化学与人类的相互作用。

(五)促进学生学习方式的形成

根据认知心理学观点，学生的学习并非被动地接受和识记信息，而是对信息进行主动建构的过程，也就是说，学习者要采取探究式学习方式主动构建对知识的理解，才能达到有效学习的目的。化学教材为学生提供了探究性学习的机会、促进了其探究式学习方式的形成。这一功能具体体现为化学教材不局限于对化学事实和理论进行解释和说明，而是创设适于探究的情境，给学生主动参与的空间，让学生通过各种各样的探索性活动，如实地调查、提出假说、建立模型等，主动体验科学探究的一般过程，在这一过程中学习收集、加工和处理信息的科学方法，最后获得结论。

（六）提供自我反馈与巩固

按照教育心理学观点，反馈和巩固是完成一个学习过程所必须经历的阶段。既然学生的化学学习过程的主要对象和工具是化学教材，为了保证化学学习过程的完整、顺利进行，教材具有让学生进行自我反馈和巩固的功能。具体来说，这一功能是指化学教材要及时给学生提供相关信息（如对学习方式、问题解答的评价），使学生知道自己正在做什么，做得怎么样，以便做到及时反馈，利于采取有效的补救措施。

五、化学教材的编写

化学教材的编写是根据一定的教育教学理论和化学学科的知识逻辑体系，制造一个有利于传播者传递信息和信息接收者理解信息的媒体。以下从化学教材编写的理论基础和指导原则两方面探讨化学教材的编写。

（一）化学教材编写的理论基础

化学教材是依照化学教学目的组织编写的文本素材，其内容和形式也必然受到相关教育教学理论的支持和影响。建构主义理论和认知主义理论作为教材编写的理论基础，对化学教材编写也具有指导作用。除了建构主义理论和认知主义理论，化学教材的编写还受 STSE 教育理论的支持和影响。STSE 是科学（science）、技术（technology）、社会（society）和环境（environment）的英文缩写，即科学、技术、社会与环境的简称。STSE 教育是以学科为依托，综合渗透 STSE 教育思想的教育活动，是科学教育与人文教育相融合的产物。STSE 教育强调科学、技术、社会与环境的相互关系，重视科学技术在社会生产、生活环境和社会发展中的应用，是指导和实施学科教育的新理念，也是我国化学教学改革的重要课题和方向。下面简单介绍 STSE 教育理论及其对化学教材编写的启示。

1. STSE 教育理论

1）STSE 教育产生的背景

STSE 教育由 STS 教育发展而来，STS（science、technology、society 的缩写，科学、技术和社会的简称）教育兴起于 20 世纪 60 年代末至 70 年代初，是一种针对美国科技教育危机和 20 世纪以来科技的迅猛变化及产生的环境、社会问题等负面影响而发起的科学教育改革。STS 教育不仅强调学生基本知识和技能的训练，更强调在教育过程中使学生深刻理解科学技术的意义，了解科学、技术与社会的交互作用，从而提高学生的科学认知和科学素养，懂得在社会生活中正确处理和运用科学知识，形成科学的发展观。

随着科学技术的发展，环境保护成为社会民生中的热点问题，公民环境素养的培养成为提高公民科学素养的重要组成部分。1995 年，美国颁布的"国家科学教育标准"中提出了 STSE 教育观念。随后许多国家在制定课程标准或教学大纲时将 STS 教育进一步拓展为 STSE 教育。

2）STSE 教育的特征

STSE 教育不同于传统教育，它强调课堂与科学、技术、社会和环境的联系，更重视科学技术在社会生产、生活环境和社会生产发展中的作用。它具有以下特征。

A. 综合性

STSE 教育试图实现自然、社会、人文等学科内容上的相互渗透，也试图实现科学思维和理论在体系上的融合。近年来，英国的"社会背景中的科学"、荷兰的"社会中的物理"、美国的"社会中化学"等著名的 STSE 课程，以学生面临的社会热点问题为中心编写教学内容，试图使学生通过这些内容的学习，掌握解决社会实际问题所需的整体知识、技能与态度。总之，STSE 教育具有综合性，能使学生深入认识客观世界，尤其是事物统一性和综合性。

B. 发展性

科学系统本身是发展的，在动态过程中不断发展与创新，技术与社会也是在不断发展，环境也在不断发生变化，作为 STSE 教育对象的人更是处于不断发展变化中。因此，STSE 教育内容也是一个动态系统，体现发展性。

C. 多元性

STSE 教育的目的在于提高学生的科学素养，科学素养的形成需要学生掌握科学技术的基本概念与原理，也需要学会运用这些科技知识，同时还需要理解科学、技术、社会和环境之间的相互影响，从而培养学生的科学态度和社会责任感，这决定 STSE 教育的多元性。同时，STSE 教育提倡从不同的文化视角来认识和理解世界，更注重学生对社会生活中与科学技术密切相关的重大问题的认识，培养学生的科学态度与社会责任感。

D. 互动性

STSE 教育强调科学、技术、社会与环境四者之间的相互关系。科学对技术具有指导作用，同时技术对科学具有发展作用；科学技术的发展带动社会的发展，社会发展的需求是科学技术发展的强大动力；科学技术发展会引起环境问题，反过来环境问题的解决又离不开科学技术的贡献。

2. 对化学教材编写的启示

化学教材编写要依据课程改革的新理念——STSE 教育，其内容应体现化学与科学、技术、社会、环境的联系。化学教材应注意结合学生、化学学科和社会的特点，在素材选取上应贴近学生生活和学生兴趣爱好，符合不同层次学生的需求，体现化学与社会、化学与技术、化学与环境之间的联系，从而培养学生高度的社会责任感和道德意识，以及灵活应用化学知识解决实际生活问题的能力。例如，专设环境(大气、水等)保护专题增强学生的环保意识，添加工业生产工艺(氨气、硫酸等)让学生体验化学的生活化和技术化。

(二)化学教材编写的指导原则

在长期的化学教材编写的实践活动中，人们逐渐探索发现了一些成功经验和失败教训，并不断深化提炼，从感性认识上升为理性认识，形成一些原则性的意见。这些原则为化学教材编写提供了宝贵的指导。

1. 要以化学课程标准为依据

《基础课程改革纲要(试行)》明确规定国家课程标准是教材编写的依据。教材的改革与建设在课程改革中占据着重要的地位，《基础教育课程改革纲要(试行)》第七条指出："国家课程标准是教材编写、教学、评估和考试命题的依据，是国家管理和评价课程的基础"；第十二条指明:"教材内容的选择应符合课程标准的要求"。《义务教育化学课程标准(2011年)》和《普通高中化学课程标准(实验)》对化学教材的基本标准、教材内容的选择和组织以及呈现方式都提出了明确的建议,要求化学教材编写必须体现课程标准的基本思想和内容标准,是在课程标准基础上的一次再创造。因此,化学教材的编写理念和设计思路要符合化学课程标准的要求,依据化学课程标准对教材的整体结构、内容体系等进行设计,全面体现和落实化学课程标准提出的基本理念和课程目标。

2. 要符合"三序"结合的原则

化学教材内容的编排要以化学学科知识的逻辑顺序、学生的认知顺序和心理发展顺序三者合理结合为原则。化学学科知识的逻辑顺序主要指化学基本概念、基本原理、元素化合物等知识之间的内在逻辑关系;学生的认知顺序主要指学生学习知识技能的过程与规律,如由感知到理解、从具体到抽象、从已知到未知、由易到难、由简到繁、从模仿到创造等;学生的心理发展顺序主要指不同年龄学生的认识能力水平以及兴趣、需要、情感、态度、意志、性格等个性心理特征。化学教材的编写可以按照知识的内在联系和逻辑顺序来编排,也可以按照学生的认知顺序和心理发展顺序来编排。但是,如果完全按照知识的逻辑顺序编排,容易造成学生的学习困难,而完全按照学生的认知顺序和心理发展顺序编排,容易重复、琐碎,不利于形成系统完整的知识结构。因此,化学教材的编排应把知识的逻辑顺序、学生的认知顺序和心理发展顺序合理结合,既考虑化学知识的逻辑顺序,又要根据学生的认知顺序和心理发展顺序,对知识的逻辑顺序加以适当的调整,使化学教材既符合知识的逻辑顺序,又符合从感知到理解、由易到难、由简到繁等的认识规律和学生的认识能力水平。

3. 要有利于培养学生的化学学科思维

化学在分子、原子水平上研究物质的性质、组成、结构与变化规律。化学学科特点决定学生必然从宏观、微观和符号三个层面认识化学知识。学生不仅要从宏观上认识物质及其变化,还要从微观结构和微观过程对其进行解释,深刻把握物质及其变化的本质规律,从而在学生认知结构中形成了"宏观—微观—符号"的化学思维。培养学生的化学学科思维是化学教育教学一直追求的目标,而化学教材内容是培养学生思维和能力的媒介,在化学教材中应蕴含培养化学学科思维过程的知识。

第三节 我国现阶段初中化学教材分析——以"人教版"为例

本节所分析的初中人教版化学教材是课程教材研究所与化学课程教材研究开发中心编著的《义务教育课程标准实验教科书(化学)》(2012年6月第1版)。

一、初中人教版化学教材内容的选择

(一)初中人教版化学教材内容

初中人教版化学教材分为上、下两册,共十二单元,具体教材内容如表4-1所示。上册有七个单元,分别是:走进化学世界、我们周围的空气、物质构成的奥秘、自然界的水、化学方程式、碳和碳的氧化物、燃料及其利用;下册有五个单元,分别是:金属和金属材料、溶液、

酸和碱、盐 化肥、化学与生活。每一单元又划分为 2~4 个相关课题，其中第二、六至十一单元各有 1~2 个实验活动，初中人教版化学教材全套共 34 个课题，8 个实验活动。

表 4-1 初中人教版化学教材内容

章标题	课题	章标题	课题
第一单元 走进化学世界	课题 1 物质的变化和性质 课题 2 化学是一门以实验为基础的科学 课题 3 走进化学实验室	第七单元 燃料及其利用	课题 1 燃烧和灭火 课题 2 燃料的合理利用与开发 实验活动 3 燃烧的条件
第二单元 我们周围的空气	课题 1 空气 课题 2 氧气 课题 3 制取氧气 实验活动 1 氧气的实验室制取与性质	第八单元 金属和金属材料	课题 1 金属材料 课题 2 金属的化学性质 课题 3 金属资源的利用和保护 实验活动 4 金属的物理性质和某些化学性质
第三单元 物质构成的奥秘	课题 1 分子和原子 课题 2 原子的构成 课题 3 元素	第九单元 溶液	课题 1 溶液的形成 课题 2 溶解度 课题 3 溶质的浓度 实验活动 5 一定溶质质量分数的氯化钠溶液的配制
第四单元 自然界的水	课题 1 爱护水资源 课题 2 水的净化 课题 3 水的组成 课题 4 化学式与化合价	第十单元 酸和碱	课题 1 常见的酸和碱 课题 2 酸和碱的中和反应 实验活动 6 酸、碱的化学性质 实验活动 7 溶液酸碱性的检验
第五单元 化学方程式	课题 1 质量守恒定律 课题 2 如何正确书写化学方程式 课题 3 利用化学方程式的简单计算	第十一单元 盐 化肥	课题 1 生活中常见的盐 课题 2 化学肥料 实验活动 8 粗盐中难溶性杂质的去除
第六单元 碳和碳的氧化物	课题 1 金刚石、石墨和 C_{60} 课题 2 二氧化碳制取的研究 课题 3 二氧化碳和一氧化碳 实验活动 2 二氧化碳的实验室制取与性质	第十二单元 化学与生活	课题 1 人类重要的营养物质 课题 2 化学元素与人体健康 课题 3 有机合成材料

(二)初中人教版化学教材内容的特点

1. 重视联系学生的生活经验

初中人教版化学教材在选材时摆脱"以学科为中心"和"以知识为中心"的课程观念的束缚，重视学生的生活经验、兴趣及学生对科学过程的感受，精心处理好各部分内容的关系。例如，初中人教版化学教材下册安排教学内容如下：第八单元"金属和金属材料"，第九单元"溶液"，第十单元"酸和碱"，第十一单元"盐 化肥"，第十二单元"化学与生活"。初中人教版化学教材将金属和金属材料安排在第八单元，是因为金属和金属材料在日常生活中无处不在，学生接触最多。这样安排的目的是让学生在熟悉的生活情境中感受化学的重要性，了解化学与日常生活的密切联系。学生在学完初中人教版化学教材上册的基础上，形成持续学习化学的兴趣，积极探究化学的奥秘，增强学好化学的自信心。

2. 创设探究情境，突出探究活动

新一轮国家基础教育课程改革的一个重要目标是要改变我国当前科学教育中普遍存在的学生被动接受、大量重复练习的学习方式，倡导学生主动参与、体验的探究性学习。因此，初中人教版化学教材中选取大量探究活动，加强探究力度，精心创设探究情境，把科学方法的学习和科学知识的学习放到同等重要的地位，引导学生更多地采用感受学习和探究学习的方式。例如，在学习"生活中常见的盐"时，初中人教版化学教材选取粗盐提纯实验，通过学生自己动手实验，与实际生活进行联系，培养学生的探究意识，体会知识的产生与形成过程。不仅知识与技能目标得到落实，过程与方法目标、情感态度与价值观目标也得到了体现。

3. 融合科学精神与人文精神

初中人教版化学教材注重加强科学精神与人文精神的渗透与融合。在基础科学教育中注入人文因素，是当今世界科学教育发展的趋势，也体现了以学生发展为本的思想。初中人教版化学教材在行文上力求叙述简明、轻快、生动活泼；在语言上强调人性化，加强教材与学生的对话功能；同时有意识地穿插一些科学家故事，在讲述他们科学精神的同时渗透人文精神的教育，为思想品德教育提供素材，如我国制碱工业的先驱——侯德榜的故事。另外，考虑到我国每年因人为因素造成的安全事故频频发生，初中人教版化学教材加强了培养学生的安全意识。防火、防爆、安全第一的思想贯穿了全套初中人教版化学教材的始终。

4. 体现 STSE 教育思想，具有鲜明的时代性

科学技术的社会化和社会的科学技术化是 21 世纪社会生活的一个重要特点。因此，初中人教版化学教材在内容的选择方面十分注意这个问题，并设置了专门的栏目。初中人教版化学教材在选择内容时，充分考虑化学与技术、社会中实际问题的有机结合，使学生广泛接触社会，引导学生思考化学、化工技术和社会的关系。例如，初中人教版化学教材中的"金属资源的利用和保护"、"人类重要的营养物质"等课题，都是介绍化学与材料、健康与环境等相互关系的内容。此外，初中人教版化学教材在内容选择上还注意培养学生用发展的眼光看待化学、技术和社会的相互关系，目的是让学生树立保护环境和可持续发展的战略意识。

二、初中人教版化学教材内容编排与呈现的形式及特点

（一）初中人教版化学教材内容编排与呈现的形式

初中人教版化学教材的编写从化学是什么入手，按照从宏观到微观、从具体事物到各元素、从非金属到金属、从酸碱到盐的顺序进行编排，并将基本的化学理论穿插其中，最后回到化学与生活实际的内容。

初中人教版化学教材中各课题的编排由引言、正文、相关小实验、讨论、总结、练习与应用的顺序进行。例如，第二单元"我们周围的空气"课题 1 空气，本课题的编排方式为：首先由人类与空气的关系作为引言；正文第一部分介绍空气的组成，并在其中穿插红磷燃烧的

小实验说明红磷与氧气的反应；正文第二部分介绍空气中各组分的用途，并在其后附加有关空气污染和保护的讨论；正文最后添加有关空气质量报告的知识介绍；其后是对本节课的总结，对本课题的重点内容的呈现；在课题内容的最后，附有与本节内容相关的调查与研究和习题。

初中人教版化学教材从全面培养学生科学素养角度出发，通过设置不同的学习栏目来呈现教材内容，指导学生展开各种学习活动，强调学习过程、学习方法和科学探究，增强教科书与学生的交互性，同时也呈现出现场教学感，满足了指导教师的教学、支持学生课内课外的学习、给不同学生留足弹性学习空间等要求。

(二)初中人教版化学教材内容编排与呈现的特点

1. 面向全体学生，体现化学的启蒙性、基础性

初中人教版化学教材设置首先体现了启蒙性，帮助学生了解什么是化学，从化学视角如何认识世界，用化学方法可以怎样解决问题；其次是基础性，通过义务教育化学课程的学习，学生能够具备利用化学知识解决与化学有关的社会问题的意识和能力；其核心是提高学生的科学素养，帮助学生更好地适应现代社会生活。

2. 创设学习情境，体现化学的生活性、趣味性

初中人教版化学教材采用大量图片、表格、资料等创设学习情境，语言生动活泼，简明扼要。此外，初中人教版化学教材融合了学科课题与社会课题的相关内容，从学生已有的生活经验出发，加入了与学生生活密切相关的内容，使学生在切身感受中体现化学与人类社会的密切联系，建立正确的化学学习价值观。

3. 设计多种探究活动，体现实验的探究性、创新性

初中人教版化学教材在课题中一般都围绕重点知识展开探究活动，并且淡化了演示实验、强调了学生的探究实验。有的探究实验没有进行完整的设计，需要学生进一步补充和完善，并通过探究活动得出一定的结论。这样的探究活动有利于学生科学研究问题能力的提高，以及培养学生提出假设、自由设计、验证假设、分析数据资料得出结论的能力。

三、初中人教版化学教材实验的设计

(一)初中人教版化学教材实验内容的选择

初中人教版化学教材实验内容见表4-2。

表4-2 初中人教版化学教材实验内容

实验名称	实验内容	实验名称	实验内容
观察和描述——对蜡烛及其燃烧的探究	观察和描述蜡烛燃烧前后及燃烧过程中的实验现象	一定溶质质量分数的氯化钠溶液的配制	配制不同质量分数的氯化钠溶液
我们吸入的空气和呼出的气体有什么不同	比较吸入的空气和呼出的气体中氧气和二氧化碳的含量	绘制溶解度曲线	用纵坐标表示溶解度，横坐标表示温度，根据表中提供的数据，绘制溶解度曲线

续表

实验名称	实验内容	实验名称	实验内容
实验室制取 O_2，O_2 的性质实验	制取氧气并验证氧气的化学性质	自制酸碱指示剂	取几种不同植物的花瓣或果实，自制酸碱指示剂
自制简易净水器	用塑料瓶自制简易净水器	酸碱的化学性质	用白色点滴板探究稀盐酸、稀硫酸的化学性质。总结酸的化学性质。用同样的方法探究碱的性质
二氧化碳的实验室制取与性质	制取二氧化碳，并验证二氧化碳的性质	观察鲜花变色和制作"叶脉书签"	将两朵鲜花插入白醋的稀溶液和石灰水中，观察鲜花有什么变化。并制作"叶脉书签"
燃烧的条件	通过实验，探究燃烧的三个条件	洗发剂和护发剂的酸碱性	选择几种常见的洗发剂和护发剂，测测它们的pH
自己设计、制作并使用简易灭火器	用生活中或实验室用品，自己设置一个简易灭火器	溶液酸碱性的检验	用酸碱指示剂检验溶液的酸碱性，用 pH 试纸测定溶液的酸碱度
金属的物理性质和某些化学性质	观察金属的物理性质，探究金属的化学性质并比较金属的活动性	粗盐中难溶性杂质的去除	练习粗盐提纯的方法步骤。学习溶解、过滤、蒸发的操作技能
物质溶解时的吸热和放热现象	观察固体 NaCl、NH_4NO_3、NaOH 溶解时的吸热或放热现象	探究初步区分氮肥、磷肥和钾肥的方法	比较氮肥、磷肥、钾肥的外观、气味、溶解性，归纳它们的性质

(二) 初中人教版化学教材实验内容的特点

从表4-2可以发现初中人教版化学教材的实验在设计上有如下特点。

1. 贴近生活实际

初中人教版化学教材选取学生身边常见的化学物质作为实验药品，这对调动学生学习化学的积极性和激发他们进行实验探究的兴趣有着重要的作用。例如，"氧气的实验室制取与性质"中用到的小木条、棉花、火柴棍、石灰水，"粗盐中难溶性杂质的去除"中的粗盐、水等实验药品都是学生身边经常见到的化学物质。同时，初中人教版化学教材中还选取了日常生活和社会中的化学现象作为实验活动内容，这些素材不仅学生非常熟悉，内容也比较丰富，容易获取，如"硫在空气中和氧气中燃烧及形成酸雨的实验"，"污水净化实验"，"小组协作完成当地土壤酸碱性测定的实验，提出土壤改良的建议或适宜的种植方案"，"设计实验，探究农药、化肥对农作物或水生生物生长的影响"等。

2. 凸显化学实验的趣味性

实验具有激发学生学习动机的功能，通过化学实验可以调动学生学习化学的兴趣。为此，初中人教版化学教材采取了"趣味实验"和"家庭小实验"两种化学实验形式，增加实验的趣味性。所谓趣味实验是指用比较新奇的实验现象来激发学生学习兴趣的一类实验，如"面粉爆炸实验"，"用碘水检验马铃薯、芋头、面包等食物中淀粉的实验"等。家庭小实验是指使用生活中容易获取的用品作为实验仪器和药品，由学生在家里单独完成的一类小实验。这类实验仪器和药品容易获取，实验比较安全，操作简单，但不失创新性。初中人教版化学教材中专门设计"家庭小实验"栏目，如"自制简易净水器"，"铅笔芯导电实验"，"鸡蛋壳与酒精反应实验"等。另外，初中人教版化学教材在编制学生实验时附有许多插图，图文并茂地呈现实验步骤，易于学生操作，也激发了学生兴趣。

四、初中人教版化学教材的使用建议

科学使用初中人教版化学教材对于《义务教育化学课程标准(2011年)》(以下简称课程标准)的实施，以及提高学生的科学素养、促进学生的发展、促进教师的教学和教师自身的发展有着重要的作用和意义。

教师在使用教材时需要注意以下几点。

(一)依据课程标准合理使用教材

课程标准是提供给教师参考的培养学生的最基本要求，也是考试评价的根据，因此，课程标准兼顾育人和备考的指导作用。充分理解课程标准是教师做好教学工作的重要前提。理解课程标准并非仅是多次阅读其内容，而是需要教师发挥主观能动性、融入日常教学。作为教师，在组织教学活动时，要做到领会、贯彻、反思课程标准的要求，不能忽略实际教学过程和方法。

(二)转变自身的教学思维

在教学实践中教师要结合实际的教学情境，有意识地对新课程改革和最新前沿理论加以运用，而且要反思自己的实践行为，形成不断学习、不断反思、不断改进的教学思维，只有这样才能对教材有更深刻的理解。在具体的教学行为中，教师必须以学生的发展为中心，精心设计好每一堂课，鼓励学生进行富有个性的学习。初中化学教师要将教学产生的效果放在首位，让学生带着很大的科学热情积极地参与化学学习。

(三)努力钻研初中人教版化学教材

熟悉和掌握初中人教版化学教材是教师科学使用教材的前提和基础。对初中人教版化学教材的钻研重点是要对教材的内容进行整合。所谓整合教材就是指教师在上课时依据自身教学需要，对教材进行必要的、适当的加工处理，让教材中的概述、例题、结论等理论性较强的内容转化为学生比较容易接受的科学知识，让教材有利于进行创新教学和符合当前的教育教学理念，较好地激发学生的学习兴趣，启迪学生的创新思维。教材的整合包括：为了使教材中的知识点方便于教师的教学和学生的学习，应作相应的变动；努力挖掘资源、素材开展探究活动；应用教材中的习题拓展学生的知识等方面。

(四)精心设计教学过程

教师不能只是关注具体的化学知识点，而且要善于从真实中提出实际问题。科学使用初中人教版化学教材要求教师改变过去课时教学设计的习惯,进行单元整体教学设计。所谓单元整体教学设计就是针对教材中某一章或某一节的教学,整体组织教学内容,整体安排教学时间。整体教学设计有利于整合时间资源,使有限的课时产生高效益;有利于促进学生知识的记忆、保持和提取,培养学生综合运用有关知识、技能、方法分析问题和解决问题的能力。

(五)及时进行教学反思

科学使用初中人教版化学教材需要教师对自己的教学及时地进行反思。在教材使用过程中,教师要反思教材本身存在的问题以及教师自身对教材的不适应等。在对这些问题进行反思之后,教师在实际教学中就可以对教材灵活使用。

第四节 我国现阶段高中化学教材分析——以"人教版"为例

本节所分析的高中人教版化学教材为课程教材研究所与化学课程教材研究开发中心编著的《普通高中课程标准实验教科书(化学)》(2007年3月第3版)。

高中人教版化学教材共分为两个模块,分别为必修模块和选修模块,必修模块包括化学1、化学2两个部分,选修模块包括化学与生活、化学与技术、物质结构与性质、化学反应原理、有机化学基础、实验化学六个部分。本节主要以《化学1》《化学2》为例,对教材内容的选择、编排与呈现形式以及实验设计进行分析。

一、高中人教版化学教材内容的选择

(一)高中人教版化学教材内容

高中人教版《化学1》、《化学2》共八章内容。《化学1》有四章,分别是从实验学化学、化学物质及其变化、金属及其化合物、非金属及其化合物;《化学2》有四章,分别是物质结构 元素周期律、化学反应与能量、有机化合物、化学与自然资源的开发利用。每一章又划分为2～4节,共24节。具体章节内容如表4-3所示。

表4-3 高中人教版化学教材必修模块内容

模块	章标题	节标题
化学1	一、从实验学化学	1. 化学实验基本方法
		2. 化学计量在实验中的应用
	二、化学物质及其变化	1. 物质的分类
		2. 离子反应
		3. 氧化还原反应
	三、金属及其化合物	1. 金属的化学性质
		2. 几种重要的金属化合物
		3. 用途广泛的金属材料

续表

模块	章标题	节标题
化学1	四、非金属及其化合物	1. 无机非金属材料的主角——硅
		2. 富集在海水中的元素——氯
		3. 硫和氮的氧化物
		4. 氨，硝酸，硫酸
化学2	一、物质结构 元素周期律	1. 元素周期表
		2. 元素周期律
		3. 化学键
	二、化学反应与能量	1. 化学能与热能
		2. 化学能与电能
		3. 化学反应的速率和限度
	三、有机化合物	1. 最简单的有机化合物——甲烷
		2. 来自石油和煤的两种化工原料
		3. 生活中两种常见的有机物
		4. 基本营养物质
	四、化学与自然资源的开发利用	1. 开发利用金属矿物和海水资源
		2. 资源综合利用，环境保护

(二)高中人教版化学教材内容的特点

1. 全面落实课程标准的要求

高中人教版化学教材在内容的选择上比较全面地落实了课程标准的要求。在《化学1》中，第一章"从实验学化学"与课程标准主题1"物质的量"和主题2"化学实验基础"的内容相对应。课程标准主题3"常见的无机物及其应用"的有关内容被分成三章：第二章"化学物质及其变化"、第三章"金属及其化合物"、第四章"非金属及其化合物"。课程标准主题1"认识化学科学"的内容被分散在《化学1》和《化学2》的各章之中。在《化学2》中，课程标准主题1"物质结构基础"与第一章"物质结构 元素周期律"对应；主题2"化学反应与能量"与第二章"化学反应与能量"对应；主题3"化学与可持续发展"与第四章"化学与自然资源的开发利用"相对应。第三章"有机化合物"包含了课程标准主题1中"有机化合物中碳的成键特征、有机化合物的同分异构现象"和主题3中有关有机物的内容。

2. 关注学生的认知发展规律

高中人教版化学教材在内容的选择上充分考虑学生已有的知识经验，处理好学科知识的内在联系与学生认知发展规律间的关系，并在此基础上充分体现从生活走进化学，从化学走向社会这一化学学习的基本线索。例如，《化学1》第一章"从实验学化学"，从学生应该具有的基本化学实验技能、实验习惯及综合的实践探究方法和能力等维度提出具体要求，是学习化学的起点，有助于激发学生学习化学的兴趣，帮助学生理解和掌握化学知识和技能，起到承上启下的功效，以事实性知识实现了从生活到化学的过渡。第二章"化学物质及其变化"、第三章"金属及其化合物"和第四章"非金属及其化合物"到《化学2》的"物质结构 元素周期律"、"化学反应与能量"和"有机化合物"则是高中化学的重要理论知识，必修教材最后一章"化学与自然资源的开发利用"则又从理论性知识走向事实性知识，实现化学到社会的过渡。

3. 紧密联系学生的生活经验

高中人教版化学教材所选择的内容与学生的实际生活息息相关，包含了化学与生活、化学与环境等相关内容。在化学与生活方面，选择与人类衣食住行密切相关的内容，主要包括人类健康、生活小妙招等；与此同时也选择了在工农业生产中与化学相关的内容，如农业生产、资源开发与利用等；此外，还选择了常见的与化学污染和污染治理的相关内容，这契合了化学新课程改革的理念，使学生能够正确看待化学与环境的关系，从而树立保护环境的意识。

4. 重视学生的科学探究能力

高中人教版化学教材的内容不再仅仅展示现成的知识，而是为学生发现知识创造条件和提供帮助。学生主要的任务不再是接受和记忆现成的知识结论，而是参与知识发现的过程。例如，《化学1》第一章第一节"化学实验基本方法"和第二节"化学计量在实验中的应用"中都设置了大量的实验，既培养了学生学习化学的兴趣，也提高了学生的动手能力和科学探究意识。此外，在介绍化学原理这一内容之前，常以设置问题情境的方式开始，引发学生认知冲突，激发学生思考。为了解决这一难题，学生围绕问题收集资料、参与讨论、探寻各种解决方法。学生在不断地努力和尝试之后获得成功，体会到学习过程中的快乐和喜悦。

二、高中人教版化学教材内容编排与呈现的形式及特点

（一）高中人教版化学教材内容编排与呈现的形式

高中人教版化学教材是按照从宏观到微观，从基础到复杂的思路进行编排的。先由实验基础引出基本概念，再由无机化合物的知识引出物质结构的基本理论、化学反应与能量，在奠定了一定理论基础的前提下，再介绍有机化合物知识，最后介绍与生活生产的相关化学知识。

高中人教版化学教材中各章节的编排按照引言（思考与交流）、正文（穿插相关实验、科学探究、学与问、资料卡片）、实践活动、科学视野或科学史话、习题的顺序，每章最后附有归纳与整理。例如，《化学1》第三章第一节"金属的化学性质"的编排方式为：首先由金属的存在形态、含量及相关反应作为引言；正文的第一部分介绍金属与非金属的反应，并在其中穿插钠燃烧的实验以及加热铝箔的科学探究；正文第二部分介绍金属与酸和水的反应，并穿插金属钠与水反应的实验以及铁粉与水蒸气反应的科学探究；正文第三部分介绍铝与氢氧化钠溶液的反应，穿插铝与盐酸和氢氧化钠反应的实验；正文最后介绍物质的量在化学方程式计算中的应用；其后是相关的实践活动与科学视野，章节的最后是相关的习题。

高中人教版化学教材通过设置多种不同的学习模块来呈现教材内容，充分体现了我国课程标准中进一步提高学生科学素养的宗旨和激发学生学习兴趣、尊重学生个性发展、培养学生科学探究能力的目标，强调了学习的价值在于进行科学探究和创新能力的发展，更加注重学生未来的发展。

(二)高中人教版化学教材内容编排与呈现的特点

1. 充分利用学生已有经验

高中人教版化学教材在内容的编排与呈现中充分关注学生已有的知识经验，将其作为新知识学习的出发点和生长点。例如，《化学1》第二章第二节"离子反应"引言中强调酸、碱、盐在水溶液中进行的反应在科学研究和日常生活中都是非常常见和重要的，从化学科学实用性的角度导出学习该部分内容的必要性和重要性，激发学生的学习动机和求知欲。再从微观结构的角度呈现出酸、碱、盐等化合物在溶于水或熔融状态下能够解离成离子，从而导出电解质和电离的概念、电离方程式的书写、从电离的角度认识酸的本质，最后通过"思考与交流"栏目让学生概括出碱和盐的本质。

2. 重视学习情境的创设

高中人教版化学教材在内容的编排与呈现中充分关注学习情境的创设，利用化学问题、新闻报道、科学史实、实物、图片、模型等创设学习情境。在创设学习情境时，力求真实、生动、直观且富于启迪性。例如，《化学1》第四章第三节"硫和氮的氧化物"从学生所熟悉的空气质量日报谈起，提出了"在空气质量日报的各项指标中，有二氧化硫和二氧化氮的指数。二氧化硫和二氧化氮是什么？它们是从哪儿来的？空气中有多种物质，为什么要选择这两种污染物的指数来报告？它们有什么危害？"等一系列具有冲击性的问题，配合一份空气质量日报的真实图表，为学生学习二氧化硫和二氧化氮知识提供了真实情境。

3. 设计多种形式的探究活动

高中人教版化学教材在内容的编排与呈现中设计了"科学探究"和"实践活动"等栏目，学生通过亲身经历和体验科学探究活动，增进对科学的情感，理解科学的本质，学习科学探究的方法，初步形成科学探究能力。例如，《化学1》第二章第二节"离子反应"中通过比较向硫酸铜溶液中分别加入氯化钠溶液和氯化钡溶液所得实验现象的不同，分析出反应的本质与 Cu^{2+}、Cl^-无关，而是 Ba^{2+}、SO_4^{2-}反应生成了白色沉淀，让学生主动探究电解质在溶液中反应的实质是它们电离出的离子之间的反应，进一步分析离子间为什么会发生反应，从而探究出复分解型离子反应的条件——生成沉淀、气体、水等。

三、高中人教版化学教材实验的设计

(一)高中人教版化学教材实验内容的选择

高中人教版化学教材必修模块实验内容具体见表4-4。

表 4-4 高中人教版化学教材必修模块实验内容

实验名称	实验内容	实验名称	实验内容
过滤和蒸发	对粗盐进行提纯并检验提纯后的精盐是否含有杂质	氢氧化铝的制取和性质	使用不同方法制备氢氧化铝
实验室制取蒸馏水	观察和描述实验室制取蒸馏水的实验现象	$FeCl_3$、$FeSO_4$溶液与NaOH溶液的反应	观察实验现象,制备氢氧化铁
萃取和分液	利用萃取和分液的方法分离碘的饱和水溶液	Fe^{3+}的检验	Fe^{3+}与KSCN溶液的反应,记录现象
实验探究:1mol物质的体积	通过实验和计算,探究1mol不同状态的物质在相同条件下的体积是否相同	科学探究:铁盐和亚铁盐的一些性质	设计实验:选用不同的试剂实现铁盐和亚铁盐的转化
配制一定物质的量浓度的NaCl溶液	计算并配制一定物质的量浓度的NaCl溶液	硅酸的制取	利用硅酸钠与盐酸反应制取硅酸
科学探究:胶体的性质	观察溶液、胶体、浊液及其稳定性并过滤;使用丁铎尔效应鉴别胶体	硅酸钠的性质	观察浸有硅酸钠饱和溶液的小木条放在酒精灯外焰处的现象,并解释
离子反应发生的条件	记录现象并解释:向$CuSO_4$溶液中加NaOH溶液;向滴加酚酞的NaOH溶液中滴加HCl溶液;向Na_2CO_3溶液中滴加HCl溶液	氯气与氢气的反应	观察实验现象,并判断产物的溶解性
钠的性质	钠的保存和取用;钠的燃烧;钠与水的反应	氯水的漂白作用	有色布条与氯水作用,观察现象
科学探究:铝表面的保护膜	探究金属铝的表面有没有保护膜	干燥的氯气能否漂白物质	有色布条与干燥的氯气作用,观察现象
铝与HCl溶液和NaOH溶液的反应	观察实验现象并解释	氯离子的检验	实验探究:检验氯离子的方法
实验探究:铁粉能不能与水蒸气反应	设计实验装置并进行实验使铁与水蒸气进行反应	二氧化硫的性质	二氧化硫与水的反应;二氧化硫的漂白性
过氧化钠与水的反应	观察现象并判断反应的产物,以及反应吸热还是放热	科学探究:二氧化氮与水的反应	设计实验:使二氧化氮尽可能多地被水吸收
实验探究:碳酸钠与碳酸氢钠的性质	比较碳酸钠与碳酸氢钠分别与盐酸反应的速率	氨的喷泉实验	氨气溶于水的喷泉实验
焰色反应	观察蘸有碳酸钠溶液的铂丝在酒精灯外焰灼烧的颜色	浓硫酸与铜的反应	浓硫酸与铜的反应,检验产物
科学探究:碱金属元素的性质	碱金属与氧气的反应;碱金属与水的反应	科学探究:乙烯的化学性质	乙烯与高锰酸钾的反应,乙烯与四氯化碳的反应
卤素单质间的置换反应	氯气分别与NaBr和NaI的反应;溴与KI的反应	苯的性质	苯与溴水和高锰酸钾的反应
科学探究:元素周期律	观察镁与水反应的现象;镁、铝与盐酸反应的现象	乙醇的性质	乙醇与钠的反应;乙醇的燃烧;乙醇的催化氧化
钠与氯气的反应	借助钠与氯气的反应学习离子键	科学探究:乙酸的性质	乙酸除水垢;设计实验比较乙酸与碳酸酸性的强弱

续表

实验名称	实验内容	实验名称	实验内容
化学能转化为热能	测量盐酸与铝的反应、氢氧化钠溶液与盐酸的反应中温度的变化；观察 $Ba(OH)_2 \cdot 8H_2O$ 晶体与 NH_4Cl 晶体反应的温度变化	糖类及蛋白质的特征反应	葡萄糖与菲林试剂的反应；淀粉与碘的反应；蛋白质的颜色反应；蔗糖的水解及水解产物的鉴别
化学能转化为电能	从锌与硫酸的反应过渡到锌-铜原电池	铝热反应	铝与氧化铁的反应
科学探究：原电池构成材料的选择	设计实验：选择电极和电解质组装原电池，并记录效果	从海带中提取碘	利用 H_2O_2 将海带中的 I^- 氧化为 I_2，并检验
影响化学反应速率的因素	温度对 H_2O_2 溶液分解反应速率的影响；H_2O_2 溶液分别在有 $FeCl_3$ 和 MnO_2 作催化剂条件下反应速率的比较	科学探究：甲烷的取代反应	设计实验：比较在有光照和无光照的条件下，甲烷与氯气能否发生反应

(二)高中人教版化学教材实验内容的特点

1. 凸显化学实验的地位

化学实验是化学学科的基础和重要组成部分，具有重要的作用。一方面，可以帮助学生掌握科学的化学概念和化学术语，具备较为扎实的化学基础知识和基本技能；另一方面，在化学实验的研究和探索中，学生可以经历和体验化学实验的过程；将所获得的知识、技能与形成的积极情感、态度与正确的价值观相结合，在化学学科教育的层面培养和提高学生的科学素养。高中人教版化学教材将化学实验以两种方式加以组织。一种是分散式，即将化学实验分散在相应的模块课程内容中；另一种是集中式，即将化学实验单独作为一个课程模块《实验化学》，以此来强化化学学科特征，培养学生的化学实验能力，从而提高他们的科学素养。由此可见，高中人教版化学教材在编写时非常注重实验在化学学习中的作用。

2. 重视探究性和开放性

高中人教版化学教材中设计了大量的探究活动，并且引入了大量改进实验，同时有很多实验是让学生自己设计实验方案。这样既可以充分调动学生的学习积极性和激发他们进行实验探究的兴趣，进一步培养学生的实验探究能力，也体现了实验的开放性思想。例如，《化学1》中"铁粉能不能与水蒸气反应"的探究活动，给学生提供必要的仪器和物品，让其画出装置简图，并说明原理，然后从几种方案中任选一种进行实验，同时记录实验现象，小结并交流探究活动的收获，在此过程中不仅激发了学生的学习兴趣，也培养了学生的创新意识和实践能力；此外，《化学2》中"利用提供的实验用品设计一套电池装置"；《化学与技术》中"设计实验软化硬水"；在《有机化学基础》中"设计实验比较肥皂和洗涤剂的不同"；在《实验化学》中"综合实验设计实践"等探究活动，都体现了高中人教版化学教材对探究性和开放性的重视。

3. 体现生活性和趣味性

实验所用的用具不再是实验室内标准的仪器和药品，生活中随处可见的各种物品也有可能拿来做实验，还可以选取生活和社会中的化学现象或与化学有关的社会问题作为实验内容，将化学问题以充满趣味的方式呈现给学生，更有利于学生学习动力的产生。例如，《化学 1》中"铝盐和铁盐的净水作用"；《化学与生活》中"设计实验确定易拉罐的主要成分"；《化学与技术》中"肥皂的去污原理"；《实验化学》中"利用废旧泡沫塑料制燃油、燃气"，"饮料的研究"等实验与学生生活实际和社会实际密切联系，一方面使学生感到化学就在自己身边，从而提高学生学习化学的兴趣；另一方面也可以使学生在掌握化学知识的基础上，能够清楚所学的知识能做什么和怎么做，从而对化学的本质和价值有正确的认识。

四、高中人教版化学教材的使用建议

(一)高中人教版化学教材使用中教师应树立的意识

1. 新的课程意识

新一轮基础教育课程改革将课程意识提到了重要位置，强调课程是教材、社会、生活、教师、学生、教学情境等共同构成的一种动态系统。例如，高中人教版化学教材在实验结束后设置"现象与总结"等栏目，要求学生根据自己的观察及感悟填写空白处，让师生思考、创新、开发。根据新课程的要求，教师要引导每个学生带着自己的经验背景和独特感受到课堂进行交流，这本身就是课程建设，教师和学生是课程的创造者和主体，师生要共同参与课程的开发。

2. 师生交往、积极互动、共同发展的意识

教学是教师教和学生学的统一，其实质是师生交往互动，是师生之间的对话、沟通、合作与共建，是师生一起分享对课程的理解。只有通过师生交往互动，树立和谐、民主、平等的师生关系，与学生做朋友，从学生角度组织教学，回归学生的心理世界，才能真正达到师生交往互动共同发展的境界。

3. 帮助学生构建化学知识体系的意识

在化学教学中，教师应当考虑学生在某一化学知识方面，已经积累了哪些生活经验，现实生活中哪些经验可以作为本次教学活动的素材，让学生从事哪些实践活动可以活化对这些知识的掌握等。例如，在学习高中人教版《化学 1》第四章第三节"硫和氮的氧化物"时，可以以火山喷发为切入点，引出硫及其化合物在自然界的存在形式，并分析它们之间的相互转化，同时结合生产生活中工业除硫，将复分解反应和氧化还原反应，自然界的硫元素、硫及其化合物的发现和生活生产中的应用有机结合起来，用网络图展现它们的关系，使学生对这部分知识的学习更加轻松。

4. 培养学生的问题意识

新课程改革要求学生敢于提出问题，善于提出问题，即学生应具有问题意识。培养学生的问题意识，有利于发展学生的创新能力。高中人教版化学教材强调通过设计真实复杂具有

挑战性的开放的问题情境,引导学生参与探究思考,通过一系列问题的解决来进行学习。例如,在学习《化学1》中"分散系及其分类"关于胶体的性质时,首先提出问题:"有些液态胶体也是透明的,用肉眼很难与溶液相区分,用什么办法能够将它们区分开呢?"接着安排了"科学探究"的三个实验活动,通过学生的观察分析,得出结论。高中人教版化学教材采用具有启发性的问题来创设学习情景,让学生产生疑问,能够很好地激发学生开展探究的兴趣,完善学生的思维结构,发展学生的个性,给学生自主学习提供空间,使学生的思维能力和创新能力得到最大限度的培养。

(二)教师如何使用高中人教版化学教材进行教学

1. 理解课程目标,把握教学内容和要求

1)理解三维课程目标,制订课堂教学目标

高中化学课程标准提出了"知识与技能"、"过程与方法"、"情感态度与价值观"三个方面的课程目标。三维教学目标中,知识与技能是载体,过程与方法是核心,是学习方式的体现,情感态度与价值观是结果。要实现新课程改革提出的"转变学生过于依靠接受式的学习方式"的目标,就要在实施的过程中以基础知识为出发点,在"过程与方法"中寻求突破,精心设计展现知识形成过程的探究活动。在探究知识的形成过程中获得知识,培养健康的情感态度与价值观,实现学习方式的转变。因此,要根据教学内容和学生基础,科学合理地制订每节课的教学目标。

2)理解教材结构,把握教学要求

从课程设计来看,高中人教版化学教材必修模块的目的是促进全体高中生形成最基本的科学素养,是人人都要学的化学,因此必须强调其基础性;从必修模块的编排体系来看,以物质分类的思想来整合教学内容,通过提供实验事实、科学史话等感性材料,采用分析、归纳的方法获得化学知识。例如,"离子反应"、"氧化还原反应"在必修模块中是作为化学反应的分类类型来介绍,其最基本的要求就是根据分类标准进行类别判断。至于各种情况下离子方程式的书写、氧化还原反应中电子转移的方向和数目等知识都将在相应的选修模块中进一步学习。

3)研究教材中的知识主线,合理重组教学内容

教师在教学中要深入研究教材的编排主线,挖掘知识的内在联系,结合学生的认知规律合理地重组教学内容,从学生已有的知识出发,突出主线,这样才能使基础知识清晰。例如,《化学1》中第三章第一节"金属的化学性质",在"金属与氧气反应"中,学习了钠与氧气、铝与氧气反应的性质后,可以结合初中知识,对整个金属活动顺序表中的金属与氧气的反应进行归纳,形成整体知识。在"金属与水的反应"中,可以充分利用"金属的活动性不同,与水反应的难易程度不同"这条主线,引导学生在比较中学习。高中人教版化学教材安排了"设计铁粉与水蒸气反应装置"的科学探究活动,冲淡了这一主线,因此可考虑重组教学内容,调整教学顺序,这样既突出了知识主线,又保证了科学探究的完整性和充分性。

2. 以科学探究为突破口,优化学生的学习方式

科学探究作为义务教育化学课程标准的重要学习内容和学习方式,在新课程改革的实施中具有特殊而重要的作用,在这一过程中学生获得知识与技能,掌握解决问题的方法,获得

情感体验。

在进行科学探究活动时,要注意以下几点:

(1)选择核心内容进行探究。

科学学习强调亲身体验、在"做中学",但由于时间和学生知识基础的限制,只能选择那些最有探究价值而且学生在现有的知识基础上能够探究的内容进行探究。

(2)重视学生在已有知识基础上建构知识。

教学中要关注学生的已有知识基础,在学生已有知识的基础上寻找新知识的生长点,为学生提供必要的情境和素材,通过一系列的活动让学生自主构建知识。高中化学必修模块学习中,学生最重要的知识基础是义务教育化学课程内容。在教学内容的处理上要注意初、高中知识的衔接点;在教学方式上要延续义务教育化学新课程的要求,以科学探究作为突破口,改善学生的学习方式,并在探究能力的要求上有所提高。

(3)探究要面向全体学生。

教学中首先注意探究问题的设计要有梯度,让更多的学生真正参与探究。其次,留给学生探究思考的时间要充分,交流展示的范围要广。探究时间的确定要以大多数学生完成探究任务为原则,这样才人人有内容可交流,交流时教师要根据自己的观察让持有不同观点的学生发表意见,形成讨论的氛围,在讨论和辨析中得出结论。结论可以不唯一,但必须要有结论。

思考与练习

一、简答题

1. 分别从教材内容结构、程序结构、形态结构三方面对教材结构进行简要阐述。
2. 简述化学教材的功能。
3. 结合高中人教版化学教材"有机化学基础"模块的内容,具体分析其内容的选择、编排与呈现、实验设计的特点。
4. 简述人教版初、高中化学教材在内容选择、编排与呈现、实验设计方面有什么异同。

二、论述题

结合所学内容并查阅相关文献,试论述化学教材在化学教育中的重要作用。

第五章 世界优秀高中化学教材简介

本章学习指南

(1) 了解国外现行学制及化学课程开设情况。
(2) 了解国外高中化学教材的结构。
(3) 了解国外高中化学教材的特点。

第一节 美国高中化学教材简介

一、现行学制及化学课程开设情况介绍

美国现行学制较多见的为五三四制：小学五年(1~5年级)、初中三年(6~8年级)、高中四年(9~12年级)。中学没有全国统一的课程设置和教材，初中课程主要是综合基础课，高中课程的学术性较高，初中阶段开设的是综合科学课程，在高中阶段开始开设物理、化学、生物等分科课程。根据美国国家科学教育标准，9~12年级有关物质科学方面的内容标准划分为以下几个知识领域：①原子结构；②物质的结构和性质；③化学反应；④运动和力；⑤能量守恒和无序程度的增加；⑥能量与物质的相互作用。

二、高中化学教材简介

由于美国高中化学教材有多个版本，从学制、课程标准、教材的典型性、实际情况等方面综合考虑，选择了美国市场占有率较高、为就读理科方向的学生准备的主流高中化学教材作为分析样本。

美国高中化学教材选用的是《化学：概念与应用》(*Chemistry: Concepts and Applications*)，由 Phillips 等编写，是美国最大的教育书籍出版集团 McGraw-Hill 的 Glencoe 公司于 2009 年出版的现行美国高中化学主流教材。书中含有大量实用性知识，将化学知识与生活、科技、社会、人文等紧密联系起来，能够满足不同层次学生的需求，多用于对选读理科学生的教学。该教材在美国各州应用十分广泛。

三、高中化学教材的基本结构

美国高中化学教材《化学：概念与应用》由教材附属资源、目录、章、节、附录组成，具体结构见图 5-1。

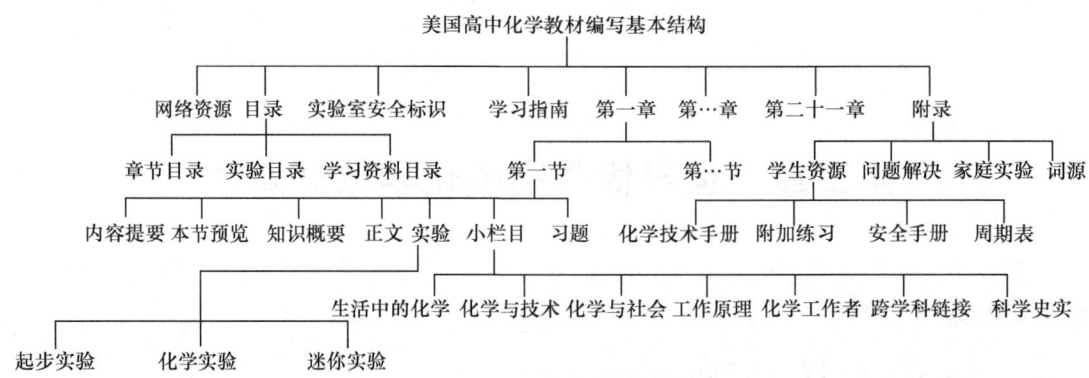

图 5-1 美国高中化学教材《化学：概念与应用》编写基本结构

四、高中化学教材特点分析

（一）知识的选择

1. 教材内容概述

教材第 1~6 章包括基础的化学知识：物质的分类、物质的化学性质和变化、原子和原子结构、元素周期表的使用、周期表和原子结构的关系、分子结构、化学方程式等内容；第 7~18 章首先提到原子结构理论的拓展以及元素性质的周期性规律，由浅入深衔接到化学键、气体、化学计量等知识，最后讲述氧化还原反应、电化学和有机化学。

2. 知识的实用性

教材在知识选择方面注重联系学生已有的知识，能够结合学生、学科和社会特点，注重应用化学知识解决实际生活中存在的问题，强调通过实验培养学生的科学思维和技能。

3. 学科交叉知识的体现

例如，教材第 19 章在学习完有机化学之后，将生命化学的知识用以衔接。生命体中的生物代谢本来应该是生物学科中的内容，但究其根底，所有的生命活动都是由于发生了化学反应，第 19 章的"生命化学"将化学与生物学很好地融合在了一起。

（二）编排与呈现

教材的逻辑结构是以概念的学习与应用为主线，以学科的知识体系和逻辑顺序为中心，重视突出基本概念、基本理论等知识，重视科学素养的培养。

1. 教材的编排

第 1 章起到统领全书的作用，对化学要研究的内容作出界定，指明化学是研究物质组成、结构及性质的一门科学，进而指出学习后续章节具体内容的必要性。在后续章节中各章都具有紧密的联系。在教材的最后，有机化学和生命化学在形式处于并列位置，但在这两章之后又用"化学反应与能量"将有机化学与生命化学这两章统整起来。全书内容编排上符合"整体→部分→整体"的结构,符合学生的认知规律。

2. 教材的呈现

教材中图表数量众多,内容丰富,文字也极具特色,生活化、口语化的语言形式使得教材与学生的距离很近。教材基本是以第二人称的形式与学生对话,除了正文中使用大量的疑问、设问句型,在一些栏目中如"化学工作者"更是通过访谈的形式来呈现,增加了阅读的乐趣。

(三) 活动设计

教材中的教学活动主要以实验的形式来体现。每章开始有一个篇幅短小的实验,作为课前的活动将学生引入新一章节的学习中;每章中间又设有多个随堂实验、演示实验和迷你实验。附录中还设有用日常生活中常见的材料就可以完成的家庭实验。

教材中教学活动还通过多样化的栏目设计来体现。在章节正文中穿插设置了多种小栏目,如生活中的化学、化学与社会、化学工作者、跨学科链接、词源和科学史实等。这些栏目内容的选择别具匠心(图 5-2),第 8 章《元素性质的周期性》中的"历史链接":铅与罗马帝国的衰落,这一板块通过"铅中毒是如何发生的"、"古老而用途广泛的金属——铅"等几方面的内容,生动形象地介绍了化学物质——铅。教材在这些素材选择上视野开阔,涵盖了生活中的各个方面。

图 5-2　美国高中化学教材"跨学科链接"栏目示例:历史链接

(四) 习题的特点

教材习题注重化学知识的应用性,大多从与生活息息相关的问题入手;注重习题在促进学生全面发展中的作用；重视提高学生学习化学的兴趣。同时，习题设计恰当地把握了数量和类型之间的比例关系，层次性强，由易到难，强调对概念的理解、化学技能的掌握以及实际运用能力的培养。在习题中专门设有"写作"一栏，要求学生用化学语言写一些小论文，试图让学生通过化学语言的表达加深对化学概念和化学问题的理解。

（五）实验的特点

教材在实验内容的选取上有开放性、综合性和实践性的特点，实验主题及实验过程都具有综合性，所选取的实验主题均为来源于生活的综合性问题。教材在实验过程设计上注重活动性、探究性及过程性，从实验知识与技能、实验探究能力和实验态度、情感与价值观等方面全面发展学生的实验素养。在课堂实验中，关于物质的性质及其变化规律的探究实验更占优势，但是在家庭实验中，有关物质的表征实验数量居多。

（六）能力的培养

教材注重培养学生的科学素养、探究能力和问题解决能力。在习题中，设置理性思维、技能训练、科技写作等题型；教材探究活动以实验为主，在化学实验中，学生通过对完成实验过程中所获取的知识和信息进行分析和讨论，培养科学探究能力。

（七）文化与情境

教材强调跨学科文化渗透，关心科技发展，注重经典化学与近代化学的融合，体现出各学科领域之间一脉相承的科学性，以化学知识为线索从各个角度向学生展示化学与文学、艺术、政治、哲学、科技、地理环境、社会、健康和人文等方面的联系（图 5-3）。

图 5-3　美国高中化学教材内容示例：化学与技术——高科技显微镜

教材还非常重视为学生提供学习情境素材。教材每章的开篇都有配图和导语，配图通常为一些生活中常见的物质和现象，导语为几句简短有趣的话语。例如，第 17 章"电化学"的开篇即为一张闪电的图片，导语对该现象进行解释，将学生在熟悉的情境中引入电化学的教学内容中。

（八）附属资源

从 Glencoe 公司的网站进入教材网站 chemistryca.com，可以发现很多辅助教科书使用的系列教材资源，大致可分为以下几类：电子版本（online student edition）、安全事项链接（safety links）、交互指导（interactive tutor）、在线问答（online quizzes）、一周习题（problem of the week）；网络探索（web quests）、化学新闻（chemistry in the news），科学展览（science fair ideas）等。

第二节 欧洲四国高中化学教材简介

一、现行学制及化学课程开设情况介绍

德国和俄罗斯是联邦制国家，它们的学制设置由各州决定；英国、法国为单一制国家，它们的学制由国家统一规定。为了便于分析，将这四个国家现行学制（其中，单一制国家为统一学制，联邦制国家为教材适用州学制）的基本情况列于表 5-1。

表 5-1 欧洲四国现行学制

国家名称	教材使用情况	现行学制	具体情况
英国	全国通用	六五三制	中三、中四、中五对应我国高中，大学预科 12~14 年级（16~18 岁）
法国	全国通用	五三四制	小学 1~5 年级，初中 6~9 年级，高中 10~12 年级
德国	多州共用	四六三制	小学 1~4 年级，初中 5~9 年级或 10 年级，高中 11~12 年级或 13 年级
俄罗斯	多州共用	四五二制	小学 1~4 年级，初中 5~9 年级，高中 10~11 年级

二、高中化学教材简介

鉴于各国中学化学教材普遍存在多版本的实际，选择各国主流教材（市场占有率）作为分析样本，研究范围覆盖各高中学段。选择教材的原则为：①能系统地反映各国教材难度的全貌；②可以反映本国化学教材的知识特点。总之，在综合考虑参评国家实际情况、文献研究成果选择了各国具有代表性的高中化学教材，基本信息见表 5-2。

表 5-2 四国高中学段化学教材简介

国家名称	教材名称	出版社	出版时间
英国	*Longman GCSE Chemistry*	Pearson Longman	2004 年
法国	*Physique Chimie 2de* *Physique Chimie 1res* *Physique Chimie Ts*（基础教学） *Physique Chimie Ts*（主题教学）	Hachette Education	2010 年 2011 年 2012 年 2012 年

续表

国家名称	教材名称	出版社	出版时间
德国	Chemie11 Chemie12	Bayerischer Schulbuch Verlag	2009 年 2010 年
俄罗斯	химия10 химия11	DROFA 出版商	2008 年修订版（2011 年印刷） 2008 年修订版（2011 年印刷）

三、高中化学教材的基本结构

1. 英国

英国朗文 GCSE 化学教材由目录、前言、正文章节、栏目、附录、索引组成，具体结构见图 5-4。

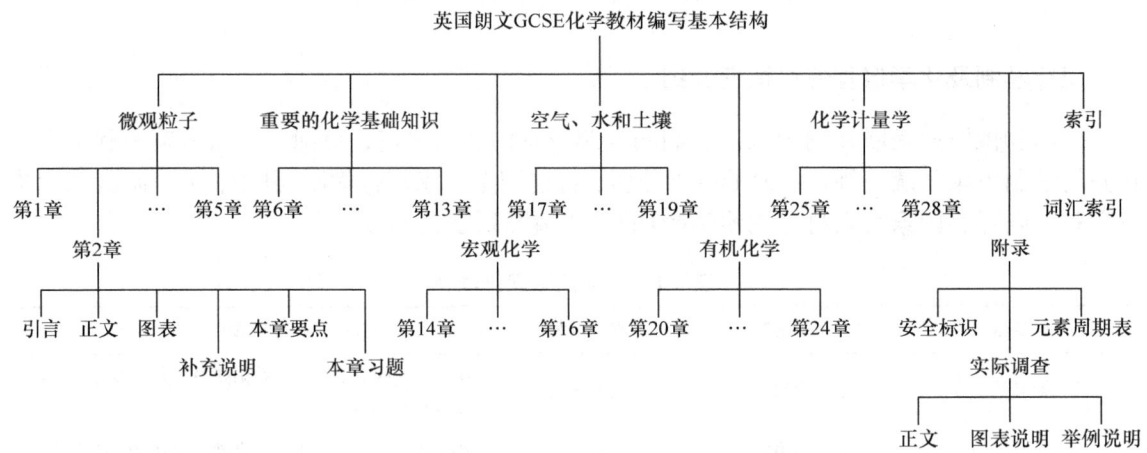

图 5-4　英国朗文 GCSE 化学教材编写基本结构

2. 法国

法国高中《物理-化学》教材共有四本，分别为《物理-化学》（第 1 册）、《物理-化学》（第 2 册）、《物理-化学》（基础教学）和《物理-化学》（主题教学）。其中第 1 册和第 2 册教材编写基本结构完全相同，具体结构见图 5-5。

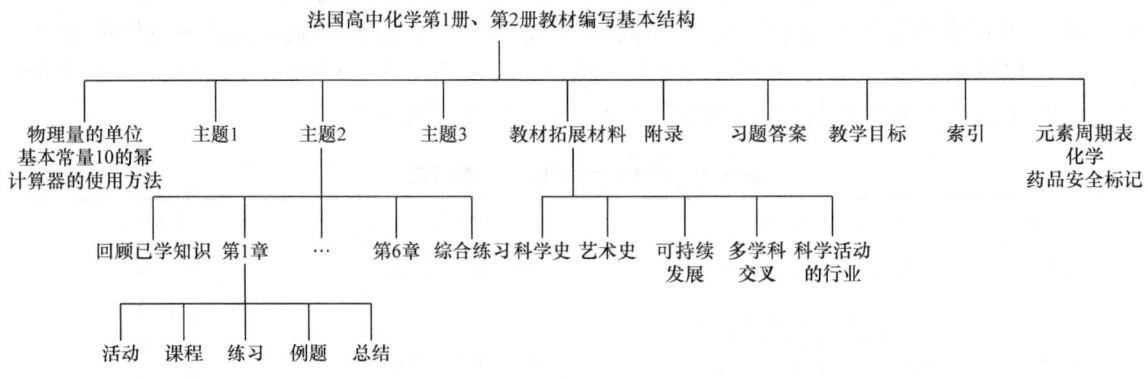

图 5-5　法国高中化学第 1 册、第 2 册教材编写基本结构

法国高中《物理-化学》(基础教学)教材与第1册、第2册编写结构基本相同,由于该教材是高三年级学生所用,所以在每章节里增加了Bac题栏目,具体结构见图5-6。

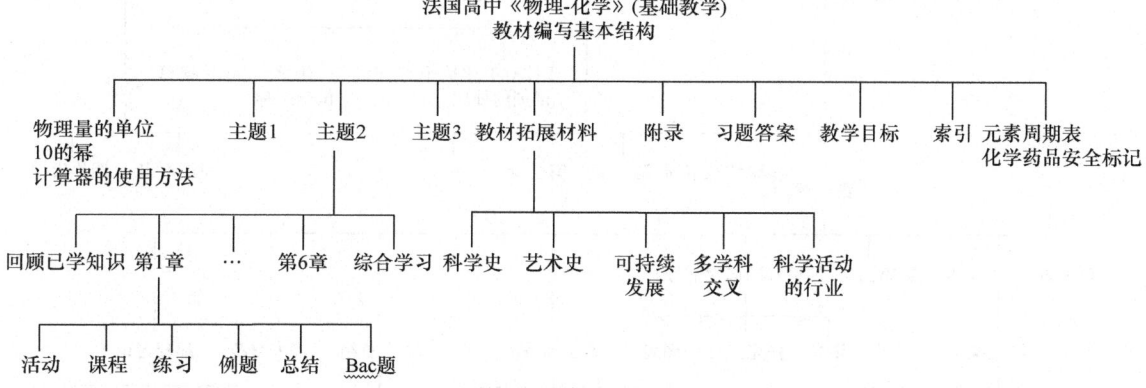

图 5-6　法国高中《物理-化学》(基础教学)教材编写基本结构

法国高中《物理-化学》(主题教学)教材的编写结构主要包括:主题、Bac题、附录、习题答案、词汇、教学目标、图片来源、索引、化学药品安全标志、有机官能团和元素周期表,具体结构见图5-7。

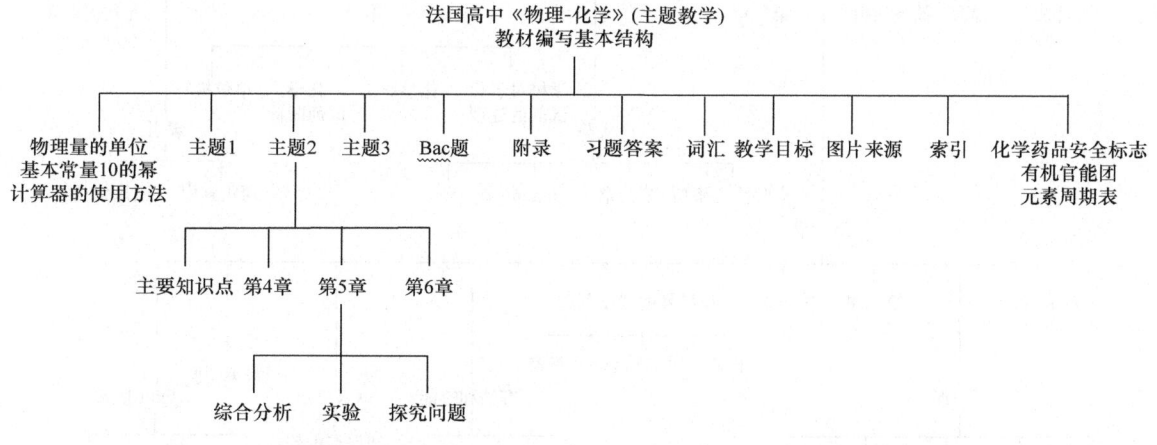

图 5-7　法国高中《物理-化学》(主题教学)教材编写基本结构

3. 德国

德国高中化学教材分为11册和12册两本书,两本书结构基本相同,都由目录、前言、储备知识、教材主体内容(分章节排列)、实验部分(分章排列)、附录、索引和元素周期表构成,具体结构见图5-8和图5-9。

4. 俄罗斯

俄罗斯高中化学教材 *химия10*、*химия11* 由引言、章(节)、实验、目录组成,另外教材均附有学生学习资料光盘,具体结构见图5-10。加"*"为 *химия10* 中特有的结构。

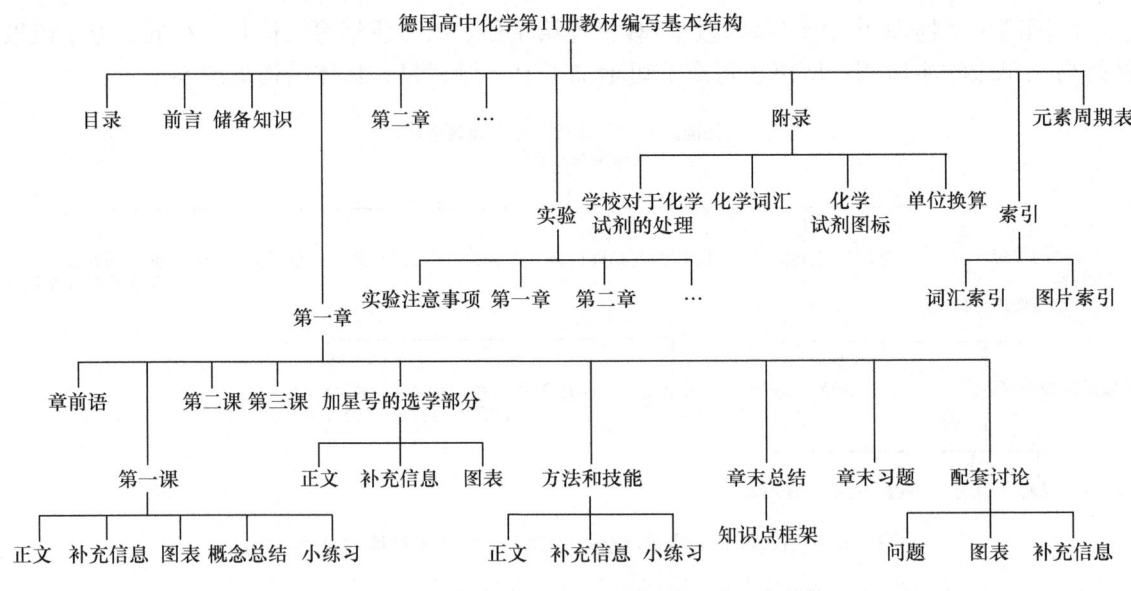

图 5-8　德国高中化学第 11 册教材编写基本结构

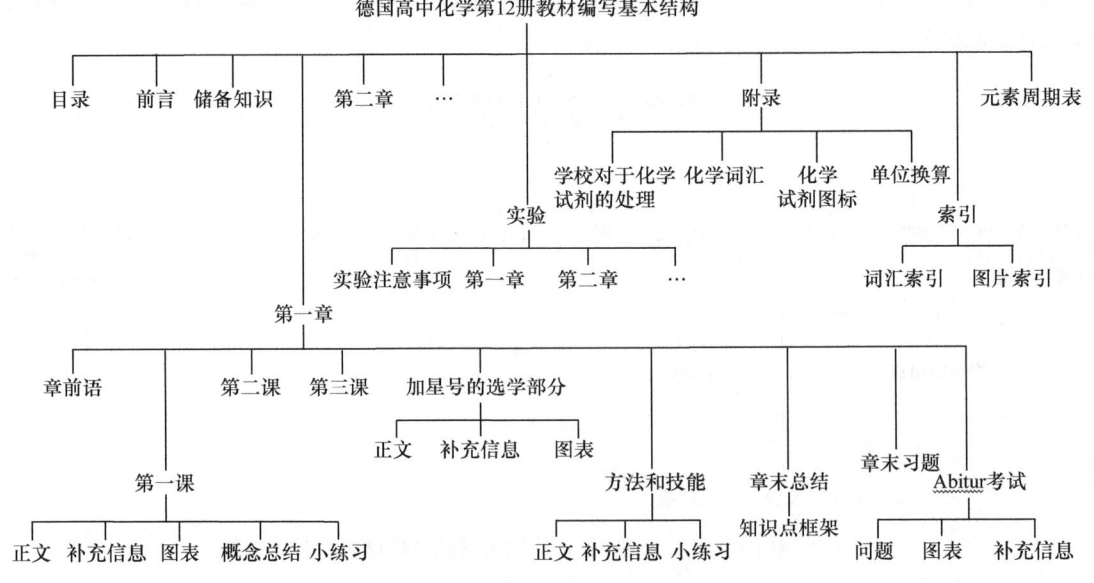

图 5-9　德国高中化学第 12 册教材编写基本结构

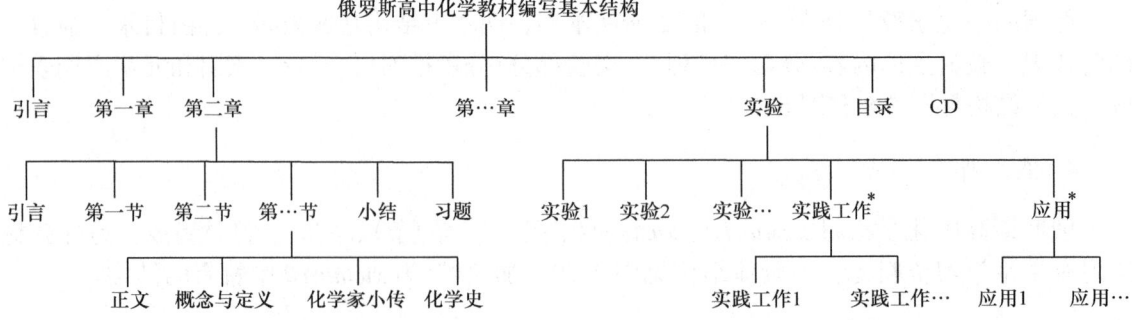

图 5-10　俄罗斯高中化学教材编写基本结构

四、高中化学教材特点分析

（一）知识的选择

1. 英国

由于朗文 GCSE 化学教材是专门面向 GCSE 考试而编制的，因此针对性较强，教材的系统性、实用性也较强，尤其将重心放在理论性知识和技能性知识上，原理性的知识讲解较深。例如，第 5 章反应速率，内容的深度走入速率曲线的绘制以及实验条件的变化对速率曲线的影响（图 5-11）。

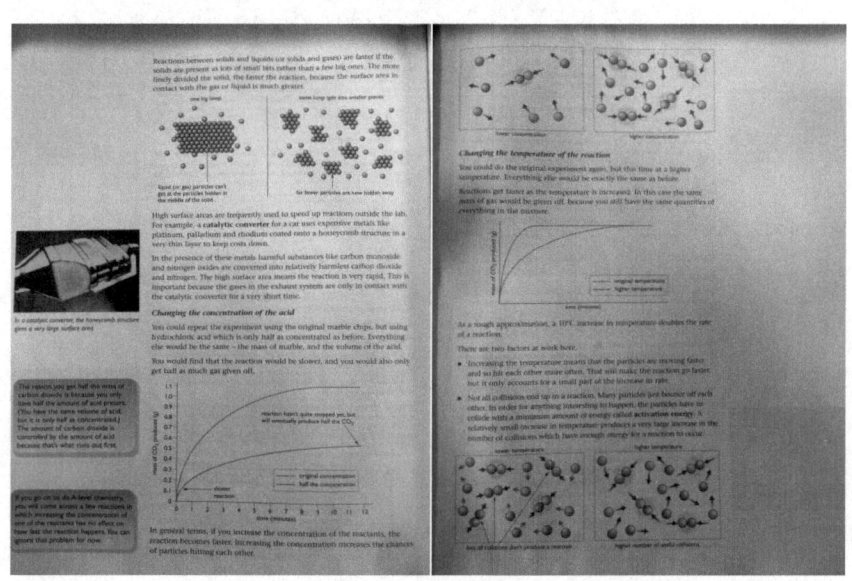

图 5-11　朗文 GCSE 化学教材第 5 章反应速率

2. 法国

法国高中《物理-化学》教材中化学部分内容涵盖了物质结构与性质、化学反应原理、元素及其化合物、有机化学、化学计量学、化学实验几部分知识，涉及面广，并且知识选择由浅入深、由单一到综合。《物理-化学》（第 1 册）是高一年级所用教材，讲解了原子、元素周期表、分子、化学计量等常见基础知识；到《物理-化学》（第 2 册）（高二年级用）内容设置就趋向于综合，主要讲颜色变化和化学反应、有机合成、新材料等与生活生产相关的内容；《物理-化学》（高三年级用）讲了光谱分析、可持续发展、能源问题等化学应用性知识，可见知识选择范围广，并且层层递进。法国的化学教材注重学科间的交叉融合，从课程设置上看，首先法国和物理没有分科，所以化学内容与物理知识相互融合；不仅如此，化学知识还与历史、数学、地理、生物、医学等其他学科交叉广泛。例如，在第 1 册第 20 章讲到生物活性分子，有大量有机化学内容和生物学科的融合（图 5-12）。除此之外，每本书的教材拓展材料都附加一些学科交叉的内容。教材内容的选择实用性较强，与生活、工业、环境等有着密切的联系。书中活动部分的材料很多都是从生活或生产中的现象和用品出发，提出问题，让学生来解决实际问题。例如，第 2 册第 10 章化学计量，学生活动的材料出自生活中常见的物品，有食物、药品等，分别给出这些物品标签上的一些含量，让学生进行相关计算。

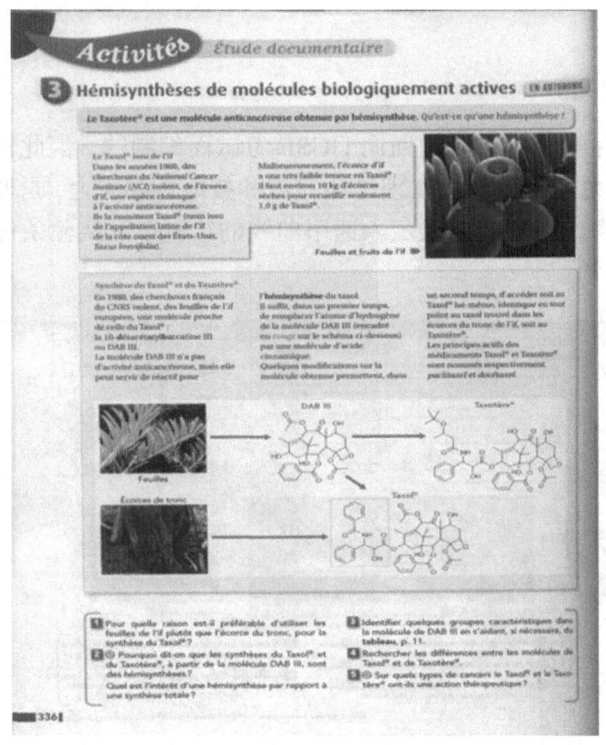

图 5-12 法国高中《物理-化学》教材

3. 德国

德国高中化学教材的知识点选择主要集中在"化学反应原理"和"有机化学"内容领域，难度较深。教材主要以学科内知识为主，体现了学科本位的特点，但也有化学学科与物理和生物学科间的知识。例如，在第 11 册第 2 章讲述了色彩的形成原因（图 5-13），涉及物理学光的折射和吸光度等知识。总体看来，德国高中化学教材还是以化学学科为主体，学科间知识涉及得不多，选用的知识具有一定的前沿性，大多体现在新型材料的应用中。例如，第 11 册讲述了碳纤维增强塑料在航空航天中的前沿应用（图 5-14）。所选知识的实用性也较强，有很多与生产生活相关的知识。例如，第 11 册讲述了生活中的染料（图 5-15）。

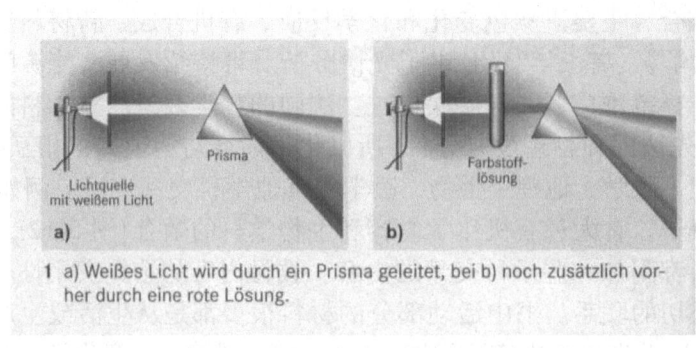

图 5-13 德国高中化学教材中讲述色彩的形成原因

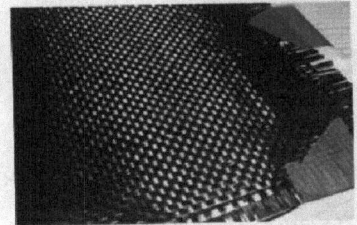

图 5-14 德国高中化学教材中讲述碳纤维增强塑料在航空航天中的前沿应用

图 5-15 德国高中化学教材中讲述生活中的染料

4. 俄罗斯

俄罗斯高中化学教材是按照知识的学科内结构编写的，重视系统的理论知识。教材知识涵盖了化学的基础知识和基本理论，如元素与化合物、元素周期表和元素周期律、结构化学、化学动力学基础知识、化学热力学基础知识、氧化还原反应与电化学、溶液和胶体、有机化学知识等。知识的选择注重系统性、实用性。学科间知识主要涉及化学与工业、农业、环境、生活、生命科学的联系。例如，在 10 年级 *химия10* 中甲酸内容部分，通过图片介绍了自然界中产生甲酸的动植物（图 5-16）。

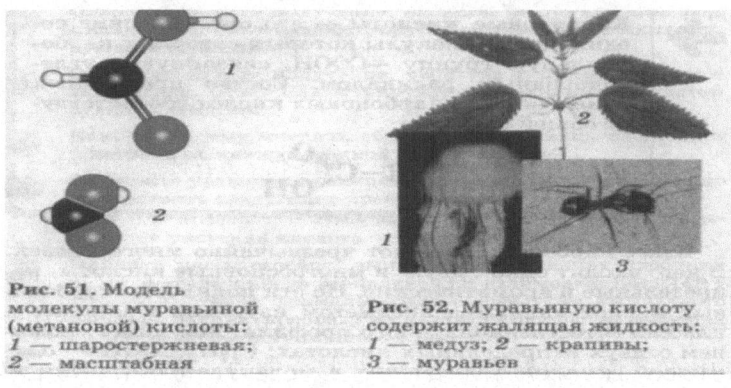

图 5-16 俄罗斯高中化学教材中介绍产生甲酸的动植物

(二)编排与呈现

1. 英国

教材分别从微粒、化学基本概念、宏观化学、水与岩石、有机化学、化学计量学六个部分入手，介绍化学主要概念。教材的编排结构从微观入手，引入反应原理，在明确了反应原理之后，走入宏观现象，最后介绍分析计算方法，符合化学学科的顺序和宏—微—符的原则。教材的呈现方式多以文字性的描述、原理图、数据表为主，对知识采用平铺直叙的方式描述，系统性和逻辑性较强。

2. 法国

教材编排主要有以下特点：①内容编排层层递进，由浅入深，由单一到综合；②栏目设置独特，每章以"活动"栏目开始，培养学生的探究能力；③教材中增加了教学目标的栏目，让学生在自主学习时能够知道自己学习应该达到的水平；④教材拓展材料丰富，呈现图文并茂，结构清晰，具有一定的趣味性。例如，《物理-化学》（基础教学）出现了有趣又能说明问题的漫画（图 5-17）。

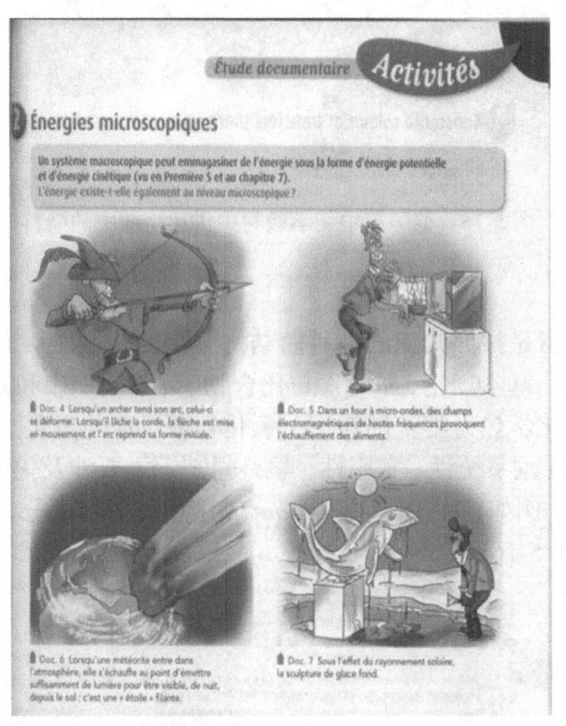

图 5-17　法国高中《物理-化学》教材

3. 德国

教材总体内容编排具有严谨性和系统性，广度和难度都较低，有一些主题没有涉及。教材的特点是讲解一部分的知识就把其讲透，主要以直线型编排。教材总体采用平铺直叙的编排方式，编排结构比较严谨。教材编排结合学生接受能力，每本书、每个单元之间衔接性较好，每本书或每单元前都有已学知识的归纳和复习。章节正文内容配有与生产生活相关的插图，内容生动有趣。在每章末设有本章知识的概念图，总结回顾本章所学内容，方便学生明白每个知识点之间的关系。总体看来，德国高中化学教材能够从学生接受能力的角度出发编排和呈现教材内容。

4. 俄罗斯

教材的内容编排注重知识的逻辑性。10年级 *химия10* 是有关有机化学知识的。从简单常见的烷烃开始，到复杂的人工合成的聚合物结束，包括常见的碳氢化合物、含氧和含氮有机化合物以及聚合物。11年级 *химия11* 内容为系统的化学基本概念、原理。以化学学科内综合为主线展开编排，从微观到宏观，从现象到理论，从无机物到有机物，具有较强的学科知识体系。教材中知识的呈现是以文字为主，图、表为辅，排版严谨，正文中有概念与定义、化学家小传、化学史几个模块。

(三) 习题的特点

1. 英国

习题多数集中在理解和简单应用的层面，表现为对概念的复述、应用原理的简单计算以及化学方程式的书写，复杂应用的习题较少，创新性习题多数是论文的形式。习题的形式则是以一道大题中依次出现记忆、理解、简单应用、复杂应用的小题，层次性较强。

2. 法国

习题在教材中所占比例较大，不仅数量多，而且类型多样。习题具有很强的针对性和应试性。不仅如此，材料丰富，涉及生活、生产、科研、学科间交叉等知识。习题在巩固基础知识的同时，注重培养学生综合知识的应用。

3. 德国

习题分为章习题、节习题、方法和技能习题。章习题综合性较强，节习题针对性和基础性较强，一般在知识点正文旁边进行提问，时效性强。方法和技能习题在方法和技能模块出现，针对性和应用性较强。习题层次性也较好。章习题安排由基础到综合，由简单到复杂，一般前几题是理解型或简答应用型习题，最后几题是综合应用型或创新型习题。

4. 俄罗斯

习题数量不多，主要由思考题、讨论题、实践题等开放型的题目组成。这些习题并不要求对事实性知识的机械记忆，对概念、原理等关键字词的判断，也没有对实验操作规范和实验操作步骤的复述，而是对于学生学习水平做出了明确的要求，对于知识点的巩固和提高也做了具体要求，有助于学生运用已学知识发现和提出问题，从不同角度、不同高度进行思考，创造性地解决问题。

(四) 能力的培养

1. 英国

教材侧重于培养学生的实战能力，帮助学生建立完整的化学学科概念图，注重实用性和对原理的理解和运用，重视学生微观概念的建立。对于概念来说，教材更注重概念的建立而不是概念的应用。讲解十分细致，会考虑不同的情况对同种原理进行讲解，有利于培养学生考虑问题的全面性，帮助学生举一反三。

2. 法国

教材强调培养学生的建模思维和实验能力。强调采用多种方法对学生的思维进行训练，将具体内容概念化和模型化。模型训练是最重要的环节，从具象到抽象，从观察到转化成正式的学术语言，需要学生具有提取抽象概念的能力，对真实情况进行精练和简化的描述。科学实验是教材中一个必不可少的环节，学生必须通过不断的尝试，关注过程，从实验中学会观察和思考，提高了实验设计和解决问题的能力。

3. 德国

教材为了配合学生将来进入大学后的学习，专设"配套论坛"和"方法和技能"模块，在章中设有与此章知识点相关的"选学部分"，大多数与生产生活相联系的知识，学生可以根据自己的学习水平和兴趣进行学习。在章中设置"方法和技能"模块，在此模块中讲解科学探究方法和过程或解决问题的具体步骤，体现出程序性教学的应用，学生通过此模块的学习能够熟练掌握一些实用的方法和技能，帮助他们将来更好更快地适应大学学习。

4. 俄罗斯

教材充分体现了 STSE 教育理念，通过讨论最前沿的话题，让学生在学习化学知识的同时了解生活中化学在 STSE 中的作用，教育学生关注身边所发生的实际问题，培养他们的环境保护意识和社会责任感。并且提供了许多动手实践的机会，当学生在实践基本科学过程技能和应用思考技能时，能帮助他们理解重要的核心概念，培养其科学探究精神。

(五) 文化与情境

1. 英国

教材重视概念的建立和理解，重视原理的解释，涉及与社会、生活的联系的知识，但所占比重较小；在呈现方式上，多数采用概念、原理直接开门见山呈现的方式。英国朗文 GCSE 化学教材在英国传统文化的影响下，是一本较为传统、系统性较强的教材。

2. 法国

物理和化学学科属于科学范畴，但是由于法国悠久的历史文化，特别是哲学思想的影响，各学科都要求学生建立浓厚的文化观念。法国高中《物理-化学》教材文化渗透做得很好，化学史融于教材内容当中，如教材第 1 册、第 2 册和主题教学中都有科学史和文学史栏目的设置。而且在教学活动中主要体现在从历史发展的角度归纳总结出个学科之间相互呼应，共同发展的历史进程。

3. 德国

教材强调科学教育与人文精神的培养相结合，注重培养学生的价值观和责任感。涉及化学史的内容（图 5-18）和关于环境问题的知识。德国的化学化工产业发展史较长，且有很长一段时间保持着世界化学工业巨头的地位，所以对本土化学家的历史也有很多介绍。教材与生产生活联系得也较为紧密，介绍了其在生产生活中的作用(图 5-19)。

图 5-18　德国高中化学教材中关于原电池发现史的介绍

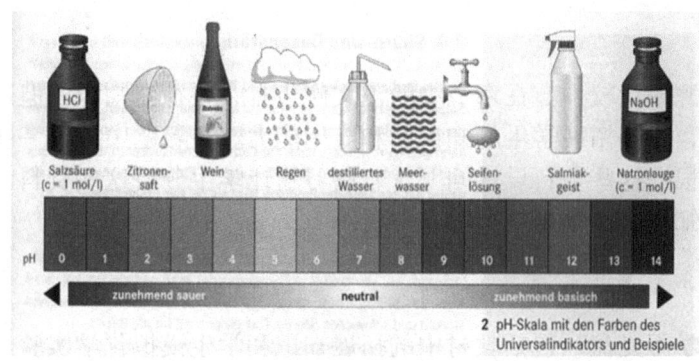

图 5-19　德国高中化学教材中讲解生活中常见物质的 pH

4. 俄罗斯

教材中知识和化学史紧密结合。在介绍化合物结构的理论知识时，一般结合化学家小传或化学史将理论的具体发展过程进行详细的介绍。例如，11 年级教材中讲到元素周期表时，介绍了俄罗斯化学家门捷列夫及有关元素周期表和元素周期律的历史发展(图 5-20)。教材中将知识与实际生活相联系，一般集中安排在主体知识前面或后面。例如，讲述电解知识时，加入了电解在工业中应用的内容。通过化学与社会的联系，激发学生学习的兴趣和积极性。

图 5-20　俄罗斯高中化学教材中的化学家小传及相关化学史

(六)附属资源

1. 英国

在附属资源方面,教材涉及生产、生活以及工业等方面,图文并茂,中间也会穿插一些科学史的介绍,资源较为丰富,在教材的序言部分给出了一些课外资源的网站链接。

2. 法国

教材引用资料内容丰富,涉及生活、生产、科研等方面,图文并茂。有很多教材拓展材料,包括科学史、艺术史、学科交叉知识、可持续发展等知识,涉及面非常广。教材资源还涉及一些前沿性的知识,如第1册第20章讲新材料和新的生物活性分子合成的内容时,介绍了很多化学新材料和生物科学的前沿知识。

3. 德国

教材中附属资源相对较少。在章节中的正文侧边有一些补充知识,但这些知识只是对正文知识的一个补充,能够拓展学生的知识面和应用能力。在习题中提到一些课外资料,习题中创新型习题多是根据这些资料设计问题,有些习题让学生分析这些资料。习题也有一些与生活相关的拓展性知识,让学生进行综合分析。

4. 俄罗斯

教材附有学生学习光盘,包括教材中的拓展知识和学生模拟化学实验、三维的分子模型等与本册教材相关的内容。这些知识能够扩展学生的眼界,有利于学生从宏观、微观和符号三个方面学习化学,通过丰富的资源了解化学、欣赏化学。

第三节 亚洲三国高中化学教材简介

一、现行学制及化学课程开设情况介绍

1. 新加坡

新加坡现行的教育分流制度包括小学教育、中学教育、中学后教育和大学教育四个层次。小学教育、中学教育及中学后教育属于基础教育。中学毕业后,根据志愿及成绩,学生可以选择进入工艺教育学院、初级学院或其他私立教育机构,学制均为2年;成绩优秀的学生也可直接升入理工学院,相当于国内的大专,学制3年。理工学院毕业后,可以选择继续升入大学或就业。分流教育是新加坡教育的显著特点,从小学四年级贯穿到大学。中小学教育主要通过四次分流,数次考试与层层选拔,最终实现人尽其才。

(1)小四分流——产生三种语言流的学生。
(2)第二次分流——小六分流(PSLE 小学离校考试,图 5-21)。
(3)第三次分流——中学毕业统考分流(GCE O-Level 考试)。

新加坡的中学课程分为三种类型:特选课程(special course,4年制)、快捷课程(express

course,4年制)和普通课程(normal course),其中普通课程又分为学术性(5年制)和技术性(4年制)。新加坡中学的快捷课程:中一至中二是上科学,没有化学单独科目;从中三(相当于九年级)到中四(相当于十年级)这一阶段,学生开始学习化学,出现了化学这门课程。

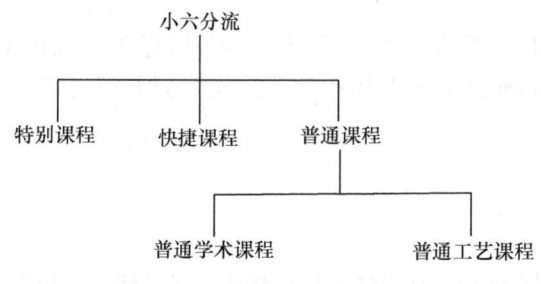

图 5-21　新加坡小学小六分流图

(4)A级统考。初级学院的学生毕业一定要通过英语母语A级高级水准考试,然后进入大学。

新加坡的教育体制见表5-3。

表 5-3　新加坡的教育体制

学段	年龄	学制	国家考试
学前教育	4~6岁	3年	
小学	7~12岁	6年	小学离校考试(PSLE)
中学	13~16岁	4~5年	GCE(O-Level)(快捷课程) GCE(N-Level)(普通课程)
大学预科	17~19岁	1~3年	GCE(A-Level)
大学	20~23岁	3~4年	

在中学的一、二年级,无论是特选课程、快捷课程还是普通课程,都要修读相同的科目,即英语、母语、数学、科学、文学、历史、地理、图工、设计与工艺和家政10个科目。其中"科学"就包含了生物、化学和物理。

2. 日本

日本现行的学校教育制度是小学(小学校)6年(6~11岁)、初中(中学校)3年(12~15岁)、高中(高等学校)3年、大学4年的六三三四制,高中学段对应的是10年级、11年级和12年级,采取理科综合、分科并行的课程设置模式,即10年级实行理科综合,11年级和12年级实行分科教学。日本高中相关化学课程设置及学分为:10年级理科综合A(化学、物理),2个学分,必修;11年级化学Ⅰ,3个学分,必修;12年级化学Ⅱ,3个学分,选修;共计3个科目,8个学分。

3. 韩国

韩国现行学制为六三三制,1~6年级(6~11岁)为小学阶段,7~9年级(12~14岁)为初中阶段,10~12年级(15~17岁)为高中阶段。其中小学和初中属于义务教育阶段,九年义务教育之后将进行一次分流,分为以考大学为目标的普通高中和以就业为目标的职业高中。因此,韩国的高中按照课程类型可分为普通高中、职业高中以及将普通高中和职业高中并设在一起的综合高中。

1997年颁布的《第七次教育过程》规定:学生只有在完成化学必修课后才能学习选修课程化学Ⅰ和化学Ⅱ。韩国的化学Ⅰ和化学Ⅱ是文、理科学生都可选择的科目。

二、高中化学教材简介

1. 新加坡

新加坡高中化学教材的知识组织方式符合学生的心理发展特点,注重基础知识,并且内容的编排循序渐进,从简单到复杂,从具体到抽象;内容及组织方式反映科学研究的新成果,体现知识的最新进展和未来发展方向;教材利用了插图、注解、练习等辅助材料,教材文字与图表的使用科学、严谨、规范,文字通畅、可读性强。

2. 日本

日本实行"一纲多本"教材建设及发行原则。2012年以前,日本国内全日制、普通学科、学分制高中学段选用频率最高的化学分科教材的基本情况见表5-4。

表5-4 日本文部科学省审定高中理科用化学分科教材的基本情况简介

作者	教材名称		出版社	时间	册数
白石振作等9人	《化学Ⅰ》003	《化学Ⅱ》002	大日本图书株式会社	2012年	2
山本隆一等18人	《化学Ⅰ》018	《化学Ⅱ》011	新兴出版社启林馆	2012年	2
细矢治福等12人	《化学Ⅰ》006	《化学Ⅱ》004	三省堂	2012年	2

3. 韩国

自1954年起,韩国高中化学课程共经历了7次改革,尤其是1997年发布的《科学与教育课程》,体现了第7次课程改革的理念与思想。《科学与教育课程》要求研发体现以人为本的化学教科书。共研发出了8个版本高中化学教材,其中天才教育出版社出版的高中化学教材《科学10》《化学Ⅰ》《化学Ⅱ》在韩国使用范围较广,为韩国首都首尔市通用教材,并且此版化学教科书的知识体系较其他版本完备。

三、高中化学教材的基本结构

1. 新加坡

新加坡高中化学教材主要由作者简介、前言、目录、主题、附录组成,具体结构见图5-22。

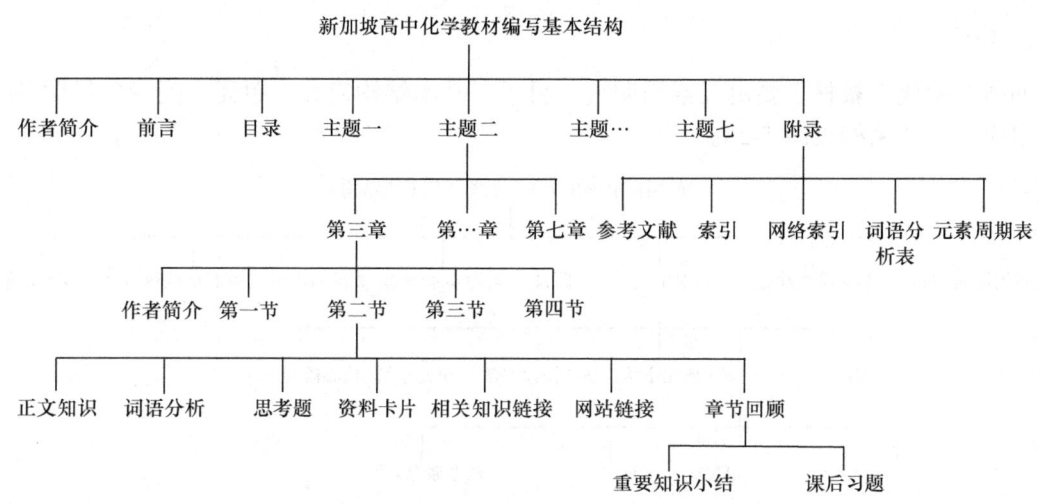

图 5-22 新加坡高中化学教材编写基本结构

2. 日本

日本理科综合 A、化学 I 和化学 II 的教材结构基本相同，均以部、章、节的形式来构建教材体系结构，主要由元素周期表、目录、标记、导言（序章）、各部、资料、索引和附录组成，具体结构见图 5-23 和图 5-24。

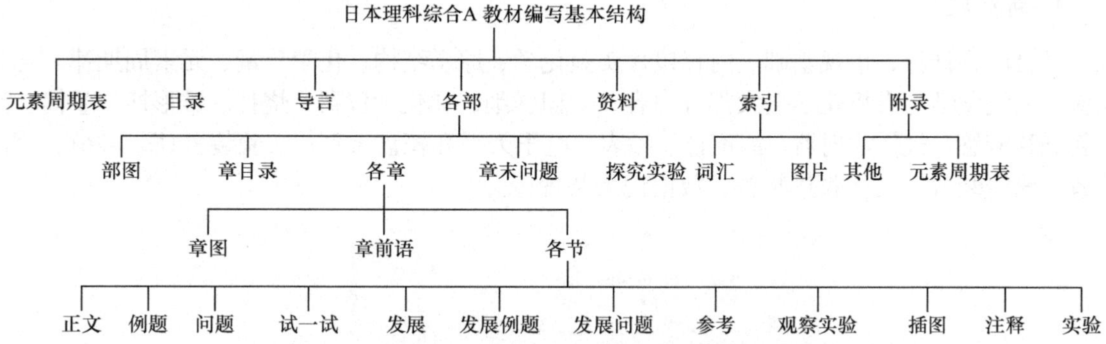

图 5-23 日本理科综合 A 教材编写基本结构

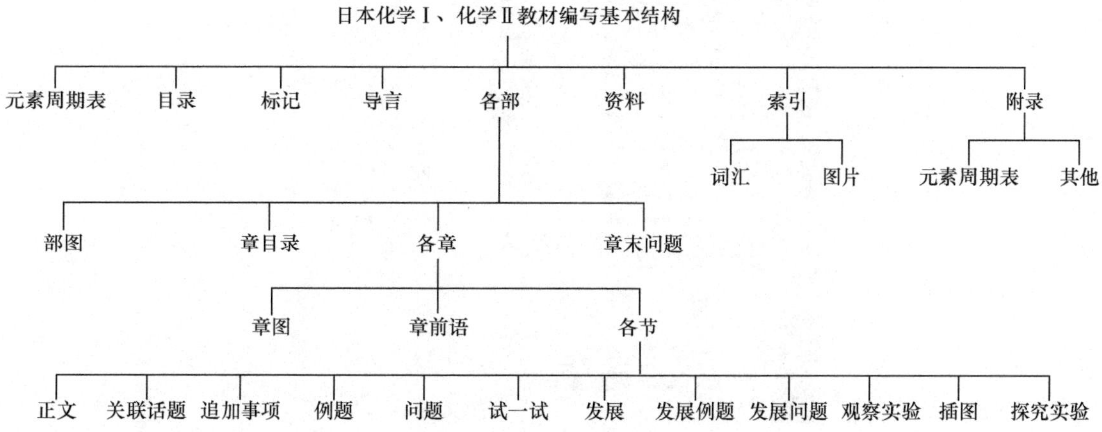

图 5-24 日本化学 I、化学 II 教材编写基本结构

3. 韩国

韩国高中化学教材主要由元素周期表、目录、基本结构简介、单元、附录、习题参考答案等组成，具体结构见图 5-25。

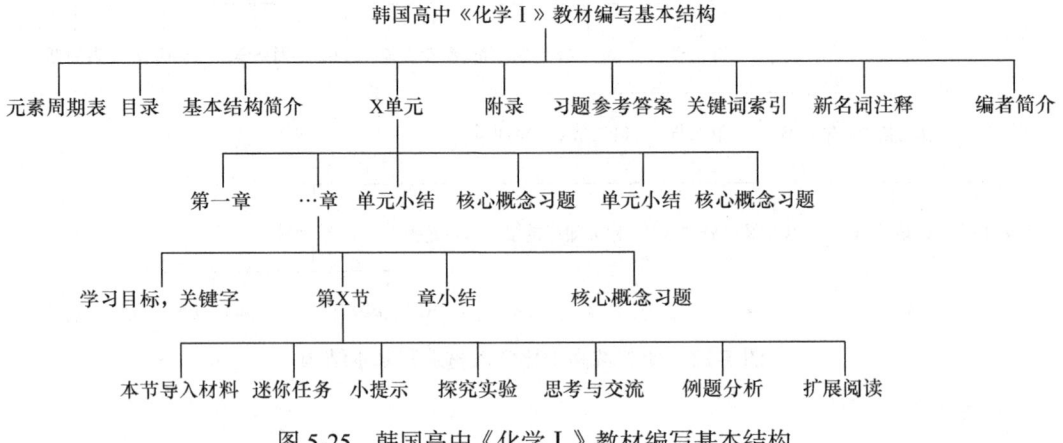

图 5-25　韩国高中《化学Ⅰ》教材编写基本结构

四、高中化学教材特点分析

（一）知识的选择

1. 新加坡

教材内容详尽，重视基础。内容包含实验化学、原子结构、化学计量、元素周期律、化学反应、大气化学与有机化学七大部分内容，知识详细，如化学仪器：烧杯、锥形瓶、量筒、滴定管和移液管、气体注射器、温度计、秒表、电子天平和托盘天平；实验装置(图 5-26)：蒸馏装置、滴定装置、气体收集装置、数据记录装置等。

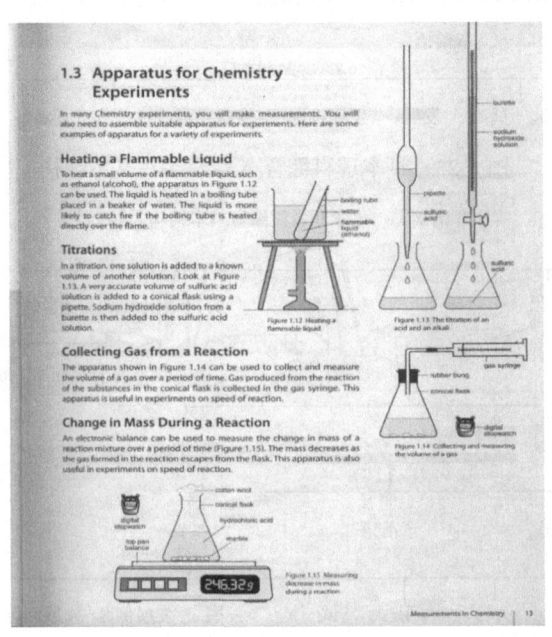

图 5-26　实验装置的介绍

2. 日本

教材理论性知识所占比例较大且编排相对集中。理论性知识占全部学科知识的60%以上，理论性知识集中编排在前2部，使物质结构理论和化学平衡理论得以系统地呈现。集中编排有利于保持知识的系统性和完整性，符合化学学科知识的内在逻辑。

3. 韩国

教材在知识选择方面颇具特色，主要表现在以下三个方面：①除涵盖我国普通高中化学教材的主体知识外，还涉及我国大学无机化学课程中的部分内容，如溶液依数性、轨道能级图、氢分子形成过程能级图等；②从具体知识的广度和深度来看，韩国尤为重视化学热力学基础知识的讲述；③更加注重化学与物理学、生物学等相关学科的联系，充分体现了韩国高中化学课程内容丰富、知识涉及面广泛的特点。

（二）编排与呈现

1. 新加坡

教材在知识编排时由浅入深，由易到难，有助于学生的接受和理解；注重情感熏陶，化学教学不但要给学生以丰富的科学知识，而且要通过生动具体的内容，引导学生形成正确的情感态度与价值观，引导学生思考国情，积极为国家献计献策，对学生进行爱国主义情感教育（图5-27）。

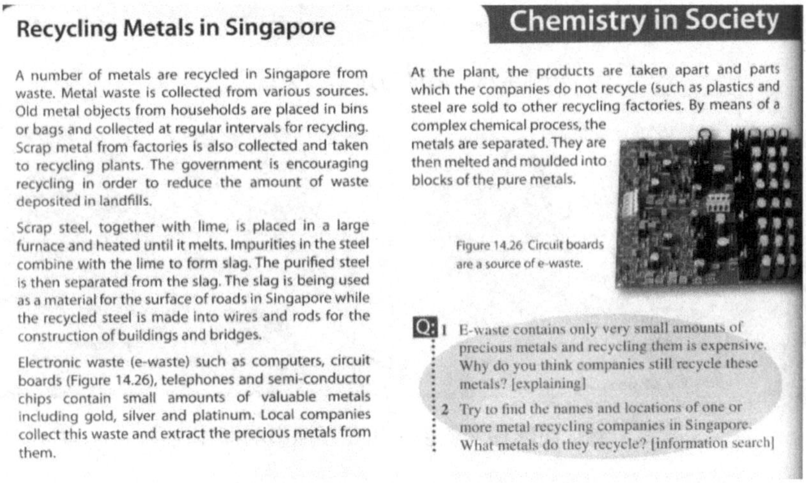
Recycling Metals in Singapore

Chemistry in Society

A number of metals are recycled in Singapore from waste. Metal waste is collected from various sources. Old metal objects from households are placed in bins or bags and collected at regular intervals for recycling. Scrap metal from factories is also collected and taken to recycling plants. The government is encouraging recycling in order to reduce the amount of waste deposited in landfills.

Scrap steel, together with lime, is placed in a large furnace and heated until it melts. Impurities in the steel combine with the lime to form slag. The purified steel is then separated from the slag. The slag is being used as a material for the surface of roads in Singapore while the recycled steel is made into wires and rods for the construction of buildings and bridges.

Electronic waste (e-waste) such as computers, circuit boards (Figure 14.26), telephones and semi-conductor chips contain small amounts of valuable metals including gold, silver and platinum. Local companies collect this waste and extract the precious metals from them.

At the plant, the products are taken apart and parts which the companies do not recycle (such as plastics and steel are sold to other recycling factories. By means of a complex chemical process, the metals are separated. They are then melted and moulded into blocks of the pure metals.

Figure 14.26 Circuit boards are a source of e-waste.

Q: 1 E-waste contains only very small amounts of precious metals and recycling them is expensive. Why do you think companies still recycle these metals? [explaining]

2 Try to find the names and locations of one or more metal recycling companies in Singapore. What metals do they recycle? [information search]

图5-27　教材中金属回收

2. 日本

教材理论性、技能性知识交替呈现。《化学Ⅱ》将化学理论的知识集中呈现在前两章，教材对于涉及的核心概念和理论，从引入到详细阐述和应用遵循学生的学习规律，按照从易到难、螺旋上升的方式交替呈现，并且注重知识广度且深度适中。由于《化学Ⅱ》是针对那些对化学感兴趣或是将来想以化学为职业的学生编写的，因此所选择的内容涵盖面很广，且有许多内容与大学教材接轨，使学生接受的知识呈现出完整性。

3. 韩国

教材内容的编排整体上巧妙安排了结构、反应、原理、应用等模块的知识顺序,从前文的主题单元的编排顺序可以看出在核心知识内容编排的逻辑顺序为:符号与结构、常见物质与常见反应、特殊反应及其原理、化学及其应用。模块功能明确,自成体系的同时又兼顾各个模块之间的相互关系,内容的系统性与逻辑性均很强。

教材内容呈现的最大亮点是:充分考虑学生的认知规律与认知困难,信息呈现方式别具匠心。教材中的栏目设置功能性明确,每节开始的"节前导入材料"均充分呈现与社会、生活相关的资料,并通过建立上述信息和该节知识之间的有效联系而切入。然后根据学习应该遵循的循序渐进的原则依次设置"迷你任务"与"探究实验"栏目,减轻了学生学习时的过高负荷。教材中插图的设计别具匠心,兼具美观性与实用性。例如,在呈现结构和原理知识时设计有效的示意性图片,从而起到很好的辅助作用(图 5-28～图 5-30)。

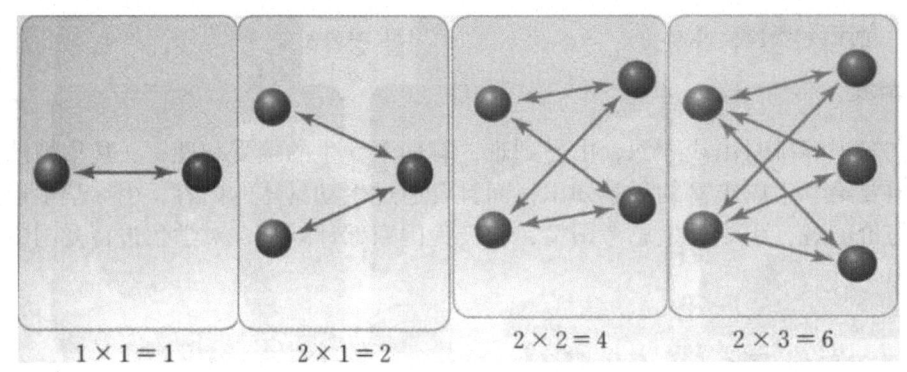

图 5-28　浓度与速率的关系

图 5-29　溜冰场人较多时相互碰撞影响溜冰速度

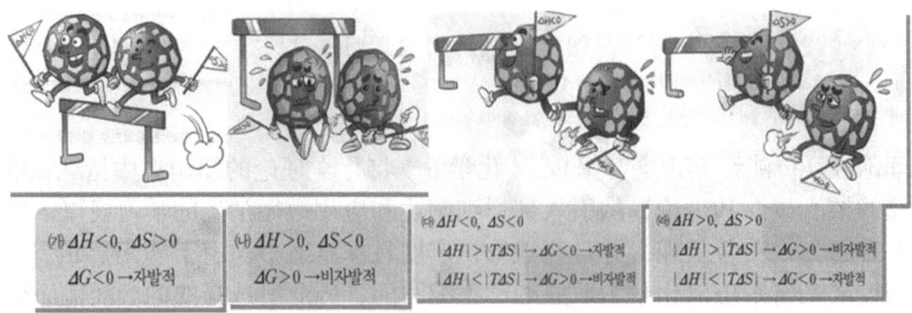

图 5-30　焓、熵、自由能的变化与反应自发性之间的关系

(三) 习题的特点

1. 新加坡

教材中的习题注重与现代化学技术紧密联系，习题涉及环境保护、计算机芯片净化、导电塑料等前沿领域。教材"Free Response Questions"和"Extension"等模块为开放式问题，均与实际生活联系紧密，从社会情境出发，引导学生通过查找资料和独立思考之后解决问题。习题给学生提供富有启发性的、有趣的背景材料，而且问题有一定的开放性和难度。习题 Extension 部分紧密联系社会问题，引导学生思考问题，为社会和国家的发展出谋划策。

2. 日本

教材习题的内容以学科知识为主。例如，在《理科综合 A》和《化学Ⅰ》中主要考查化学用语、基本概念、基本原理和基本计算，只有在《化学Ⅱ》中涉及探究性、生活性和跨学科性内容的习题。

教材在学习过程的不同阶段安排了不同广度和难度的练习。先在正文中穿插一些巩固学生对知识点理解的习题，题目综合性相对较小，难度不大；然后在章末设置一些综合性和难度相对较高的习题，需要对本章知识进行初步的融会贯通。

3. 韩国

教材习题设计意图明确，层次递进性鲜明，较好地联系生活、生产、科技以及学科交叉。分为节习题、章习题和单元习题，章习题由知识概念符号的识记到原理的简单应用、综合应用，到最后的创新性习题，有较合理的分布，体现了习题的层次性。创新性习题广泛涉及化学与生活、化学与高新科技、多学科交叉等领域，如习题中出现探究如何提高太阳能电池板的性能、查阅资料讨论熵减小与宇宙寿命等题目。另外，在每个单元结束时，都有关键概念填词游戏（图 5-31）。

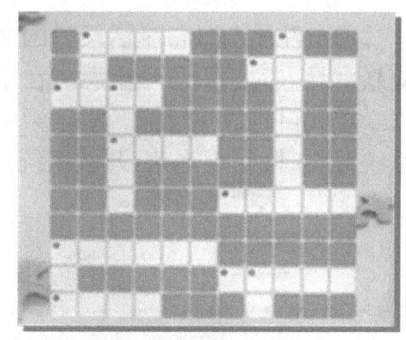

图 5-31　填词游戏

(四) 文化与情境

1. 新加坡

教材非常重视化学史教育，教材中化学史内容较多，有助于学生体会学科的发展脉络，理解学科结构和学科发展特点。在化学教学中，结合化学史进行讲授，一方面可以向学生进行历史文化渗透；另一方面使学生掌握化学发展的规律，提高他们发现问题、分析问题、解决问题的能力，对培养高素质的创新型人才有重要意义。

2. 日本

(1) 以"自然观"为核心概念的科学与人文融合的文化渗透。"化学与自然"、"生活与物质"及"生命与物质"等内容渗透在教材中，体现"珍惜自然"、"爱惜生命"的人生观和价值观,透视了"人类只有一个地球"的环境教育及"人与自然和谐相处"的人文教育。

(2) 以"化学人物"为核心内容的科学技术发展史的文化渗透。《化学Ⅰ》和《化学Ⅱ》收录并介绍化学人物及化学发现共 19 处,使学生通过化学发展史的了解增强化学的学习兴趣及研究欲望。

(3) 以"实物照片"为核心载体的认同感教育的文化渗透。《化学Ⅰ》和《化学Ⅱ》共收录实物照片 35 张,内容主要涉及文物、自然景色、传统工艺和科技产品等,使学生通过对化学的学习强化对自然、文化、历史和科技发展水平等的民族认同感和自豪感(图 5-32)。

图 5-32　日本高中化学教材中的图片

3. 韩国

教材注重与日常生活及韩国文化背景相联系,体现了 STSE 思想。例如,在酸碱中和反应新课导入时,引导学生思考在制作有腥味的鱼类菜肴时喷洒柠檬汁可以去腥的原因;在热力学单元讲到放热反应,举生活中扭伤的运动员运用化学反应降温冷敷胳膊的例子;在学习系统分类时,呈现泡菜(开放系统)、保温瓶(封闭系统)、矿泉水瓶(半封闭系统)等(图 5-33)。

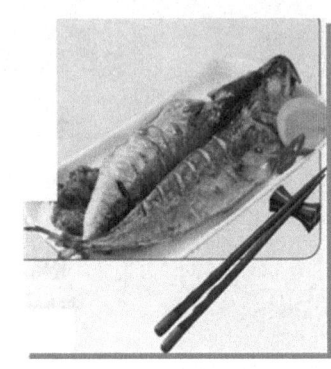 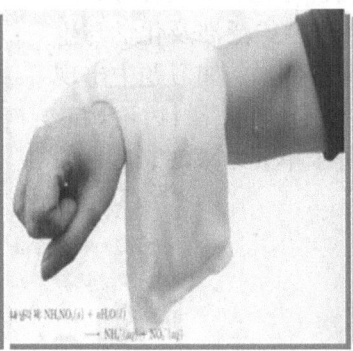 

图 5-33　韩国高中化学教材中的图片

第四节　澳大利亚高中化学教材简介

一、现行学制及化学课程开设情况介绍

澳大利亚是联邦制国家,联邦政府对各大、中、小学及其他院校进行宏观管理。除高等教育由联邦政府统一管理外,各类中小学教育的立法权归州或地区政府,由各州具体负责。《澳大利亚科学课程标准》把 K-12 科学学习分为四个阶段(表 5-5)。

表 5-5　K-12 年级科学学习四个阶段

阶段	学制	年龄	课程重点
第一阶段	K-2	5~8 岁	自我及当地环境知识
第二阶段	3~6 年	8~12 岁	识别科学问题，并进行研究
第三阶段	7~10 年级	12~15 岁	解释科学及其应用的现象
第四阶段	11~12 年级	15~18 岁	学科科学

维多利亚州的预备班 10 年级学习科学课程，11～12 年级除了英语、数学是必修之外，化学等科目都是维多利亚州教育证书的选修课程。如果学生选了化学这门课程，化学教材四个单元内容都是高中教育证书化学课程成绩的组成部分，包括四个单元的过程性评价成绩和终结性评价成绩。过程性评价是平时测试成绩，由学校负责；终结性评价由维多利亚州高考课程评估当局（VCAA）组织，通过两次考试——期中考试和期末考试。

二、高中化学教材简介

澳大利亚高中化学教材共两本，*Chemistry Dimensions 1 VCE Unit 1&2* 和 *Chemistry Dimensions 2 VCE Unit 3&4*，2006 年第一版，2010 年第二版。两本教材由贾弗里（Jaffery）等编写，由澳大利亚培生教育出版集团（Pearson Education Australia）——目前全球最大的教育出版集团根据澳大利亚维多利亚州化学课程标准编写，适用于维多利亚高中教育毕业考试，所以选择了这套教材作为研究对象。

三、高中化学教材的基本结构

澳大利亚高中化学两本教材结构相同，以 *Chemistry Dimensions 1 VCE Unit 1&2* 为例。教材主要由元素周期表、目录、完整的学习包、使用方法、学习领域、致谢、单元、附录、CD 许可和 CD 光盘组成，具体结构见图 5-34。

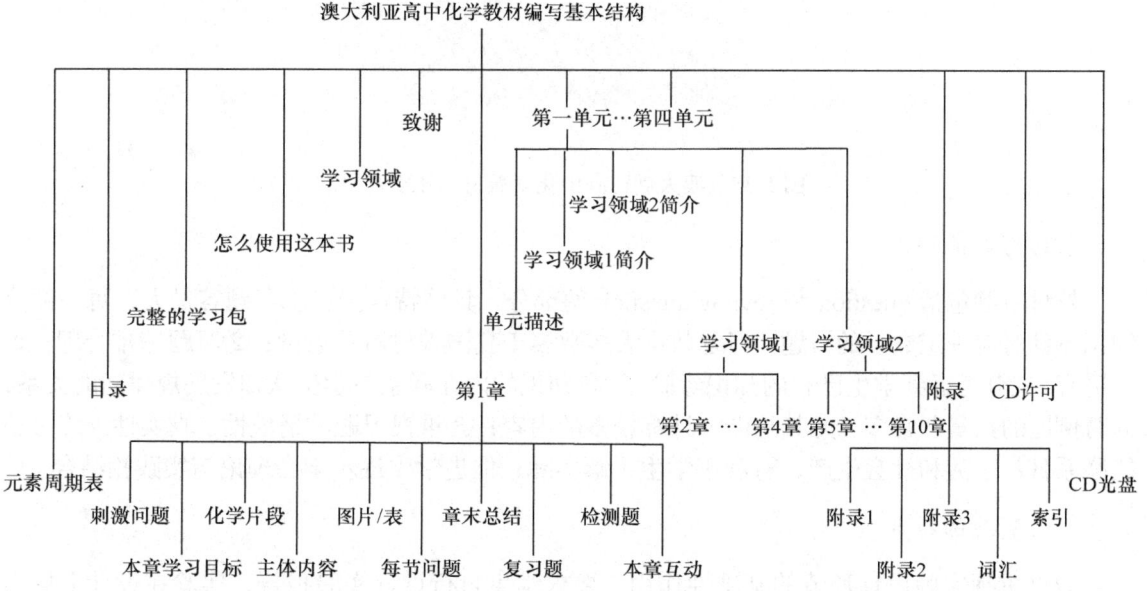

图 5-34　澳大利亚高中化学教材编写基本结构

四、高中化学教材特点分析

（一）知识的选择

教材内容包括化学主要思想、环境化学、化学路径和化学实践四个单元。主要介绍原子结构、元素周期表、化学材料、水的性质、酸碱溶液的性质、氧化还原反应、气体性质、化学分析、有机化学、生物化学、化学平衡、酸碱平衡、化学反应中能量变化、原电池、电解池，系统性较强。教材中的化学知识与历史、地理、生物等其他学科的知识广泛交叉，综合性较强。

（二）编排与呈现

教材章节主要是针对 VCE 教育证书考试要求编写的，把一些关键的技能知识整合在文本之中，把重要的理论分解在各个适于学生学习的模块，而且每章最后有一个章末总结，帮助学生归纳概括本章的知识。教材呈现方式除了基本的文字外，在文字的周围配有大量丰富多彩的图片和图表，还采用了 CD 光盘的方式来呈现，与教育技术紧密结合，可以增加学习效果和学习兴趣。

（三）活动设计

教材在每章之前设计了丰富的图片，通过刺激问题等引入课堂，增加学生学习的兴趣；通过设置化学片段，引导和鼓励学生自觉进行学习活动（图 5-35）。

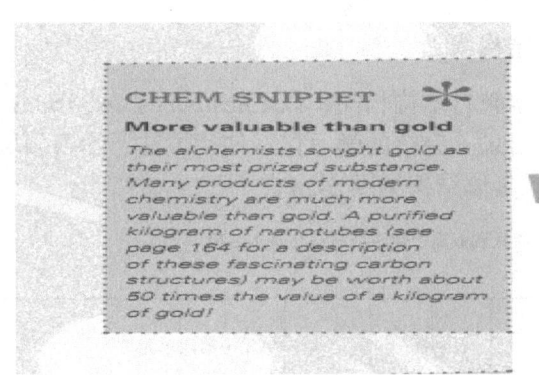

图 5-35　澳大利亚高中化学教材的化学片段

（四）习题的特点

教材习题包括 question 和 review question 两部分。具体特点为：①习题容量大，每一部分知识点都对应一定数量的习题，习题数量大多数多于我国教材习题数量；②习题编排合理，难度适宜，充分考虑到学生已有的知识经验、学科知识的内在联系与学生认知发展规律间的关系，同时例题的数量非常多，尤其是涉及计算较多的内容；③重视习题的情境性、真实性，练习题能联系日常生活和社会生产，有利于学生了解实际，促进学生逐步学会理论与实践相结合。

（五）实验的特点

教材重视实验设计环节的基础性作用，要求学生自行设计实验报告，实验在设计上提出了控制变量和非控制变量的分析，并占整个实验评价的 40%，重视过程中学生能力的培养；

重视实验结果的分析与实验反思改进,让学生将自己的实验结果与标准对比,进行误差分析,找出实验过程中的不足,提出改进方案;实验采用学生自我评价和小组成员互评相结合的评价方式,教师给出实验要完成的研究任务,然后给学生分组,合作小组接受任务后,设计切实可行的实验方案,规划好实验步骤以及实验中的注意问题,分配任务。

(六)文化与情境

教材提出了现代社会人们关注的一些科学问题、技术问题、社会问题和环境问题,学习情景材料比较丰富,列举了澳大利亚的先进仪器设备(图 5-36),体现了教材的本土性,强化学生学习动机,激发学生的学习兴趣,体现 STSE 理念。

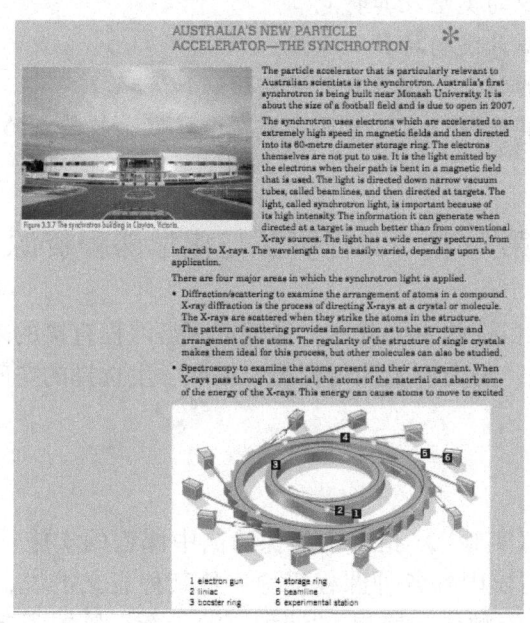

图 5-36 澳大利亚高中化学教材中的先进仪器设备

(七)附属资源

教材为学生用书配有单独的 CD 光盘,其中包含电子版本的教材,有复习题、交互式动画、视频、3D 模型等资源的网站以供学生课外学习。同样教师用书也配有教师 CD 光盘,其中也包含了丰富的资源,并在学生用书中相应位置标出。

思考与练习

1. 简述本章所涉及的 9 个国家现行学制及化学课程开设情况,以表 5-1 为例。
2. 概述本章所涉及的 9 个国家高中化学教材在知识选择方面的特点。
3. 归纳本章所涉及的 9 个国家高中化学教材在编排与呈现方面的异同点。
4. 分析比较本章所涉及的 9 个国家高中化学教材习题的特点。
5. 查阅文献,了解化学教材的研究现状,写一篇关于你感兴趣方向的文献综述。

第六章 信息化课程资源

> **本章学习指南**
>
> (1) 了解课程资源与化学课程资源的基本理论(包括概念、类型、特点)。
> (2) 了解化学课程资源的类型及其特点。
> (3) 掌握化学课程资源开发的特性及原则。
> (4) 了解慕课和微课的特点,掌握其开发的原则和流程。
> (5) 了解化学教育工具软件以及传感器技术在中学化学教学中的使用。

第一节 课程资源与化学课程资源

课程是学校实现教育目标的主要载体,课程资源是课程直接的来源。新课程理念要求设置多样化的化学课程模块,努力开发课程资源,拓展学生选择的空间,以适应学生个性发展的需要。

一、课程资源

《普通高中课程方案(实验)》指出,为保障高中课程的实施,学校应加强课程资源建设,充分挖掘并有效利用校内外各种课程资源。从某种意义上说,没有课程资源就不可能有课程,课程必须有课程资源作为前提。"课程资源是新一轮国家基础教育课程改革所提出的一个重要概念。没有课程资源的广泛支持,再美好的课程改革设想也很难变成中小学的实际教学成果。"

(一) 课程资源的概念

课程资源是指富有教育价值的、能够转化为学校课程或服务于学校课程的各种条件的总称,是教材以及学校、家庭、社会中所有可资利用的、有助于提高学生素质的人力、物力以及自然资源的总和。课程资源不是指向课程活动本身,而是指向构成课程活动所需要的一切素材和条件。课程资源具有潜在性、不确定性、多样性和动态性等特点。

(二) 课程资源的类型

为了更好地认识和把握如此众多的课程资源,把课程资源按照一定的标准、原则和特点进行归类,以便更好地认识、开发与利用它们。

(1) 根据来源,课程资源可分为校内课程资源和校外课程资源。

校内课程资源包括校内的各种场所和设施,如图书馆、实验室、专用教室、信息中心、实验实习农场和工厂等;校内人文资源,如教师群体,特别是专家型教师、师生关系、班级组织、学生团体、校风校纪、校容校貌等；与教育教学密切相关的各种活动，如实验实习、座谈讨论、文艺演出、社团活动、体育比赛、典礼仪式等。校内课程资源是实现课程目标、促进学生全面发展的最基本、最便利的资源，课程资源的开发与利用首先要着眼于校内课程资源。没有校内课程资源的充分开发与利用，校外课程资源的开发与利用就成为奢谈。

校外课程资源包括学生家庭、社区乃至整个社会各种可用于教育教学活动的设施和条件以及丰富的自然资源。其中，社区的图书馆、科技馆、博物馆、纪念馆、气象站、地震台、水文站、工厂、农村、部队以及科研院所等都是宝贵的课程资源，学生家长与学生家庭的图书、报刊、计算机、学习工具等也是不可忽视的课程资源；丰富的自然资源是人们生存和生活的基础，也是可以开发与利用的重要课程资源。校外课程资源可以弥补校内课程资源的不足，充分开发与利用校外课程资源能为转变教育教学方式、适应新课程提供有力的支持和保证。

(2) 根据性质，课程资源可分为自然课程资源和社会课程资源。

我国幅员辽阔，山川秀美，物产多样，可以开发与利用的自然课程资源极为丰富。例如，用于生物课程的动植物、微生物，用于地理课程的水文和地貌、天气和气候，用于艺术课程的自然景观等。认识自然，融入自然，与自然界和谐共处，是学生素质养成的重要内容，也是整个课程实施过程应体现的基本理念。

人们可以开发与利用的社会课程资源同样也是丰富多样的。为了保存和展示人类文明成果的公共设施如图书馆、博物馆、展览馆等无疑是重要的课程资源；道路的线条美、雕塑的造型美、音乐的节奏美等均可成为陶冶学生情操的课程资源；人类活动的交往如政治活动、军事活动、外交活动、科技活动等也可成为课程资源；另外，价值观念、风俗习惯等与教育教学活动有着直接的关系，因而也是不可或缺的课程资源。

(3) 根据物理特性和呈现方式，课程资源可分为文字资源、实物资源、活动资源和信息化资源。

文字的产生，纸张和印刷术的发明促进了人类文化的传播和教育教学活动的发展，以教材为主的印刷品记录着人们的思想，蕴涵着人类的智慧，保存着人类的文化，延续着人类的文明，直到今天仍然是最重要的课程资源。

实物资源表现为多种形式，一是自然物质，如动植物、矿石等；二是人类生产生活过程中创造出来的物质，如建筑、机械、服饰等；三是为教育教学活动专门制作的物品，如笔墨纸砚、模型、标本、挂图、仪器等。实物形式的课程资源具有直观、形象、具体的特点，是常用的课程资源。

活动资源内容广泛，包括教师的言语活动和体态语言、班级集体和学生社团的活动、各种集会和文艺演出、社会调查和实践活动，以及师生之间、学生之间的交往等。充分开发与利用活动课程资源，有利于打破单一的课堂接受模式，使学生在掌握知识的过程中增强社会适应和社会交往，养成健全的人格。

以计算机网络为代表的信息化资源具有信息容量大、智能化、虚拟化、网络化和多媒体的特点，对于延伸感官、扩大教育教学规模和提高教育教学效果有着重要的作用，是其他课程资源所无法替代的。随着教育现代化进程的不断推进，信息化课程资源的开发与利用势在必行，它将是最富有开发与利用前景的资源类型。

(4) 根据存在方式，课程资源可分为显性课程资源和隐性课程资源。

显性课程资源是指看得见摸得着，可以直接运用于教育教学活动的课程资源，如教材、计算机网络、自然和社会资源中的实物、活动等。显性课程资源作为实实在在的物质存在，可以直接成为教育教学的便捷手段或内容，比较易于开发与利用。

隐性课程资源一般是指以潜在的方式对教育教学活动施加影响的课程资源，如学校和社会风气、家庭气氛、师生关系等。与显性课程资源不同，隐性课程资源的作用方式具有间接性和隐蔽性的特点，它们不能构成教育教学的直接内容，但是对教育教学活动的质量起着持久的潜移默化的影响。因此，隐性课程资源的开发与利用更需要付出艰辛的努力。

(5) 根据功能特点，课程资源可分为素材性课程资源和条件性课程资源。

素材性课程资源包括知识、技能、经验、活动方式与方法、情感态度与价值观等方面的因素，其特点是作用于课程，并且能够成为课程的素材或来源。条件性课程资源包括直接决定课程实施范围和水平的人力、物力、财力、时间、场地、媒介、设备、设施和环境，以及对于课程的认识状况等因素，其特点是作用于课程却并不是形成课程本身的直接来源，但它在很大程度上决定着课程的实施范围和水平。当然，素材性课程资源与条件性课程资源之间并没有绝对的界限，现实中的许多课程资源，如图书馆、博物馆、实验室、互联网、人力和环境等，往往既包含着课程的素材，也包含着课程的条件。

需要说明的是，课程资源分类本身不是目的，列举如此众多的课程资源分类旨在开拓课程资源开发与利用的视野，展现课程资源开发与利用的广阔前景，避免可能出现的偏颇。例如，人们可能比较重视校内资源，忽视校外资源；可能注重文字和实物资源，淡化了活动资源和信息化资源；可能看到了显性资源，忽略了隐性资源；可能过分强调条件性资源，遮蔽了素材性资源等。我国幅员辽阔，各地经济发展存在很大差异，民族众多，文化特色不同，课程资源分布不均衡。在课程资源开发与利用的过程中，就需要发挥主观能动性，扬长避短，取长补短，突出学校特色，显现学科和教师个性。

(三) 课程资源的特点

要正确地理解课程资源，还必须对其特点有比较清晰的认识。下面列举了课程资源的一些特点。

1. 多样性

教材无疑是重要的课程资源，但课程资源绝不仅仅是教材，也绝不仅仅限于学校内部。

课程资源涉及学生学习与生活环境中一切有利于达成课程目标的资源，它弥散于学校内外的各个方面，因而具有广泛多样的特点。不同的地域，可资开发与利用的课程资源不同，其构成形式和表现形态各异；不同的文化背景下，人们的价值观念、道德意识、风俗习惯、宗教信仰等具有独特性，相应的课程资源各具特色；学校性质、规模、位置、传统以及教师素质和办学水平的不同，学校和教师可以开发与利用的课程资源自然有差异；学生个体的家庭背景、智力水平、生活经历的不同，可供开发与利用的课程资源必然有所区别。

2. 价值潜在性

多种多样的资源为学校和教师因地制宜地开发与利用提供了广阔的空间。尽管如此，应该注意，只有那些真正进入课程、与教育教学活动联系起来的资源，才是现实的课程资源。从这种意义上看，一切可能的课程资源都具有价值潜在性的特点。

同一资源对于不同课程具有不同的用途和价值。例如，动植物资源，可以成为学生学习生物学知识的资源,也可以成为学习环境学、生态学知识的资源,还可以成为学生调查、统计的资源。又如,学校附近的山,既可以用于体育课程中的体育锻炼,也可以用于劳动技术教育中的植树绿化;既可以在艺术教育中陶冶学生的情操,也可以在生物课中用来调查动植物的种类。课程资源的这一特点要求教师独具慧眼,善于挖掘课程资源的多种利用价值。

二、化学课程资源

(一)化学课程资源的概念

吴刚平认为,狭义的化学课程资源仅指能形成化学课程素材的直接来源的资源,典型的如化学教材、教师学生的辅助用书、科技图书等。广义的化学课程资源是指只要有利于实现化学课程目标的各种因素都是化学课程资源。也就是说,除了包含狭义的化学课程资源外,还包含化学实验室场地条件、学校的人力物力,以及校外的展览馆、工厂、电视节目等综合性资源。既包括物质的也包括精神的;包括历史的也包括现实的;包括显性的也包括隐性的;包括校内的也包括校外的;包括传统的教科书、图书馆,也包括现代信息网络;包括纸质文本的化学课程资源,也包括电子文本的化学课程资源。

(二)化学课程资源的类型

根据化学课程资源的功能特点不同,中学化学课程资源可以分为素材性化学课程资源和条件性化学课程资源。条件性化学课程资源是指化学课程资源实施过程中的物质条件,虽然它不是化学教学素材的直接来源,但是制约着化学教学的实施水平,如化学实验室、实验教学课时数、化学实验仪器和药品等。素材性化学课程资源是化学教学素材的直接来源,它包括课程标准、教科书、教学辅导用书、各种教学软件、化学教师的专业化水平、学生的能力结构等。

第二节 化学课程资源的开发

化学知识是一个动态的、发展的知识体系,由于教材(课程资源的一种)内容有其时间、地域的局限性,不可能面面俱到,与学科知识和教育理论的前沿也有一定的时间差,所以课程资源的开发应结合教学实际。课程资源是有效实施高中化学新课程的重要支持条件之一。

重视课程资源的开发和利用是高中化学新课程的一个重要特点。充分开发和利用化学课程资源,对于实现高中化学课程目标,丰富化学课程内容,促进学生生动活泼、积极主动的学习具有非常重要的作用。化学教师作为实施化学新课程的主体,应强化和扩展课程资源意识,提高对于课程资源的认识水平和开发利用能力,因地制宜地开发和利用各种课程资源,从而为创造性地实施高中化学新课程提供强有力的资源保障。

一、化学课程资源开发的特性

(一)直观性

化学课程资源可以将抽象的问题形象化、具体化、直观化,这样才能在学生原有知识的基础上建立起一座通向未知知识领域的桥梁。

(二)情境性

化学课程资源应当有效地吸引学生的注意力,激发学生的学习兴趣和学习动机,让学生置身于情景中,才能激发学生强烈的求知愿望。

(三)探究性

课程资源的开发要能够支持学生的探究活动,应当有利于学生从中发现和提出问题,从多种渠道搜集证据、观察实验、动手动脑地解决问题。

(四)开放性

这包括两方面的内容:一是资源内容具有以化学为中心,向社会、生活、化学科研前沿的开放性;二是资源的信息渠道具有以学生为中心的开放性,让学生通过主动的探究活动获取各种信息,而不是被动地接受信息。

(五)综合性

课程资源要注意反映不同学科间的交叉与渗透,化学与社会、生活、技术等方面的联系。

(六)广阔性

化学课程资源应包容比化学学科本身的系统材料更为广泛的客观外界资源。

二、化学课程资源开发的原则

(一)科学性原则

在化学课程资源的开发过程中,课程内容必须是科学的知识,同时课程开发过程也应该是科学的。

(二)针对性原则

针对不同的化学课程模块开发与利用化学课程资源。目前化学课程有化学与生活、化学与技术等 STS 取向的课程模块,也有以化学学科为中心的化学反应原理、物质结构基础等模块,应依据它们的不同特点开发与利用相应的课程资源。

(三)适应性原则

开发与利用适合学生学及教师教的化学课程资源。选择内容与学生的生活密切相关,并能引起学生兴趣的化学课程资源。化学课程资源要反映化学与其他学科之间的交叉与渗透,反映化学与社会、生活、技术等方面的联系,如化学与生活、化学与材料、化学与环境、化学与生物、化学与医学的联系等。

(四)开放性原则

通过课程资源类型、空间、途径的开放,开发与利用有利于提高化学教学效果的课程资源;充分开发与利用各种化学课程资源,包括校内的教学资源和人文资源、校外的社会资源和自然资源，还包括国内或国外的资源、城市或乡村的资源，并进行以校为本的开发与利用、校际之间的开发与利用甚至进行区域合作的开发与利用等。

(五)经济性原则

从开支、时间、空间、学习等的经济性方面考虑课程资源的开发与利用，以保证获得理想的效果。应尽可能开发与利用经费少的化学课程资源，开发与利用当前可以用于教学的化学课程资源，开发与利用能就地取材的化学课程资源，开发与利用能激发学生学习兴趣的化学课程资源。

三、化学课程资源开发及利用

充分开发与利用化学课程资源对于丰富化学课程内容，促进学生积极主动地学习具有重要意义。学校和教师都应努力建设、开发与利用校内外的课程资源，并争取社会各方面的支持和帮助。

(一)加强化学实验室的建设

学校应高度重视化学实验室建设，配置必要的药品、仪器和设备，确保每个学生都能进行实验探究活动。在保证实验安全、有序的前提下，条件较好的学校应向学生开放化学实验室，为学生自主地开展实验探究活动创造良好条件。

要重视对化学教师和实验管理人员的培训，建立和健全科学、规范的化学实验室管理体制。教学管理部门应定期对实验室建设进行检查和评估，以确保化学课程实施的顺利进行。

要鼓励教师和实验管理人员开发实验仪器，研究低成本、少污染的化学实验。同时也应鼓励学生和教师充分利用生活中的常用品和废弃物，设计富有特色的实验和实践活动。

(二)重视利用信息化课程资源

信息化课程资源是指学生在学习中可以利用的各种信息资料。这些资料主要来自图书、报刊、音像资料、广播、电视、网络等。

学校图书馆应增加科普读物、专业书籍和报纸杂志的种类和数量，扩大音像资料和计算机多媒体教学软件的收藏量，并通过调整和延长服务时间、改变服务方式、方便学生借阅等措施提高使用效率，切实为提高学生的科学素养服务。

学校应加快校园网络的建设，鼓励教师和学生从网络获取更多的信息。学校应积极组织和鼓励教师开发联系当地生产实际和反映科学技术研究成果的教学资源，应用和研制化学教学软件，利用网络化学教育资源等。要重视教学资源的建设和管理，形成资源库，实现资源共享。

随着科技的进步，逐渐开始使用虚拟实验。虚拟实验技术是以计算机为控制中心，利用软件技术构建系统的逻辑结构模型，协调相关硬件设备技术形成虚拟实验系统，通过计算机网络形成虚拟实验系统网络化，使实验者借助多媒体、仿真和虚拟现实等技术在计算机上营造可辅助、部分替代甚至全部替代传统实验各操作环节的相关软硬件操作环境。可以像在真实的环境中一样完成各种实验项目，所取得的实验效果等价于甚至优于在真实环境中所取得的效果。它是计算机技术、虚拟现实技术、人机交互技术结合的产物，也是教育领域应用信息技术的一种创新。

虚拟现实技术是在综合仿真技术、计算机图形技术、传感技术、显示技术等多种学科技术的基础之上发展起来的。它以仿真的方式使人置身于虚拟世界中。虚拟实验具有 3 个基本特征：交互性(interaction)、沉浸性(immersion)和构想性(imagination)。

1. 交互性

交互性是指用户对虚拟实验环境内对象的可操作程度和从环境得到反馈的自然程度(包括实时性)。虚拟实验环境比较强调人与虚拟世界间的自然交互，使用者不仅可以利用计算机键盘和鼠标进行交互，而且能够通过特殊头盔和数据手套等传感设备进行交互。

2. 沉浸性

沉浸性是指虚拟实验技术能使用户感到自己处于虚拟实验环境中，成为其中的一员，由观察者变为参与者，沉浸于虚拟实验环境中。运用计算机、多媒体与仿真技术等现代科学技术，营造与客观世界高度类似的虚拟环境，并参与虚拟实验的活动，使人具有一种身临其境的感觉。

3. 构想性

构想性是指最大限度地发挥人类的创造力和想象力。一方面，虚拟实验的环境是人想象出来的，体现出设计者的思想；另一方面，用户可从设计好的环境中得到感性和理性上的认识，进而深化概念，产生新意和想象，与设计者产生共鸣。

信息意识和能力是现代社会公民科学素养的重要部分，信息技术的发展也为化学教学提供了前所未有的崭新平台。随着网络和多媒体技术的飞速发展，教材概念的内涵和外延大大扩展，形成了以教科书为中心的系列课程信息资源，给学生提供了大量丰富多彩的感性材料，极大地激发了学生的学习兴趣。由于网络资源具有高度的共享性、强大的交互性以及丰富的内容，因而吸引着越来越多的学生。充分利用网络信息资源，对于培养学生的信息意识和信息的检索、收集、筛选、分析、处理等能力都有着不可替代的作用。信息化课程资源的使用可以对学生的学习产生帮助，如可视化技术的应用。

可视化技术出现在 20 世纪 80 年代末，作为一种技术与方法，其发端于利用计算机图形加强信息传递和理解的直观性。可视化技术也称为可视化计算技术，是运用计算机图形学、图像处理技术、多媒体技术、人工智能技术、人机接口技术和高度并行实时计算技术，将各种数据转换为动态直观的图形、图像、动画，在屏幕上显示出来，并能进行交互处理的技术。也就是说，可视化技术是一种将数据转化为可视图像的计算方法。它赋予数据形象，能够实现用图形、图像、动画来描述和表达数据与数据之间的关系。可视化的方法有很多种，其中色彩表示法是常见的一种。它是用色彩或灰度来描述不同区域的数值的方法。由于人们对色彩的接受能力更强，所以根据人的视觉系统对色彩色度和亮度的敏感程度不同来描述数值特性比较有效。这种方法的主要优点是：直观、形象、醒目，主要用于反映表面或截面上的信息。

(三)充分利用社区学习资源

社区是学生的生活环境，也是学生的学习环境。社区中蕴藏着丰富的化学课程资源。充分开发和利用社区学习资源是化学课程顺利实施的重要保证。

社区课程资源丰富多样,包括图书馆、科技馆、博物馆、科研单位、大专院校、工矿企业、消防环保部门以及农、林、牧、渔等生产单位的研究人员、技术资料、仪器设备和相关的信息等。学校和教师要重视社区教育资源的开发与利用,要结合教学内容,组织学生开展参观、访问、调查、考察、实习等活动,以及邀请有关人员来校演讲、座谈等,开拓学生视野,引导学生充分利用。

化学课程资源的开发过程中要重视利用各种资源,通过参观、访问、讲座、讨论、实习等途径,使学生多接触社会,了解化学与社会和科学技术的关系,以激发学生的学习动机,并在化学知识的学习中有效地培养其实践能力和社会适应能力。

(四)编写配合教科书使用的教师手册

在以前的化学教学中,教学参考书是化学教师解读教科书的主要依据,在教师的心目中处于很高的地位。如今不应再像以往的教学参考书那样,把教师手册看成教师理解教材、设计教材的唯一依据。要重视配合教科书使用的教师手册或教学参考用书的编写和出版工作。教师手册或教学参考用书应当对教学目标进行阐述,提示教学的重点和预期的教学效果,解析疑难问题,对学生的学习活动特别是探究性实验和参观、调查活动的组织提出针对性的建议(也可单独编制学生实验活动指南)。

四、化学课程资源开发案例

(一)课程开发背景

化学是一门以实验为基础的课程。开设一门有特色的化学校本课程,通过动手实验,可以培养学生学习化学的兴趣,以及透过现象看本质的品质。现在由于学校课时安排少而课程内容量大,教师在教学过程中只能将课本中的实验演示给学生看,甚至只能通过播放实验视频给学生观看,而化学实验校本课程的开发可很好地解决课时安排的问题。并且近几年高考在化学科的考试中对实验探究题的侧重较大,化学实验校本课程的开设可以锻炼学生的动手能力,改善学生思维方面的缺陷。

(二)课程内容

本次"化学实验研究"校本课程的对象主要是高一新生,课程内容主要依据高中人教版《化学(必修 1)》,一方面考虑到高一化学内容量大而课时少导致教材中的很多实验不能在课堂中完成,所以在校本课程教学中将主要以书上的实验为主;另一方面,由于高一新生的实验操作能力较差,而学校的实验药品资源短缺,因此所开设的题目旨在吸引学生的学习兴趣又相对简单。探究式实验的选择,可以使学生在不断探索过程中发现学习化学知识的乐趣,有助于学生化学学科的学习,而且探索的过程中加强了小组成员间的交流,提高了学生的问题思考及创新能力,有利于学生发散思维的形成。

"化学实验研究"校本课程共包括 8 个课题,其中主要包括三个层面,第一个层面是教材中的基础实验,第二个层面是趣味化学实验,第三个层面是在教材已有的实验上进行改进。具体实验内容课题见表 6-1。

表 6-1 "化学实验研究"校本课程课题

实验序号	实验题目
1	红糖变白糖
2	蒸馏与萃取
3	离子鉴别
4	一定物质的量浓度溶液的配制及溶液导电性
5	检验含碘食盐中碘的含量
6	对过氧化钠与水及二氧化碳反应实验改进
7	铝热反应
8	铁离子检验及氢氧化亚铁实验改进探究

实验 1 是一个趣味性实验，其设计的主要目的是调动学生对本课程的学习积极性。这个实验的操作相对比较简单，因为本次校本课程开设的对象是高一新生，而且第一次校本课程的上课时间是在学生刚刚学完人教版《化学(必修1)》第一章"从实验学化学"之后，学生已经掌握了过滤、蒸馏、萃取等基本知识。实验 1 涉及的主要操作就是过滤及蒸发结晶，通过实验操作可以检验学生对知识的掌握情况，同时又是对已学知识的应用。

实验 2、3、4、7 是化学教材中学生必须掌握的实验操作，但由于课上教师只是进行了演示实验，因此教学效果并不是很好。设计这 4 个实验的目的就是对课本知识进行补充。

实验 5 的设计是为了展现化学与生活的关系。在日常生活中，学生都知道所食用的盐是加碘盐，但却不知含碘盐中碘的含量究竟是多少。本次实验让学生自备食盐，通过实验验证是否所有品牌的加碘盐中碘的含量都是相同的。带着疑问与好奇出发，更能调动起学生对化学实验的学习兴趣。

实验 6 和 8 是探究性实验，都是在教材原有的实验基础上进行改进。设计的目的就是培养学生的实验设计能力。

无论是什么类型的设计，其最终的目的是在课本知识的基础上展开趣味性与探究性实验，并让化学知识与生活实际相联系，充分调动学生的学习兴趣，培养学生的实践能力。

(三)课程实施

学校通过校本研修会议确立各学科所要开设的校本课程题目，后由学校成立的专门的领导小组对校本课程进行宣讲，向学生公布本学期的校本课程名称，并积极为学生解决存在的问题，最后组织学生进行校本课程的选择。

(四)授课方式

本次所开设的"化学实验研究"校本课程在化学实验室进行，包括导学案、教师指导、课前查阅资料、课上汇报展示、学生小组讨论、动手实验等形式。通过导学案的下发，能够引导学生预习，一方面让学生了解课程内容；另一方面能让学生发现自己的问题，从而引发学生的学习动机。课前查阅资料及课上汇报展示能够让学生在查阅过程中了解一些化学史实，培养学生勇于创新、不断探索的科学品质，汇报展示能充分调动起课堂活跃的气氛、提高学生学习化学的兴趣。学生小组讨论使小组内的学生为达到学习目标而相互帮助、相互探讨，从而调动起学生的学习兴趣，而且通过小组内学生间的探讨与讲解，有助于学生发散思维的养成。

(五)学习评价

新课程改革要求对学生的评价多样化，即改变传统的以"知识掌握程度"为唯一评价标准的单一评价模式。教育的目的就是让每个学生都能够在社会所需岗位上发挥各自的作用，因此学生的评价标准可以从合作、创新等多方面展开。本次开设的"化学实验研究"校本课程在对学生的评价上主要分为两部分：第一部分是平时成绩，平时成绩的考核主要体现在学生的出勤率及课堂表现；第二部分是学生上交的实验报告单的完成情况及最后的期末测评。具体评价方式见表6-2。

表6-2 "化学实验研究"校本课程学生评价表

班级	出勤 (10分)	小组合作 (25分)	创新 (25分)	实验报告单 (20分)	期末测试 (20分)
一班					
二班					
三班					
四班					
五班					
六班					
七班					
八班					

第三节　数字化课程资源的开发

一、数字化课程概述

(一)数字化的内涵

信息技术的迅猛发展，使得以网络为基础的数字化课程资源备受关注。英文"digital、digitalize、digitize、digitization"都有"数字化"之意，"digitization"为计算机专用术语，中文直译为"将(资料)数字化"。数字化是指复杂多变的信息转变为可度量的数据、文字、图像、语音等，所有信息通过采样定理都可以用0和1来表示。它把一切通过编码变成一串数字，再通过解码还原出来。因此，知识体系变成了数字构成的数据库，而且这种数据库在计算机网络中成为所谓人脑的直接延伸，变成了虚拟的人脑。而各种信息经数字化处理后转变为一系列二进制代码，一个二进制位称为1个BIT(比特)。这个"比特"称为"信息的DNA"，比特是数字化计算中的基本粒子，越来越多的信息，如声音和影像，都被数字化了，被简化为同样的 1 和 0。数字化技术通过计算机、光缆、卫星等设备进行数字编码、压缩、传输、调制与解调等，把所有原始信息用计算机能够识别的二进制编码来表示与处理，极大地延长与扩展了人的信息能力。数字化技术的广泛应用解决了传统信息手段"信息量小、存在交换与交流限制"等缺点，因此被认为是现代信息技术的核心。信息技术以数字化为支柱，应用到教育教学过程后，使学习环境、学习资源、学习方式都向数字化方向发展。

（二）数字化课程资源的概念

数字化课程资源是经过数字化处理后可以在多媒体计算机上或网络环境下运行的多媒体教学信息材料，包括数字视频、数字音频、多媒体软件、CD-ROM、数据文件及数据库等。它在当代课程与教学领域中具有物质与信息的双重特性，是一种特殊而前景广阔的新兴资源。高等师范院校为适应新时期基础教育改革需求，在课程建设中也应充分挖掘和利用数字化资源，并使其成为专业发展的良好平台。

美国麻省理工学院（MIT）是最早建设面向全球开放的数字化课程资源的机构之一。正如 MIT 开放式课程（Open Course Ware，OCW）网站主页上的主题词所说："开放知识、赋予思想"（unlocking knowledge，empowering minds），开放课程所传播的不仅是学科知识，更是开放的教育理念。2001 年 MIT 启动了"公开课程材料"项目，10 年的时间把 MIT 几乎全部教学实践中使用的、总共 2000 多门课程的教学资源分批放在国际互联网上，供全球所有地方的任何学习者免费使用。目前，国际上已有超过 300 所学校在"优质教学资源共享"理念的推动下，发布了自己的公开课程。OCW 已成为一种影响广泛的教学模型。而要实现更大范围的知识共享，就必须转变传统的教学模式，将现有的教学资源进行数字化转化，同时基于信息化环境下的教学要求，开发一系列配套的多媒体教学资源，并建立科学合理的数字化课程体系。

（三）数字化课程资源的优势

1. 模拟情境，转换观察空间

一些自然学科的知识、术语较为繁杂抽象，专业学科研究的对象大到宇宙天体，小到原子、电子、细胞。这些不易让学生直接感知，而数字化技术的运用可帮助教师和学生解决这些重点、难点问题。借助数字化技术，可以将宏观的天体微观化，将微观的物质宏观化，在多媒体上模拟其运行过程，从而使学生增强理解。同时，表现形式多样化的数字化资源可以为学生的自主学习和协作学习创设有意义的学习情境，从而扩大学生的知识面，丰富学生的视野。

2. 活跃思维，培养信息素养

传统的课程资源被局限在狭小范围，难以展现与活跃科学思维。例如，一些物理思维不能用实验演示，仅用语言又难以描述。然而，数字化课程资源的运用可以缓解这一矛盾，可通过数字技术对科学思维进行辅助表达。将抽象的思维方法和思维过程以生动形象的过程描述出来，从而使学生容易接受。此外，教师还可以结合实际，以学科信息的获取、处理加工、交流传递和利用为出发点来培养学生的信息意识与素养。

3. 课程智能化与网络化

智能化是指在专业课程的学习中可进行多角度教学"对话"，而非教师单向进行信息传递。

教师还可根据程序来管理教学，监督和评价学生的学习效果，从而提高科学教育专业的教学效果。网络化是指把专业课程与教学信息完全数字化，让师生在其中自由共享。同时，通过建立全国性的多媒体科教专业教育网络，为本专业学生提供新的教学"场所"，实现跨地域的信息资源共享。

伴随个性化学习的普及，以及移动学习、碎片化学习、翻转课堂的发展，广大教师的教学方式也走向了多元化。在教育教学朝着交互性、便利性发展的同时，学习也正在走向微型化、个性化和移动化。当前数字化课程开发的主流是"慕课"和"微课"等课程。

二、慕课的开发

(一) 慕课的概念和特点

1. 慕课的概念

慕课即 MOOC，是 Massive Open Online Courses（大规模开放式在线课程）的简称。Massive"大规模"，学习人数众多、学习规模巨大；Open"开放式"，免费注册，丰富的学习资源向全国乃至全世界开放，学习者眼界也随之扩展到国外；Online"在线"，学习和教学主要通过网络进行，交流与互动都是在网上。在"慕课"模式下，整个课堂教学和学生学习完整、系统在线实现。"慕课"是包含讲授、讨论、作业、评价以及回馈的教学过程，不只是纯粹的教学或自学，是融合教师讲授、学生学习的整个教学过程。课程中，教师的主计算机连接到学生计算机，方便教师观察学生的学习状况。学生如何学习、学习效果如何都会在线呈现，并获得相关的学习反馈。

作为在线教育的最新形态，慕课将社交服务、在线学习、大数据分析和移动互联等理念融于一体，向用户提供大规模的免费在线高等教育服务以及生动的学习体验。慕课的巨大优势已经引起政策决策者、投资者及教育人士的广泛关注，并吸引他们投身慕课建设。2012 年，致力于推广开放式在线学习课程的多家公司与顶尖大学合作，推出了 Coursera、Edx、Udacity 等全球性在线开放课程学习平台，供学生选择学习，故 2012 年也被称为"慕课元年"。这三家公司提供模块化在线材料，播放简短视频片段，开展互动问答等活动，通过网上论坛让学生展开讨论、进行学习。实际教学在视频授课之外，横跨博客、网站、社会网络等多个平台。大量来自世界著名高等学校的丰富课程资源吸引了世界各地的学习者共同在线学习。在各专业教师带领下，在线无障碍、无距离地进行学习。

2. 慕课的特点

教师从传统课堂走入网络课堂，需要对课堂进行重新设计。而且，学习者数量多，课堂的提供者由传统课堂的一位教师向提供教学资源的团队转变。慕课课程讲课的教师更加专业化，而且对课程进行了严格的设计与探讨。与此同时，除了教师讲课之外，还有专门的视频制作团队和服务人员对课程进行艺术化、科学化的包装。例如，上海交通大学在暑期实施的课程是教学发展中心负责课程设计，教育技术中心负责课件制作，教务处负责课程发布，各个部门相互配合，一起完成慕课工作。慕课具有以下四个特点。

1) 高度的互动性

交互式教学是慕课与传统网络课程的一大区别。在教学过程中，教师与学生之间、学生相互之间的互动频繁。师生互动：在课堂上教师对学习者提问进行集中答疑，以一对多形式进行互动；授课教师还提供每周两小时左右的论坛在线时间与学生开展交流，课后测试通过客观题与学习者进行一对一形式的实时互动交流。由于先进网络技术的支持，教师可以看到学习者的笔记、问题，对其学习效果有清晰的了解，可以更有针对性地解答学习者的问题。生生互动：合作学习是慕课的主要学习方式。在授课过程中，将学习者分为若干小组，以小组为学习单元，每个小组研究一个主题。在完成任务过程中，充分调动每个成员的积极性，讨论学习主题、交流学习知识。对于不懂的问题，小组成员可以相互交流，也可以询问授课教师和助教。学习者在线下可以通过微信、微博、论坛等形式交流遇到的问题。学生之间的互动频繁。

2) 学习的便捷性

慕课学习的便捷性主要体现在学习的自主性以及灵活性。慕课彻底颠覆了传统教学"教师主导、学生遵从"的关系，充分体现为学习者主体，教师、网络共同主导这样一个全新"双主"关系。在课前，学习者收集学习资料、观看课程视频、阅读相关材料、完成习题，为上课做准备。在上课过程中，学习者自己选择学习方式，标注笔记，自主选择重点。在课下，对于不懂的问题通过论坛、邮件、微博等方式进行讨论。学习者充分发挥学习的自主性，教师只发挥引导、辅助的作用。

慕课的教学与学习是在线的，每节慕课都是由十几分钟的短视频组成。教学中大量采用图片、视频等，教学灵活多样，激发学生兴趣，加深学生对所学知识的理解。在慕课学习模式下，学习者的学习地点、学习时间以及学习方式没有固定要求。学习者可以利用自己闲散的时间，自己喜好的方式开展学习。学生学习的过程完整呈现，在线评价系统会及时对学生进行评价，帮助学生了解自己学习的情况。上过的课程投放在网上，帮助学生循环观看学习。如果学习者有某个知识点没有掌握可以选择回放，再次学习该知识点直至掌握。学习具有极大的灵活性。

3) 受众的广泛性

基于互联网的普及、移动技术的迅速发展，慕课受众非常广泛。广泛性主要体现在课程的开放性以及规模性。所谓"开放性"，即向一切人开放，任何人都可注册，进入资格没有严格限定。学习资源具有开放访问权限，不需要任何费用。学习者只要在网上注册、登录，按照自己的兴趣和需求选择学习的课程。来自不同国家、不同文化背景的学生在网络世界实时参与一个共同的学习任务和课程项目，学习体验跨越地域的限制，延伸至全球。

课程没有学习者人数的限制，具有显著的规模性。规模性一方面是指课程学习者的数量庞大；另一方面也指课程资源覆盖范围广。课程资源涵盖世界高校优质的教育资源，学习者来自全世界各个国家。美国高等教育记事开展一项针对 103 位慕课教授的调查，结果显示每门课程平均有 33000 个来自世界各国的学生注册。据统计，仅麻省理工学院的"电路与电子"一门课程就有超过 160 多个国家的亿万学生报名。现在一门慕课所授学生数目可能比以往一名教师几十年教授学生数目的总和还要多。慕课向社会公众传播文化，普及教育资源，教育的社会服务职能能得到更好的实现。

4) 课程的免费性

慕课的宗旨是"开放教育资源，使所有人都能接受教育"。慕课课程是各大学联合开设的网络学习平台，免费提供优质课程。任何学习者只要注册之后即可享受来自世界知名大学教授的讲授以及其所研究专业领域的前沿理论。相对于传统大学课堂必须缴纳高昂的学费，学生可以节约很大的经济成本。并且由于跳出本来学校以及教师的圈子，接受世界范围内的专业知识，学习者视野更广，理论也更先进。

慕课合作高校在网上开设特定课程，注册者可以在线跟从课程的学习，无论是即时提问、提交作业还是最后参加考试都是免费的，也可以在课下观看高校录制好的视频（高校课程的制作团队制作好课程之后将其上传）。整个课程学习中，学习者无需缴纳任何费用（除为获取特定的证书或学分外）。有真正的免费才能实现高等教育的真正开放。不花任何费用接触到世界范围的优质教育资源，这是慕课的最大优势，也是慕课为高等教育带来的巨大改变。

(二)慕课的开发原则

传统课程中，教师提供的资源和活动处于学习和互动的中心，它们限定了知识探究的边界，学习者学什么和怎么学都是预先计划好的。而在慕课课程中，教师提供的资源成为知识探究的出发点，学习者产生的内容成为学习和互动的中心，学习者提供的资源扩展和放大了知识的界限。因此，学习成为对网络信息的遍历和建构，通过社区内不同认知的交互而形成新的知识。唐斯（Downes）等总结出慕课课程开发的若干基本原则。

1. 汇聚

在传统课程中，学习内容是由教师提前准备好的。而在慕课课程中，大部分内容是动态汇集的。课程为分布在互联网各处的海量内容提供了一个集合点，这些内容会通过网页或课程通信等形式聚合以提供给课程的使用者。这些内容是无止境的，学习者很可能不能读完所有的内容，他们应该根据自己的兴趣选择要学习的内容。

2. 混合

学习过程中学习者将课程中的内容和课程外的内容相互混合，将学习者自己的资源和课程资源混合。通常的做法是撰写博客，通过社会性书签记录和分享新资源，参与论坛讨论，使用推特发表简短的意见等。

3. 转用

根据学习者自己的目标转用聚合的课程资源以及混合后的资源。课程的目标不是让学习者重复课程已有的内容，而是鼓励他们在此基础上有所创新。学习者可以基于课程已有知识，根据自己的理解和想法编撰新的内容。

4. 推动分享

学习者应该积极与课程的其他学习者以及课程外的所有人分享自己所创作、混合或转用的创意和内容，引起更多的回应和评论。分享的内容可以是新资源、新观点、新见解等。这些内容中有价值的部分也会被课程协调人聚合到课程通信中。

(三)慕课的课程资源现状

当前国内上线的"慕课"平台众多，根据课程讲授内容大致分为三类，即提供初、高中教育的慕课平台，如万门大学、天天象上、上海市高中名校慕课等；提供高等教育课程的慕课平台，如中国大学 MOOC、学堂在线、MOOC 中国、好大学在线等；聚焦职业技能提升的慕课平台，如咪咕学堂、慕课网、网易云课堂等。

为了了解慕课对学术资源特别是高等教育学术资源的利用情况，选取国内关注度较高的 4 个慕课平台，即中国大学 MOOC、学堂在线、好大学在线、华文慕课，对这 4 个平台中高校自主开设课程的相关数据进行统计。数据统计说明：只统计由中国内地(港澳台地区除外，以下简称"国内"均不包含港澳台地区)高校开设的慕课课程，只统计在课程介绍页明确位置出现的内容，对重复开设的课程和参考资料相同的系列课程进行去重处理，统计时间截至 2016 年 7 月 20 日。

1. 大多数授课团队重视学术资源标识

统计结果显示，中国大学 MOOC 上线 322 门课程，其中 83% 的课程列出参考资料。学堂在线共开设 236 门课程，其中 106 门课程列出参考资料，占全部课程的 45%。好大学在线有 129 门课程，其中 77 门课程列出参考资料，占全部课程的 60%。华文慕课是北京大学联手阿里集团基于顶你学堂(TopU.com)源代码二次开发的慕课平台，北京大学既是华文慕课的主办单位之一，也是目前唯一一所与该平台合作的内地高校。北京大学在华文慕课平台已有 35 门课程上线，包括此前录制完成并已在其他平台上线的课程，其中 23 门课程列出了参考资料，占所有上线课程的 66%。虽然不是所有课程授课团队都列出参考资料，但是授课团队主动标识学术资源的做法已经得到普遍认可，大多数授课团队能有意识地为学习者自主学习提供参考资料。

2. 学术资源的呈现形式多样化

统计发现在提供参考资料目录时，大多数课程严格按照参考文献的编排格式列出课程涉及参考资料的相关信息，如书名、著译者名、出版社、版本号等信息，但也不乏一些课程仅列出书名；少数课程为学习者提供了参考资料的购买方式，如附加购买超链接等；少数课程通过创建课程微信公众号、课程微博或教师微博、课程官方 QQ 群、课程贴吧、自建课程网站等形式为学习者获取资源提供便利；只有为数不多的几门课程明确告知学习者免费获取参考资料的方式，如"高级语言程序设计(Python)"提供英文版下载地址且通过网盘提供自翻译版本。

3. 课程提供的学术资源数量分布集中

分析课程提供的参考资料数量发现，大多数授课团队列出的参考资料都在 1 本以上，集中在 1~5 本。中国大学 MOOC、学堂在线、好大学在线、华文慕课列出 1~5 本参考资料的课程占所有列出参考资料课程的比例分别为 74%、83%、70%、74%，中国大学 MOOC 和学堂在线分别有 16% 和 13% 的课程列出 6~10 本参考资料，好大学在线和华文慕课则各为 22%；各平台中列出 10 本以上参考资料的课程占所有列出参考资料课程的比例均小于 10%；单门课程列出最高的参考资料数量为 46 本。

4. 学术资源涉及的出版社分散，内容以教材为主

统计发现，慕课课程为学习者提供了丰富的参考资料目录，涵盖近 300 家出版社的 2000 多本(种)出版物。高等教育出版社和清华大学出版社出版的图书在 4 个平台中都占据较大份额，出现频率均位列前 5，北京大学出版社、科学出版社、中国人民大学出版社等出版社也表现出不凡的出版实力。此外，由于大部分慕课课程是大学的专业基础课，如大学物理、大学化学、大学计算机教程等，课程列出的参考资料大多是专业课程教材，以各专业的国家精品教材为主。

(四)慕课的开发过程

1. 教师资源

1)课程标准

众所周知，课程标准规定了一门课程的性质、培养目标、授课内容以及实施建议，是具有指导性的教学文件，不仅指导教师，也指导学生。对学生在经过一段时间学习后的学习效果及能力有规定和介绍，学生能够知道自己在学完该课程后应该具备什么样的能力，完成哪些工作。

对于慕课平台上的课程来说，课程标准也是教师的指导性文件，一般来说，课程标准从以下几个方面来描述：

(1)课程定位与设计思路。介绍该课程的地位及作用。对课程进行简单介绍，同时介绍本门课程的设计思路。

(2)课程目标。通过本课程的学习，学生能够实现哪些学习目标，能够具备什么样的职业能力，能够胜任哪些工作。主要分为能力目标、知识目标及素质目标。

(3)教学内容。详细介绍本门课程的教学内容，以及每部分内容分别学习哪些知识、训练哪些技能、培养哪些素质，对学生有何种要求等。

(4)实施建议。主要从师资队伍、教材及相关资源、教学组织模式、教学方法与手段、教学考核与评价等方面规定了本门课程的实施建议。

2)实施性教学计划

通常将实施性教学计划称为"教学计划"或"教学进度计划"，它按照课表规定了在什么时间学习哪些内容、完成哪些课上及课后作业，方便学生制订本门课程的学习计划。

3)教学内容

主要以视频或课件录屏的形式来体现，教师讲解授课内容，学生合理安排时间进行网上在线学习。

4)教案

教案是每位教师必不可少的教学资源，详细规划了每节课如何教学、讲授哪些内容等。

5)教学设计

精心设计的每节课都会换来学习效果的回报。因此，在每次录课前，教师都需要精心进行"教学设计"，计划好讲哪几部分，每部分花费多少时间，采用何种教学方法及手段，甚至包括教师衣着都应该属于课前教学设计的范围。

6)PPT 课件

慕课的 PPT(Powerpoint)课件与传统课程的 PPT 课件最好有所区别，慕课的 PPT 课件力

求简洁、图文并茂,注重颜色搭配,尽量减少长篇大论,以充分吸引学生的注意力。

7)教材

慕课的教材一般都是教师自己开发的电子教材,也可以是关于教学内容的文字材料,主要提供给学生,供学生参考使用。

8)考核标准

教师应提前制订慕课课程的考核标准,以什么样的方式进行考核,分值占多少,并说明该门课程是否具有学分(有些知名大学的慕课课程是有学分的,学生完成课程学习及考核后获得相应的学分及课程结课证书)。

9)慕课网站

一个能辅助高校课堂教学的、真正有作用的慕课平台应该具有以下功能:

(1)了解整门课程的授课安排。

(2)通过微视频,了解和预习下节课所学内容。

(3)通过微视频,复习上次课所学知识点。

(4)通过微视频,针对性学习自己薄弱的知识点。

(5)查看网站优化案例的参考手册,以便完成自己的拓展训练项目。

(6)在 FAQ 栏目为自己的问题找到答案。

(7)在留言板提交问题,并得到教师或其他学生的指导与解答。

(8)在线提交作业,并得到教师的批复。

(9)完成在线考试。

(10)进行学习效果的在线评价。

2. 学生资源

1)PPT 课件

学生可以从慕课网站平台上自行下载 PPT 课件,进行课前预习、课上使用以及课后复习。PPT 课件也是结课考试前学生复习用的参考学习材料,因此是一种非常重要的学习资源。

2)视频、音频学习材料

除了教师录制的授课视频外,建议开发一些其他的拓展学习类视频、音频学习材料,帮助学生进行课程学习。

3)电子教材

学生随时可从慕课网站下载电子教材。

4)在线习题

参照慕课网站,学生可进行在线的习题练习,完成课上及课后作业。

5)"慕课"学习平台

国内有很多知名的慕课学习平台,如百度传课、腾讯精品课、国家开放大学、学堂在线等,不仅能提供丰富的慕课学习资源,还能满足学生学习方面的一切互动需求,如联系教师解答疑问、论坛互动等。

6)考试题库

为学生开发试题库,可以方便学生为结课考试做准备,同时也可增加学生的知识积累,加深学习印象、突出重点、难点学习内容,考验学生的学习效果。

三、微课的开发

(一) 微课的概念和特点

1. 微课的概念

《微课开发技术规范》对微课内涵界定为：微课是以讲解某一知识点为目标，以短、微视频为主要表现形式，同时配有与该知识点相关的微教学活动、微学习评价的小课程。

基于该定义，从微课的目的来看，微课一方面是针对学生的知识水平差异，方便学生自主学习、反复思考的需要；另一方面突破时间与空间的限制，有利于师生随时随地根据需要进行教学。从设计上看，将教育理论、教学方法和技术支持三个领域进行融合设计，使教师在微课教学应用中达到技术与学科的深度融合。从呈现的内容来看，是经过精心的信息化设计，以短小精悍的视频或动画围绕某个知识点或教学环节开展，其本质是一个完整的教学活动。

2. 微课的特点

微课是针对传统单一资源类型的局限性而发展起来的一种新教学资源建设和应用模式，它的主要特点是：

(1) 主题突出，指向明确。

微课主要是为了解决课堂教学中某个学科知识点（如教学中重点、难点、疑点内容）教学，或是反映课堂某个教学环节、教学主题的教与学活动。相对于传统课堂所要完成复杂众多的教学内容、达成多个教学目标而言，"微课"的教学目标相对单一，教学内容更加精简，教学主题更加突出，教学指向（包括资源设计指向、教学活动指向等）更加明确，其设计与制作都是围绕某个教学主题而展开的。

(2) 资源多样，情境真实。

微课是以课堂教学视频为核心，并统整了课堂教学设计（包括教案或学案）、教学素材和课件、教师教学反思、学生反馈评价及学科教师互动点评等多种资源，共同构成了一个主题鲜明、类型多样、结构紧凑的"主题单元资源包"，营造了一个与具体教学活动紧密结合、真实情境化的"微教学资源环境"。教师和学生在这种具体的、典型案例化的教与学情境中能达到"隐性知识""默会知识"等高阶思维能力的培养，并实现教学观念、技能、风格的模仿、迁移和提升，从而快速提高教师的课堂教学水平，促进教师的专业成长，也有助提升学生的学习兴趣和学习成绩。

(3) 短小精悍，使用方便。

微课视频的时间较短，一般为 5~8 分钟（最长不宜超过 15 分钟），因而更符合视觉驻留规律和中小学生的认知特点。微课的资源容量也较小，其视频格式一般为支持网络在线播放的流媒体格式（如 rm、wmv、flv 等），加上与教学主题配套的教学设计（微教案）、教学课件（微课件）、教学反思及专家点评等资源也只有几十兆。用户既可以流畅地在线观看微课课例，查看教案课件和教师点评信息，非常适合教师的课例观摩、评课、反思和研究，也可灵活方便地将其下载保存到各种多媒体数码终端设备（如笔记本电脑、手机、MP4 等）上实现移动远程听课和个性化学习。

(4)半结构化，易于扩充。

微课既不是多种类型资源的简单堆砌，也不同于以往的"教学资源包"概念。它是以网页的方式将某个知识点或教学主题相关教学资源进行结构化的组合，并将教学资源与教学任务、教学活动、教学环境之间建立有意义的关联，形成一个主题突出、资源有序、内容完整的结构化资源应用环境。微课同时还具有半结构化框架的开放性优点，具有很强的生成性和动态性，其中的资源要素（包括微课视频、教学设计、素材课件、教学反思、教师点评等）都可以修改、扩展和生成，并随着教学需求和资源应用环境的变化而不断地生长和充实，进行动态更新。

(二)微课开发的质量要求

1. 开发原则

1)教育性

教育性是微课开发的首要原则，也是教育资源区别于其他资源的根本特征。微课的内容必须符合教育方针和政策，能促进学习者的全面发展，符合素质教育的要求。微课的教育性一般通过学习目标体现出来，学习目标是指学习者在观看微课视频后能获得的知识或达到的技能水平。

2)趣味性

微课的趣味性主要表现在以下几个方面：①微课根据学习者的个性化需求确定兴趣点；②基于学习者的基础水平，选取能够引导学习者形成思考、又是学习者经过努力能够解决的内容形成兴趣；③通过微课的呈现方式与学习者的心理结构产生和谐共振，进而被学习者内化。正是微课所具备的趣味性特征，才使得学习者对其产生浓厚的兴趣，因而主动参与学习，最终达到学习的目的。

3)目的性

微课有明确的教学目标，就是以短小精悍的在线视频为表现形式，解决一个特定的知识点、教学重点和难点。一节微课只讲解一个特定的知识点，如果该知识点包含了另一个知识点，需另设一节微课讲解。既能满足学习者对学科知识点的个性化学习，又能查缺补漏强化巩固知识。

4)重用性

微课的重用性体现在资源共建共享的特点，是未来教学资源发展的必然趋势。从微课资源共享的范围看，有三类典型的共享方式：①在机构内部共享，如网络微课资源在校园网内实现共享；②机构之间共享，如各高校之间实现微课资源共享；③面向大众开放的微课资源共享。

2. 开发流程

整个项目的开发过程采用 ADDIE 模型作为参考，需要经过五个开发阶段，如图 6-1 所示。

1)分析

需求分析阶段对教学所要解决的问题、教学内容的确定，达到的目标、任务以及学习者的特点、基础、学习环境、绩效目标等进行一系列分析。

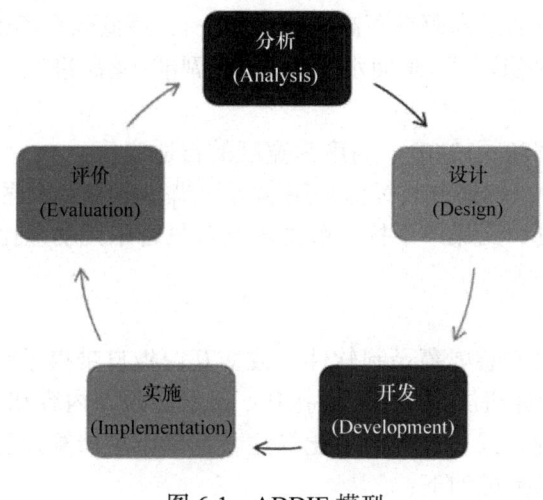

图 6-1 ADDIE 模型

2) 设计

选定教学内容，设计学习目标，包括学习目的、知识点、学习成果形式（知识、情感、行为）；设计传输形式，包括表现形式（人头秀、录屏、实景）、是否有主讲者形象和听众；设计活动与练习，包括教学活动的设计和练习的设计。本阶段需要提交的文档是制作微课的设计脚本。

3) 开发

将微课的设计脚本转化成可运行的界面程序，创建原型，开发具有实际教学功能的课程材料。按照课件脚本的要求，测试软件是否达到预期目标，测试软件的可靠性、稳定性等技术指标；程序开发人员根据测试报告修订程序。本阶段应该提交软件原型，软件设计的技术报告，程序流程图，程序的源代码及相关数据清单，测试报告、软件的修改记录和软件的使用说明。

4) 实施

根据教学目标，对已经开发的微课进行教学实施，确保所有的程序都处于正常工作状态中。对需要更新教程的计划提出意见和建议，并进行修改完善。

5) 评价

对已经完成的微课及学习者学习效果进行评价。针对每一个层级的目的、流程、手段等都有明确的描述。评价的目的不仅是对微课内容本身的合理性进行评价，更要对学习效果和绩效的改善进行评价，寻找差距，积极改进。

3. 微课的技术要求

从制作方法上看，微课可分为摄像拍摄类、屏幕录制类、其他软件类及混合制作类四种，对应的要求如下。

1) 摄像部分技术要求（包括数码录制和录播室录制）

教师可借助专业摄像机、数码 DV、数码相机、智能手机、计算机摄像头等一切具有视频摄录功能的设备，将自己的教学过程场景拍摄记录下来。摄像部分的技术要求如下：

视频压缩采用 H.264 格式编码，视频格式为 MP4。

视频码率：动态码流的最高码率不高于2000Kbps，最低码率不低于1024Kbps。

画面要求"稳（画面平稳）、平（画面水平）、准（起副准，落副准）、匀（推拉镜头速度均匀）、清（聚焦清晰）"。

成品分辨率：宽度（680～1280），高度为宽度的自适应值。

视频帧率为25帧/秒，扫描方式标清采用隔行扫描，高清采用逐行扫描。

声音要清晰、无失真、无噪声干扰。解说声与背景音乐无明显比例失调。

时长不超过15分钟。

2）录屏部分技术要求

通过录屏软件内录可安装屏幕录制软件、或交互白板自带摄录软件、手写板和声音输入设备，同步录制教师在计算机屏幕上演示、操作、讲解的授课内容和声音、或者用Powerpoint软件同步配音制作。这种方式适合于数理化等注重逻辑推理演算过程的教学内容，可以由教师一个人操作完成。技术标准如下：

录屏的分辨率一般采用1024*768或1280*720。事先调整分辨率，不要高分辨率录制，低分辨率输出。同时，尽量不要出现特殊的分辨率。

如果要用视频混合制作，建议采用与视频分辨率最接近的分辨率，使合成后效果最好。

录制PPT时，首先将PPT调整为合适的长宽比（1024*768是4∶3，1280*720是16∶9，这样在录制时不留黑边）。

声音要求清晰，无杂音，音量适中，解说声与背景音乐无明显比例失调。

录屏的视频输出最后转成MP4格式。

时长不超过15分钟。

3）多媒体软件制作类要求

利用动画软件（FLASH、MAYA、3DMAX等）、视频制作软件等多媒体软件制作，也可以由StoryLine、Captivate等课件制作工具制作而成。但输出必须支持在网络上运行，或生成标准的SCROM标准课程包格式。制作要求如下：

如果没有交互性内容，要求输出MP4视频格式，每个微课都使用单个文件输出，能够在网上在线学习。

如果存在交互性学习内容，必须符合SCORM，即可共享内容对象参考模型或共享元件参照模式。

主体部分采用1024*768、1440*900等通用分辨率，以便在各种显示器上得到最佳效果。

动画清晰、流畅，声音清晰，与画面同步。

时长不超过15分钟。

4）混合制作类要求

综合运用以上几种方式，通过拍摄、内录、制作、合成等形成微课教学视频。例如，教师将自己设计制作的教学动画（flash、gif动画课件）输出合成视频格式；或通过自动播放的方式内录自己制作的PPT课件内容（声音可提前录制，也可在播放时同步讲解）。需遵循以下要求：

视频、屏幕录制或软件制作都均采用相同的分辨率制作，长宽比为16∶9或4∶3（根据素材决定）。

混合视频中各组成视频（摄像拍摄、录屏、软件制作）的制作要求参照前三种标准。

画面清晰、流畅，声音清晰，前后音量大小一致。

成品输出 MP4 格式。

时长不超过 15 分钟。

4. 微课的脚本标准

1) 总体设计脚本

制作脚本是微课制作的直接依据，既要充分体现设计稿本的思想和要求，又能对微课制作给予系统的、具体的规划和指示。总体设计可以用框图、菜单形式描述，将整个微课结构、层次进行说明。

鉴于目前微课的开发现状，采用 ADDIE 模型作为微课开发的参考模型。从项目的角度来分析微课的开发过程，ADDIE 模型将其分为五个阶段：分析、设计、开发、实施和评价，要求项目的每个阶段要完成特定的工作，并生成相应的文档。

微课总体设计模板如表 6-3 所示。

表 6-3　微课总体设计模板

******设计脚本			
教学情境	要讲解的知识点的知识背景和该微课要应用的场景描述		
教学目标	微课能够解决什么问题，如学习重点、难点、考点或某一教学环节等		
内容概述	对微课讲解的知识点进行简单的描述		
制作技术	根据教学内容选择合适的微课制作工具软件，如拍摄、录屏、StoryLine 等专业工具、动画等		
微视频制作要点	片头设计	片头一般出现微课标题、作者、单位和微课特色宣传语	
	过程设计	详细指出在某一个时间节点需要插入的效果	
	片尾设计	片尾一般出现版权信息和作者联系方法以及致谢等信息	
教学活动设计	根据教学情境，选择合适的技术表现教学策略，让教学更加有效		
教学评价设计	根据教学情境，选择合适的评价方法，对学习效果进行了解		
微课版本及应用总结	根据微课的教学应用情况及时调整微课的版本，并对微课应用情况进行总结，在总结的基础上对微课进行完善升级		

2) 分析

分析阶段作为整个微课程开发的首要环节，是整个项目工作进行的基础。需要分析的要素包括：学习需求分析、学习内容分析和学习者分析，具体如表 6-4 所示。

表 6-4　微课的分析维度

维度	指标
学习需求分析	分析学习者的学习动机
	学习者对知识、技能的需要
	发现问题，形成总的教学目标

续表

维度	指标
学习内容分析	明确的主题和清晰的学习目标
	剖析知识、技能要点，揭示相互联系
	针对概念、重点和难点，集中、清晰、完整的知识总结
学习者分析	学习者的特点、知识基础
	满足不同层次学习者个性化学习需求

3) 设计脚本

微视频开发的设计阶段主要基于课程要点和课程总设计，对课程进行详细设计，为课程开发阶段提供现实的依据。微视频的脚本设计如表 6-5 所示。

表 6-5 微视频脚本设计

录制时间： 年 月 日　　　微课时间：

系列名称	
本视频名称	
知识点描述	
知识点来源	□章节：　　页码： □自定义（不是教学教材知识）：
基础知识	听本视频之前需了解的知识：
教学类型	□讲授型　□问答型　□启发型　□讨论型　□演示型　□实验型　□表演型　□自主学习型　□合作学习型　□探究学习型　□其他

教学过程

		内容	画面	时间
片头 (30 秒以内)		内容：您好，这节微视频重点讲解……	第　至　张 PPT	20 秒以内
正文讲解 (14 分以内)		第一节内容：	第　至　张 PPT	秒
		第二节内容：	第　至　张 PPT	秒
		第三节内容：	第　至　张 PPT	秒
		第四节内容：	第　至　张 PPT	秒
		第五节内容：	第　至　张 PPT	秒
结尾 (30 秒以内)		教学小结	第　至　张 PPT	20 秒以内
教学反思 (自我评价)				

4）开发脚本

开发阶段主要依据设计阶段的脚本，完成微课程的开发。下面主要介绍微课程开发阶段的主要环节，包括片头设计、前期准备和过程设计。微课程开发阶段的脚本如下：

片头设计：

微课标题		作者姓名	
工作单位		职务/职称	

注：准备一份片头背景图

前期准备：
课件制作程序：□视频编辑软件　　□flash　　□PPT　　□其他
微课制作平台：□非编系统　　□StoryLine　　□Camtasia Studio　　□书写屏计算机

过程设计：

环节	独白	操作	后期
开场白			
引入		播放 PPT	
主要教学环节		点击 PPT	
微活动		加入人机交互内容	
配套工具软件		配套工具软件的实用	
小结			
微练习		2-3 道练习题，有区分度，在线交互型	
微反思			

5）实施

微课实施阶段是开发阶段的延续，其主要任务就是对开发阶段完成的微课是否达到目标进行测试。这种测试不仅包括对各种功能和性能的技术性检测，也包括对微课教学内容和教学设计的审核，以及学习者的试用。微课测试阶段的知识结构包括微课测试的内容和方法及微课测试的基本流程。

微课测试的内容和方法：

微课测试的内容包括技术人员对微课功能和性能的测试，以及微课负责人或主讲教师对教学内容和教学设计的审核。

技术开发人员对微课的测试通常要从内容的完备性、可用性、性能、客户端兼容性、安全性等方面进行。

微课负责人或主讲教师对微课的测试通常要从内容的完备性、导航的正确性、文字和符号的规范性、测试题答案的正确性、媒体表现效果等方面进行审核。课程学习内容审核表和课程教学设计审核表分别如表 6-6 和表 6-7 所示。

表 6-6　课程学习内容审核表

项目	确认事项	符合	不符合	建议修改方式
微课内容	内容架构完整	□	□	
	学习内容都正确	□	□	
	使用的专有名词均已适当定义	□	□	
	测评题目及解答都正确	□	□	
	重点都适当强调	□	□	
总评				
（请于本空白处写下您对学习内容设计的整体评语或建议）				

内容审核人员签名：_____，您的身份是：□教师　□学科专家　□其他 _____
您的联络方式：TEL　　　　　　　E-mail
审核日期：　　年　　月　　日
是否需要重审：□是　□否
修正记录：

修正日期									
确认者签名									

表 6-7　课程教学设计审核表

项目	确认事项	符合	不符合	修改处及修改方式
微课目标	微课的设计确实依据课程目标	□	□	
教学策略及教学活动设计	微课教学策略运用恰当	□	□	
	微课安排引起学生动机的活动	□	□	
	微课设计能引起学生的学习兴趣	□	□	
	微课给学生清晰完整的学习指引	□	□	
	微课安排给学生足够的时间练习或参与活动	□	□	
	微课在进行活动时给学生适当的活动指引	□	□	
	微课结束时有总结归纳以强化学习目标	□	□	
	微课的媒体使用适合微课内容且能适当呈现	□	□	
技术设计	选择了恰当的技术来表现内容	□	□	
	选择了恰当的技术来表现教学方法	□	□	
	微课整体给学习者良好的学习体验	□	□	

续表

项目	确认事项	符合	不符合	修改处及修改方式
媒体设计	图形是清楚且轮廓鲜明的	□	□	
	插画或图形的具有容易理解的说明文字	□	□	
	边界适当且一致	□	□	
	内容所使用的文字叙述易于理解	□	□	
	文字清楚与背景有适当的对比	□	□	
	文字大小适合屏幕阅读	□	□	
	内文有适当分页	□	□	
总评	（请于本空白处写下您对学习内容设计的整体评语或建议）			

微课设计审核人员签名：
您的身份是：□教师 □学科专家 □其他
您的电话： E-mail：
审核日期： 年 月 日
是否需要重审：□是 □否
修正记录：

修正日期								
确认者签名								

6) 评价脚本

如果条件许可，微课的评价尽量组织学生对课程进行试用和评价，便于从学习者的角度提前发现课程中可能存在的一些问题。学习者对网络课程进行试用，主要对学习线索的清晰性、内容的难易程度、学习指导书的有效性、支持工具的有效性等方面进行验证。学习者使用形成性评价表如表 6-8 所示。

表 6-8 学习者使用形成性评价表

项目	确认事项	符合	不符合	建议修改方式
教学策略及教学活动设计	教学策略运用恰当	□	□	
	安排引起学生动机的活动	□	□	
	设计能引起学生的学习兴趣	□	□	
	给学生清晰完整的学习指引	□	□	
	安排学生进行适当的练习或活动	□	□	
	微课结束时有总结归纳以强化学习目标	□	□	
人机交互设计	界面美观友好	□	□	
	版面设计适当	□	□	
	操作简单	□	□	
	提供操作指引或 FAQ	□	□	

续表

总评								
(请于本空白处写下您对学习内容设计的整体评语或建议)								

内容审核人员签名：
您的电话：　　　　　　　　　E-mail：
审核日期：　　　年　　　月　　　日
是否需要重审：□是　　□否
修正记录：

修正日期								
确认者签名								

（三）微课的评价原则

微课作为信息技术与教育教学相融合的产物，目前已在较多的学校得到批量建设。但是对于微课质量的好坏，不同的学者有不同的认识。因此，建立一套客观、公平、公正和科学的评价标准是当务之急。但应首先明晰微课的评价原则，这样才能为微课的评价体系指明方向。结合微课的特点，将微课的评价原则分为五个方面：科学性、教育性、实用性、艺术性和技术性，具体分析如下。

1. 科学性和教育性

(1)基本概念、定理、定义、公式的描述准确，例证真实可靠。
(2)分析、推理和论述严谨，实证步骤正确。
(3)解说精确、术语规范、文字符号准确。
(4)符合教育方针，教学目标明确，对学习者掌握知识、发展能力起到促进作用。
(5)理论联系实际，取材适当，有针对性，选题突出重点、突破难点。
(6)符合教学原理和认知规律，分析推理深入浅出，富有启发性，能使过于理性的知识感性化、抽象的知识形象化、枯燥的知识趣味化、深奥的知识通俗化。
(7)形象生动，能充分调动学生的视觉、感觉、听觉等多种器官，便于学习和记忆，能有效提高学习的效率。

2. 实用性

(1)操作简单，画面友好，内容选择恰当。
(2)能够切实提高学习者的学习效率，有利于加强学生对知识的理解和掌握。

3. 艺术性

(1)创意新颖，构思巧妙，节奏合理，具有表现力和感染力。
(2)画面美观流畅，切换过渡自然，整体设计合理；画面突出主题，表达能力强。
(3)声音清晰，无杂音，配合文字、图片，能调动人的各种感官。

4. 技术性

(1)图像、声音、文本设计合理，声像同步，画面清晰，字幕清楚。

(2)课程可以跨平台使用，安全可靠，不受误操作影响，容错能力强，在不同配置的计算机上运行无障碍。

第四节 化学教育工具软件

化学教育工具软件是重要的、特殊的化学教育资源。随着计算机工具软件在化学教学中的普遍应用，如何选取合适的工具软件并正确使用这些工具软件辅助化学教学活动便成了广大化学教师关注和研究的问题。创作型兼教学性的化学工具软件代表了化学教育教学资源的未来方向，是计算机辅助化学教学的发展趋势。化学教师充分发挥化学工具软件在教育教学中的积极作用，有利于充分挖掘计算机和网络教育资源的利用率和潜力，有利于化学教师实施创造教育，把培养学生的创新意识、创新思维和创新实践能力落实到化学教学和实践环节中。为了更好地掌握一些计算机工具软件在化学教学中的应用，本节对 ChemDraw 软件（化学结构绘图软件）、Chem3D 软件（分子模拟分析绘图软件）和会声会影 X9（微课视频录制编辑软件）进行简单介绍，以期为化学教育工作者的教学提供参考。

一、ChemDraw 软件

ChemDraw 软件是标准的化学结构绘图软件包。ChemDraw 软件是著名商业化学软件套件 ChemOffice 组件之一，具有操作简单易懂、画图操作快速、结构精确的特点，是目前是世界上最流行、最受欢迎、最具有应用价值的化学结构绘图软件之一，是各种论文、期刊指定的化学结构绘图软件。近几年来，ChemDraw 软件版本越来越多、越来越先进，已经出现在这方面及其他化学期刊中。

(一) ChemDraw 软件的功能介绍

ChemDraw 软件包括很多很强大的新功能，如系统命名法，TLC 工具板，改进的质子核磁共振的预测、质谱碎片，支持多种格式的图形文件和支持化学标记语言等。将 ChemDraw 软件中的结构粘贴到 Chem3D 软件中，能转化为 3D 空间结构模型。ChemDraw 软件涉及的范围包括化学作图、分子模型生成、化学数据库信息管理等，主要功能是绘制化学常用的平面图形，如化合物的结构式、化学反应方程式、化工流程图、简单的实验装置图等，为化学工作者日常的教学工作和科研工作带来了很大的方便，解决了人工绘画、分析化学图形带来的不便。

1. 分子结构绘制

ChemDraw 软件可以建立和编辑一切与化学有关的图形，主要是建立和编辑各类化学式、立体图形、对称图形、轨道、化合物的结构式（图 6-2）、化学反应方程式等。

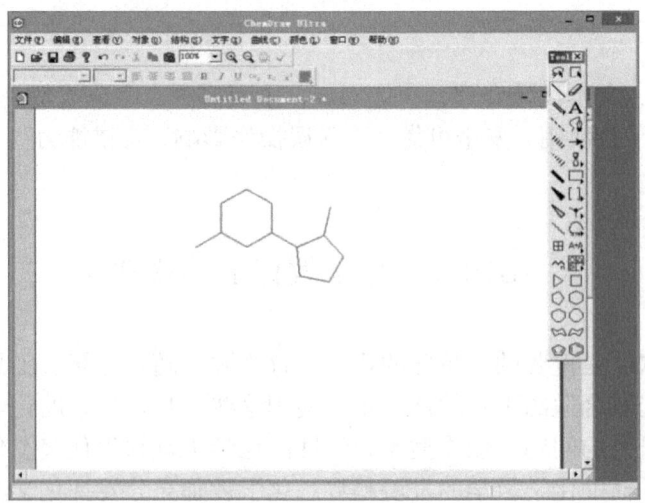

图 6-2 使用 ChemDraw 软件绘制结构式

2. 实验装置绘制

ChemDraw 软件提供了非常丰富的常用实验仪器模板和各种玻璃器皿，可以很方便地绘制实验装置(图 6-3)。用户还可以根据自己的需要，自己编辑或者从外部其他文件中导入图形。

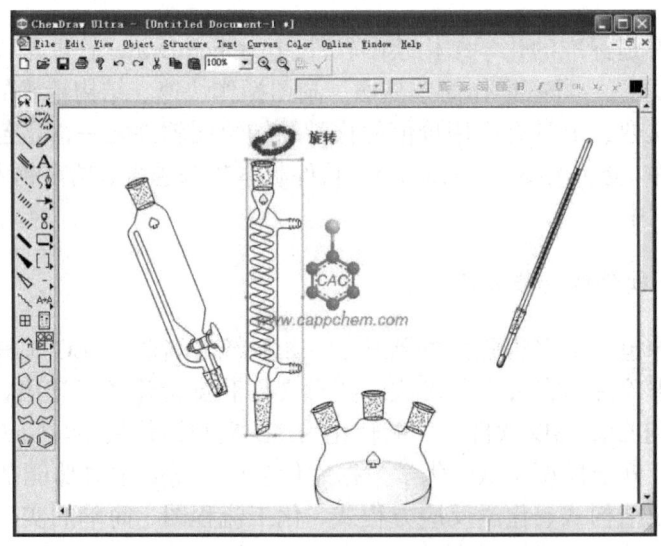

图 6-3 使用 ChemDraw 软件绘制实验装置

3. 化学结构

ChemDraw 软件可以优化调整化学结构，使化学结构更加美观；可以检查化合物分子式是否正确，并将不正确的地方标记出来，方便修改；还能使分子结构在三维空间旋转，不仅可以将输入的化学物质名称直接转为物质结构图，省去绘图的麻烦，而且可以对已知结构的化学物质命名，给出正确的化学物质名称。

(二) ChemDraw 软件实例演示

举例说明绘制如下反应方程式的步骤：

$$\underset{\text{propiophenone}}{\text{H}_3\text{CH}_2\text{C}-\overset{\text{C}_6\text{H}_5}{\underset{\parallel}{\text{C}}}=\text{O}} + \underset{\text{(2,4-dinitrophenyl)hydrazine}}{\text{H}_2\text{N}-\text{HN}-\text{C}_6\text{H}_3(\text{NO}_2)_2} \xrightarrow{\text{H}^+} \underset{\text{1-(2,4-dinitrophenyl)-2-(1-phenylpropylidene)hydrazine}}{\text{H}_3\text{CH}_2\text{C}-\overset{\text{C}_6\text{H}_5}{\underset{\parallel}{\text{C}}}=\text{N}-\text{HN}-\text{C}_6\text{H}_3(\text{NO}_2)_2} + \text{H}_2\text{O}$$

1. 先画反应物

单击工具栏中 ⬡ 画苯环，在其一个 C 原子上画出单键 ╲ ；画出基本结构后，单击工具栏 A 添加 C、O、CH₂CH₃，完成后单击"结构"下拉栏"清除结构"，系统调节结构成为规范结构；再次单击"结构"下拉栏"转化结构为名称"，在结构下就会显示所画结构的名称。然后用同样方法画 2，4-二硝基。

2. 再画生成物

复制反应物 2，4-二硝基和 [结构图]，粘贴后单击工具栏 ▣ 选定两个结构式的拼接处，按 Ctrl+J 键进行拼接。

3. 画符号和箭头

单击工具栏 ↻ 在扩展栏里选择箭头的类别，在操作栏单击鼠标左键即可。

二、Chem3D 软件

(一) Chem3D 软件的功能介绍

Chem3D 软件是三维分子模拟分析绘图软件，也是 ChemOffice 软件中的一个重要模块。利用 Chem3D 软件，能将二维图形转换为三维的空间结构，并能够利用其计算功能优化化合物分子的构型，使其更加生动形象。在有机化学教学过程中，教师经常需要讲解各种化合物分子的空间构型、构象、反应机理及各种分子数据。传统的教学方式是教师在黑板上书写、画图、挂图或采用分子模型来演示，但是不能显示物质的空间结构和动态变化过程，并且耗时长、难以使学生在课堂上真正理解，导致学生的认知过程受到很大的局限。因此，将 Chem3D 软件应用到化学教学过程中对有机化学的教学是很有益处的。

1. 二维转换三维

Chem3D 软件可以直接将二维的平面结构式转换为三维的空间模型。

2. 丰富的模型库

Chem3D 软件具有 Wire Frame 模型(线状模型)、Sticks 模型(棒状模型)、Ball&Stick 模型(球棍模型)、Cylindrical Bonds 模型(圆柱模型)、Space Filling 模型(比例模型)等显示模式。

3. 创建化合物分子模型

Chem3D 软件可以使用 MM2 或 MMFF94 等分子力场对化合物分子进行自动校正后创建结构多样的化合物分子模型(图 6-4),还能自动判断化合物分子模型是否正确,实时直观生动地显示三维化合物分子模型,进行物质结构化学计算、动态立体化学变化过程的演示,并可以通过计算最小化能量,给出最恰当的化合物分子空间构象。

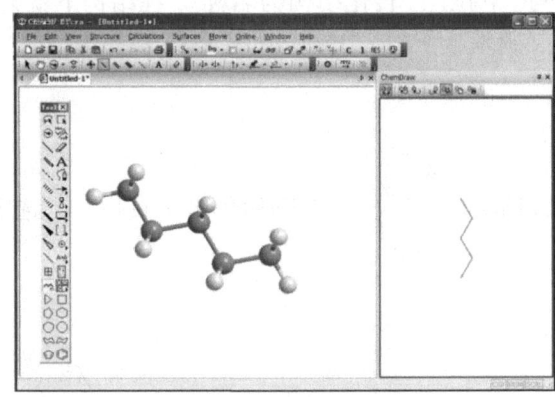

图 6-4　使用 Chem3D 软件绘制球棍模型

4. 创建动画

在整个演示过程中,化合物分子都是以三维动态的直观形式呈现的,形象生动地表示了化合物分子在每一步变化中键长、键角及键能的变化,其动态演示的过程可以动画形式记录下来。可以生成 AVI 格式的动画,形象地显示变动或旋转的 3D 化合物分子模型。

(二)Chem3D 软件实例演示

1. 创建分子构型

利用 Building 工具栏中的文本工具按钮创建分子构型,在文本区域内键入原子符号及数量(化学式)即可(图 6-5)。

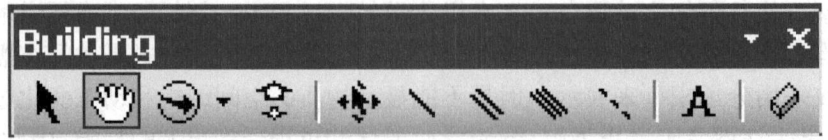

图 6-5　Building 工具栏

例如，创建 4-甲基-2-戊醇的球棍模型，键入 $CH_3CH(CH_3)CH_2CH(OH)CH_3$，按回车键即可（图 6-6）。

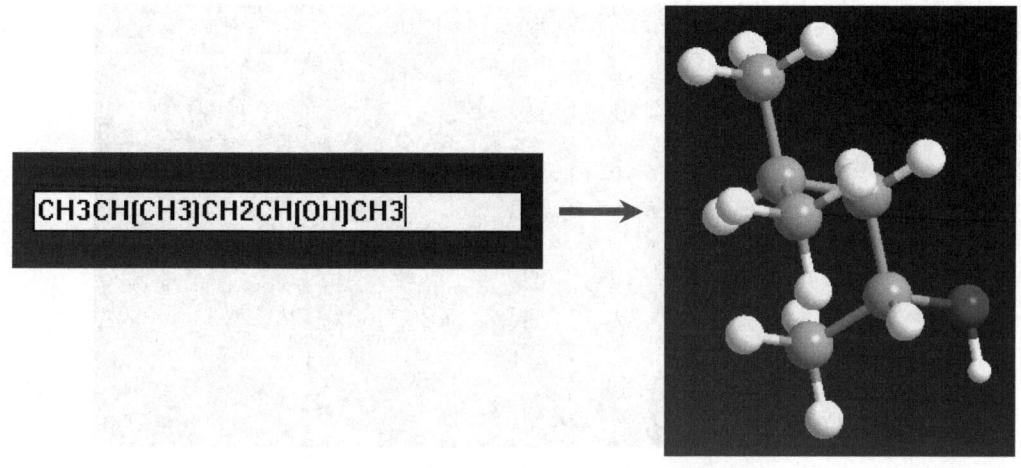

图 6-6　使用 Building 工具栏绘制球棍模型

2. 加入或修改取代基

利用类似方法还可以在原结构上加入（图 6-7）或修改取代基，通过文本工具点击任一需要添加取代基位置的原子，在文本区域写上新的基团（缩写或分子式均可）。

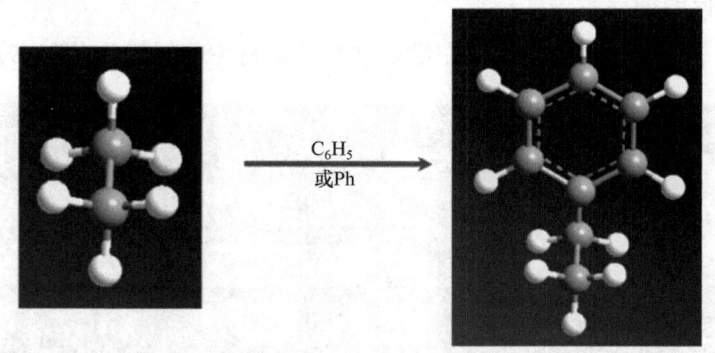

图 6-7　使用 Building 工具栏加入取代基

三、会声会影 X9 软件

会声会影是加拿大 Corel 公司制作的一款功能强大的视频编辑软件，具有图像抓取和编修功能，可以抓取、转换 MV、DV、V8、TV 和实时记录抓取画面文件，并提供超过 100 种的编制功能与效果，可导出多种常见的视频格式，甚至可以直接制作成 DVD 和 VCD 光盘。借助会声会影 X5 软件，化学教师可以自己动手设计并制作微课，丰富课堂教学的形式，提高教学效率。

（一）导入素材

（1）打开会声会影。

(2)在视频轨上单击鼠标右键,选择"插入照片"或"插入视频"(图6-8)。
(3)出现一个打开文件的对话框,找到相应的图片或视频,点击"打开"。

图6-8　导入素材

(二)添加特效

1. 添加转场

将素材都添加到视频轨上后,切换到故事板视图。
(1)点击"转场"图标。
(2)选中其中一个转场,按住鼠标左键拖到两个素材中间后松手(图6-9)。

图6-9　添加转场

2. 添加字幕

(1)点击"添加字幕"图标。
(2)在标题字幕中选择合适的标题格式拖入覆叠轨中。
(3)双击标题轨中的标题,在预览窗口中输入文字内容,文字外单击后可标题进行拖动。

(4)将长度调整到与照片一致(图6-10)。

图6-10 添加字幕

3. 添加音乐

(1)在声音轨上单击鼠标右键。
(2)选择插入音频—到声音轨。
(3)在对话框中选择一首音乐素材点击打开。
(4)拖动尾端,调整长度与照片素材一致(图6-11)。

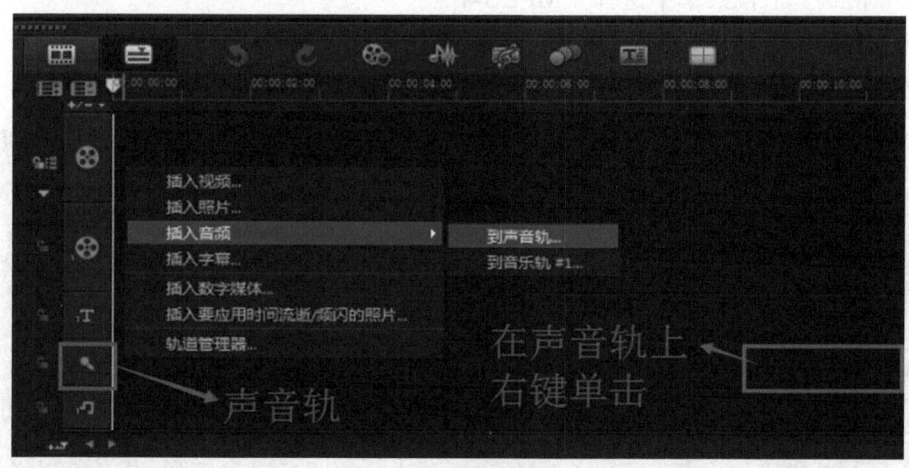

图6-11 添加音乐

(三)渲染输出

1. 保存工程文件

保存工程文件的正确做法是:单击"文件"在下拉菜单中选择"智能包",如图6-12所示,打包后的工程文件应如图6-12样式,只有这样才能保证下次打开时文件不丢失。注意:

直接选择"文件"下的"保存"来保存工程文件是错误的,一旦素材移动存储位置或删除,就会出现文件无法打开的情况。

图 6-12　保存工程文件

2. 输出文件

(1)点击"共享"。
(2)选择"自定义"。
(3)在"格式"下拉菜单中选择"MPEG-4"。
(4)输入文件名,选择文件位置。
(5)点击"开始",文件即成功输出(图 6-13)。

图 6-13　输出文件

四、传感器技术与中学化学教学

化学实验以其丰富的内涵在化学教学中发挥着独特的功能和作用,在教育教学中占据非常重要的地位。重视化学实验,创新化学实验,对于培养学生化学学科核心素养、树立科学的人生观、全面提高教学质量具有重要意义。在新课程理念的引领下,传感器进入中学化学实验室,一方面体现了绿色化学的理念,在以较少的试剂完成实验的同时,最大限度地降低了对环境的污染,保护了实验者的健康;另一方面,与传统的实验仪器相比,传感器具有品种多、技术新、功能强、发展快、性能可靠等优势。最重要的是,传感器实验将实验的创新与培养学生进取创新精神有机地结合起来,使学生体验到现代科学技术的发展,从而大大激发了学生对化学实验的兴趣,实现科学能力和科技素质的提高。

化学传感器主要是利用敏感材料与被测物质相互接触时所引起的电极电势、表面化学势的变化或所发生的表面化学反应或生物反应,由此直接或间接地转换为电信号。使用传感器技术可以解决传统实验中遇到的一些难题,具体实例如下。

(一) 突破酸碱中和滴定实验的教学难点

要突破酸碱中和滴定的教学难点,就要让学生理解酸碱中和滴定过程中 pH 存在的突跃。在传统的酸碱中和滴定实验中,学生很难真实地感受到 pH 突跃的存在,而使用 pH 传感器就可以解决这一难题。

在酸碱中和滴定实验中,将 pH 传感器与高精度滴定计配合使用,可以测定出混合溶液在滴定过程中 pH 的变化情况,再利用计算机将 pH 随浓度的变化以图像形式显示出来,即可直接得到酸碱中和滴定曲线,如图 6-14 所示。通过观察滴定曲线,学生可以直观地认识到滴定过程中 pH 的突跃是客观存在的。学生在观察实验中指示剂的变色点的同时,关注计算机中绘制的酸碱滴定曲线,就可以得出结论,变色点附近 pH 变化显著,指示剂的变色点不是反应终点,虽然滴定终点 pH 不等于 7,但引起的实验误差并不大,确保了酸碱中和滴定这一分析方法的科学性和准确性。

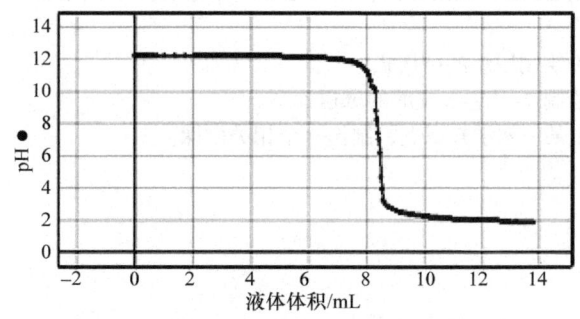

图 6-14 酸碱中和滴定曲线

(二) 研究浓度对化学平衡的影响实验

实验原理:$FeCl_3$(黄色)$+3KSCN \rightleftharpoons Fe(SCN)_3$(红色)$+3KCl$(无色),通过增大此平衡体系中反应物 Fe^{3+} 或 SCN^- 的浓度,引起平衡体系红色加深,从而判断平衡向正向移动。传统实验是在试管中进行操作,由于 $Fe(SCN)_3$ 的颜色本身很深,在另外两支试管中滴加 $FeCl_3$ 溶液或 KSCN 溶液后，观察溶液颜色变深这一实验现象并不十分明显，使用化学传感器中的色度计就可以解决这一视觉问题。

色度计的工作方式是将光照到溶液上并测量光透过的百分比，通过计算机绘制曲线，根据透光率的大小推断溶液颜色的深浅。如图 6-15 所示，先做一份蒸馏水的标准液，透光率为 100%，第二条线是 $FeCl_3$ 和 KSCN 溶液混合后所生成的 $Fe(SCN)_3$ 的透光率，接近 80%，第三条线是在 $Fe(SCN)_3$ 溶液中再滴加 $FeCl_3$ 溶液后测试的透光率，接近 60%，第四条线是在 $Fe(SCN)_3$ 溶液中再滴加 KSCN 溶液后测试的透光率，接近 10%。透光率越低说明溶液的颜色越深，从而清楚地说明，增大反应物浓度，平衡正向进行。

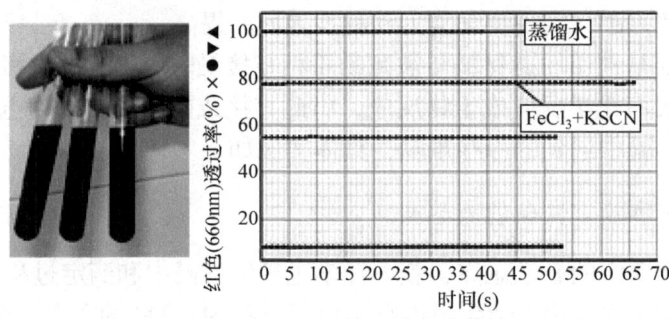

图 6-15 透光率随时间变化曲线

思考与练习

一、简答题
1. 简述化学课程资源的类型及特点。
2. 简述化学课程资源开发的特性及原则。
3. 简述微课制作的一般步骤。
4. 传感器技术在中学化学教学中的应用有哪些？试举至少 3 个例子。

二、论述题
结合所学内容并查阅相关文献，试论述信息化课程资源在化学教育中的应用及重要意义。

三、操作题
1. 试用 ChemDraw 软件绘制甲烷的结构式。
2. 试用 Chem3D 软件绘制 4-甲基-2-戊醇的球棍模型。
3. 自选中学化学课本中某一教学知识点，制作一个相关微课。

主要参考文献

毕华林. 2006. 走向生本的教科书设计研究[D]. 济南: 山东师范大学.
毕华林, 等. 2003. 化学新教材开发与使用[M]. 北京: 高等教育出版社.
毕华林, 刘冰. 2001. 化学教科书的功能与结构[J]. 化学教育, (12): 5-8, 12.
毕华林, 亓英丽. 2005. 高中化学新课程教学论[M]. 北京: 高等教育出版社.
蔡桂真. 2011. 试论综合课程的心理学基础[J]. 教育探索, (03): 14-15.
陈琦, 刘儒德. 2011. 教育心理学[M]. 北京: 高等教育出版社.
陈水夫. 2010. 高中化学新课程标准的学习与解读[J]. 化学教与学, (09): 52-53.
陈侠. 1985. 中国大百科全书·教育卷[M]. 北京: 中国大百科全书出版社.
陈英和. 1996. 认知发展心理学[M]. 杭州: 浙江人民出版社.
丛立新. 2000. 课程论理论基础的心理学转向——从学习心理学到发展心理学[J]. 北京师范大学学报(人文社会科学版), (04): 25-31.
崔允漷. 2001. 国家课程标准与框架的解读[J]. 全球教育展望, (08): 4-9.
崔允漷, 沈兰华. 2000. 澳大利亚维多利亚州《课程标准框架》述评[J]. 外国教育资料, (01): 32-35.
代蕊华. 2001. 高校办学的质量、效益与成本[J]. 高等师范教育研究, (05): 18-22.
邓菲, 胡兴昌. 科学教育专业数字化课程资源的开发与利用[A]. 中国教育学会科学教育分会大学工作委员会.
邓阳, 王后雄. 2012. 义务教育化学课程标准的完善: 从理想到务实[J]. 化学教学, (08): 8-11.
丁念金. 2007. 课程论[M]. 福州: 福建教育出版社.
董宝平. 2014. 试谈化学学科特色与提高化学课堂教学质量的策略[J]. 中学化学, (02): 6-7.
付靖雯. 2011. 三套高中化学新教材(必修模块)内容属性的比较[D]. 重庆: 西南大学.
傅梅芳. 2002. 论教育目标的科学化[J]. 宁波大学学报(教育科学版), (03): 6-9.
高剑南. 2003. 试论化学学科特色[J]. 化学教学, (10): 1-3.
高剑南, 王祖浩. 2001. 化学教育展望[M]. 上海: 华东师范大学出版社.
高凌飚. 2006. 普通高中学生学业评价体系的重构[J]. 华南师范大学学报(社会科学版), (03): 98-102, 160.
高凌飚. 2007. 教材评价维度与标准[J]. 教育发展研究, (12): 8-12.
高文. 2000. 现代教学的模式化研究[M]. 上海: 上海教育出版社.
高妍. 2005. 中学化学教科书内容呈现方式的人性化研究[D]. 长春: 东北师范大学.
顾明远. 1990. 教育大辞典: 教育学、课程和各科教学卷[M]. 上海: 上海教育出版社.
顾明远. 1998. 教育大辞典(增订合编本)[M]. 上海: 上海教育出版社.
韩和鸣. 2006. 课程目标问题探讨[J]. 教育理论与实践, (01): 62-64.
郝倩. 2011. 对澳洲高中化学教材《化学2》的分析研究[D]. 济南: 山东师范大学.
侯晓明. 2011. 我国现行中小学教科书制度研究[D]. 武汉: 武汉大学.
胡铁生. 2011. "微课": 区域教育信息资源发展的新趋势[J]. 电化教育研究, (10): 61-65.
胡新星. 2015. 我国"慕课"发展研究[D]. 长春: 吉林大学.
胡学增. 1998. 现代课程论纲要[M]. 西安: 陕西人民教育出版社.
化学课程标准研制组. 2004. 普通高中化学课程标准解读[M]. 武汉: 湖北教育出版社.
怀章翠. 2009. 回顾与展望: 课程目标的价值取向[J]. 江苏教育研究, (16): 30-33.
黄甫全. 1998. 现代教学论学程[M]. 北京: 教育科学出版社.
黄梅兰. 2008. 高中新课程化学实验教学的研究[D]. 福州: 福建师范大学.
黄绪田. 2003. 化学新教材使用中教师应树立的几种意识[J]. 山东教育, (Z5): 53.
黄志雄. 2007. 新加坡初中课程设置的特点及其启示[J]. 武汉市教育科学研究院学报, (02): 141-144.
霍信信. 2013. 三版本初中化学教科书的比较分析及实际应用[D]. 呼和浩特: 内蒙古师范大学.
姜勇, 蒋凯. 2001. 后现代主义视点下的课程编制问题[J]. 比较教育研究, (08): 1-5.
蒋良. 2003. 略谈《普通高中化学课程标准(实验)》的特点[J]. 课程·教材·教法, (11): 19-23.

蒋良. 2005. 从人文教育视角解析普通高中化学课程标准[J]. 基础教育课程, (04): 41-45.
蒋少娟. 2011. 中国与澳大利亚两套高中化学教材的比较研究[D]. 长春: 东北师范大学.
教育部基础教育司, 教育部师范教育司. 2004. 化学课程标准研修[M]. 北京: 高等教育出版社.
金仙香. 2015. 中韩高中化学教科书中 STSE 内容的比较[D]. 延吉: 延边大学.
靳玉乐. 1995. 现代课程论[M]. 重庆: 西南大学出版社.
凯洛夫. 1953. 教育学[M]. 北京: 人民教育出版社.
克拉耶夫斯基. 1989. 普通中等教育内容的理论基础[M]. 金世柏等译. 北京: 人民教育出版社.
拉尔夫·泰勒. 1981. 课程与教学的基本原理[M]. 黄炳煌编译. 台北: 桂冠图书有限公司.
莱斯利·P.斯特弗, 等. 2003. 教育中的建构主义[M]. 高文等译. 上海: 华东师范大学出版社.
李臣之. 2001. 课程实施: 意义与本质[J]. 课程·教材·教法, (09): 13-17.
李春玲. 2014. 多样化实验教学拓展实验教育功能的研究与实践[J]. 中学化学, (04): 5-6.
李军. 2012. 在继承中创新 在变化中发展——新旧义务教育阶段化学课程标准之比较与思考[J]. 化学教与学, (10): 2-5, 90.
李俊. 2000. 科学课程内容的研制[J]. 课程·教材·教法, (01): 9-12.
李南方, 王祖浩. 2009. "精英教育"的化学课程内容及评价方案改革——2008 新加坡 GCE 化学 A 水平考试大纲解析[J]. 化学教育, 30(02): 12-16.
李青, 王涛. 2012. MOOC: 一种基于连通主义的巨型开放课程模式[J]. 中国远程教育, (5): 30-36.
李岩, 解月光. 2008. 关于高校数字化课程资源应用问题的思考与对策[J]. 中国电化教育, (08): 65-68.
李媛. 2014. 新课程下高中化学教材中的习题编选特点比较研究[D]. 成都: 四川师范大学.
廖哲勋. 1991. 课程学[M]. 武汉: 华中师范大学出版社.
廖哲勋, 田慧生. 2003. 课程新论[M]. 北京: 教育科学出版社.
林崇德. 1995. 发展心理学[M]. 北京: 人民教育出版社.
刘本全. 2004. 我国初中化学教材实验部分变革探析[J]. 化学教学, (Z1): 42-45.
刘芬芬. 2013. 三种工具软件在化学教学中的应用探究[D]. 西安: 陕西师范大学.
刘继和. 2005. "教材"概念的解析及其重建[J]. 全球教育展望, 34(02): 47-50, 23.
刘继和. 2010. 解读日本新订高中化学科目: 性质、目标、内容及特点[J]. 全球教育展望, 39(11): 81-84, 64.
刘继和, 代续宝. 2007. 德国后期中等教育完全中学化学课程及化学考试标准述评[J]. 化学教育, (12): 14-16.
刘克文. 2003. 英国的中学化学课程改革与发展[J]. 外国中小学教育, (03): 32-36.
刘知新. 2009. 化学教学论[M]. 北京: 高等教育出版社.
刘知新, 王祖浩. 1996. 化学教学系统论[M]. 南宁: 广西教育出版社.
刘志军. 2007. 课程评价的现状、问题与展望[J]. 课程·教材·教法, (01):3-12.
罗江华. 2008. 教育资源数字化的价值取向研究[D]. 重庆: 西南大学.
美国国家研究理事会. 1999. 美国国家科学教育标准[M]. 戢守志等译. 北京: 科学技术文献出版社.
齐腾烈, 山本隆一, 等. 2012. 化学 I 018[M]. 日本大阪: 新兴出版社启林馆.
乔国才. 2002. 义务教育化学教材的改革——人教版《义务教育课程标准实验教科书·化学(九年级下册)》的特点[J]. 课程·教材·教法, (04): 43-46.
邱细荣, 刘家访. 2008. 课程目标与教学目标辨[J]. 教育导刊, (07):30-33, 50.
日本河合塾学校. 2009. 高等学校新学习指导要领分析[G]. http//www.kawai-juku.ac.jp/kawaijuku/analysis, Guideline November 2009: 3-9.
日本文部省. 高等学校学习指导要领[M]. 日本东京: 国立印刷局[EB/OL]. http://www.mext.go.jp /a menu/ shotou /cs /1320144. htm.
日本文部省. 中学校学习指导要领[M]. 日本东京: 国立印刷局[EB/OL]. http://www.mext.go.jp/a menu/ shotou/cs/1320061. htm.
荣维东. 2009. 课程标准基本问题探析[J]. 教育发展研究, 29(02): 71-74.
邵瑞珍. 1997. 教育心理学(修订本)[M]. 上海: 上海教育出版社.
申艳梅. 2007. 课程设计实践教学中学生综合能力的培养[J]. 河南教育(高校版), (08): 67-68.

沈继伟. 2016. 慕课"课程资源"体系的探讨与研究[J]. 中国市场, (28): 210-211.
沈兰. 2000. 关于制订课程标准的建议——兼评《加拿大安省数学课程标准(1~9年级)》[J]. 外国教育资料, (05): 21-24, 14.
施良方. 1994. 学习论[M]. 北京: 人民教育出版社.
施良方. 1996. 课程理论——课程的基础、原理与问题[M]. 北京: 教育科学出版社.
宋仙花. 2008. 中韩高中化学教科书比较研究[D]. 延吉: 延边大学.
苏鸿. 2003. 基础教育课程改革与学校文化重建[J]. 课程·教材·教法, (07): 10-14.
苏鸿. 2003. 论中小学教材结构的建构[J]. 课程·教材·教法, (02): 9-13.
孙建明, 王后雄. 2014. 基于学科思想方法整合的高考化学命题研究[J]. 课程·教材·教法, 34(03):67-72.
孙天山. 2005. 学习《普通高中化学课程标准》提升化学教育理念[J]. 化学教育, (02): 16-18, 44.
孙小媛, 郑长龙. 2005. 化学教学内容含义辨析[J]. 中学化学教学参考, (06): 5-7.
太田次郎, 山崎和夫, 等. 2011. 理科综合A016[M]. 日本大阪: 新兴出版社启林馆.
唐丽玲. 2006. 新课标三种高中化学教科书栏目设计特点及利用策略的研究[D]. 武汉: 华中师范大学.
汪霞. 2003. 课程开发的过程模式及其评价[J]. 外国教育研究, (04):60-64.
汪霞. 2007. 课程理论与课程改革[M]. 合肥: 安徽教育出版社.
王道俊, 郭文安. 2009. 教育学[M]. 北京: 人民教育出版社.
王道俊, 王汉澜. 1989. 教育学[M].. 北京: 人民教育出版社.
王后雄. 2012. 化学课程与教学论[M]. 武汉: 华中师范大学出版社.
王继新, 张屹. 2008. 远程教育原理与技术[M]. 北京: 北京师范大学出版社.
王佳, 吴星, 吕琳, 等. 2009. 中澳高中化学课程标准比较[J]. 化学教育, 30(08): 15-17.
王军翔. 2004. 对《普通高中化学课程标准》的理论探析[J]. 陕西师范大学继续教育学报, (04): 111-114.
王磊. 2007. 理解与实践高中化学新课程[M]. 北京: 高等教育出版社.
王磊. 2010. 基础化学教育课程改革10年进展与反思(上)[J]. 化学教育, 31(04): 15-21.
王磊, 毕华林. 2003. 关于《全日制义务教育化学课程标准(实验稿)》的释疑[J]. 化学教育, (01): 9-13.
王磊, 黄鸣春, 王维臻, 等. 2013. 从国际比较的视角来看高中化学课程标准的稳定性和趋势性[J]. 全球教育展望, 42(11): 98-109.
王磊, 刘东方. 2011. 中考化学试卷探究题的评价内容与水平要求设置研究——基于与义务教育化学课程标准的一致性分析[J]. 基础教育课程, (03): 76-80.
王林昌. 2007. 新加坡教育体系的特色及利弊分析[J]. 河北工程大学学报(社会科学版), (02): 87-91.
王钦忠. 2012. 《义务教育化学课程标准(2011年版)》的变化与分析[J]. 北京教育学院学报(自然科学版), 7(01): 26-29.
王世存, 王后雄. 2012. 《义务教育化学课程标准(2011年版)》解析[J]. 中小学管理, (04): 23-28.
王秀忠. 2006. 高中化学新教材内容呈现方式的比较研究[D]. 济南: 山东师范大学.
王旭达, 黄辉桃. 2012. 传感器在化学教学中的应用[J]. 教学仪器与实验, (9): 23-24.
王亚平, 张凌, 王小平. 2013. 医学计量数字化课程资源建设初探[J]. 实验室研究与探索, 11: 171-173.
王艺璇. 2009. 上海与新加坡高中生物课程标准比较研究[D]. 上海: 华东师范大学.
王祖浩. 2000. 义务教育初中化学教学大纲修订的若干问题[J]. 化学教育, (11):4-7.
王祖浩. 2012. 化学课程标准修订: 依据和视角[J]. 基础教育课程, (Z1): 76-81.
王祖浩. 2013. 对我国高中化学课程标准实施和修订的审视[J]. 基础教育课程, (Z1): 57-66.
魏志防, 陈智彬, 吉成国, 等. 2004. 韩国高中化学课程的特点[J]. 化学教育, (12): 14-16.
魏壮伟. 2011. 化学课程标准对化学教师的价值[J]. 教育理论与实践, 31(26): 36-37.
吴国盛. 2007. 什么是科学[J]. 博览群书, (10):28-31.
吴也显. 1991. 教学论新编[M]. 北京: 教育科学出版社.
夏泉. 2010. 新课程化学教材的使用策略探析——以苏教版教材为例[J]. 新课程(教研), (05): 23.
解廷江. 2005. 中学化学新课程发展性学生评价研究与实践[D]. 济南: 山东师范大学.
徐继存, 海银标. 2010. 课程与教学论[M]. 济南: 山东人民出版社.

徐卫东. 2015. 图表在化学教科书中的角色[J]. 中学教学参考, (26): 70-71.
徐新峰. 2010. 人教版初中化学新教材中所选实验的特点[J]. 中学化学教学参考, (11): 28-29.
徐燕. 2014. 不同版本初中化学教材中"学生实验"的比较研究[D]. 贵阳: 贵州师范大学.
许明, 胡晓莺. 2002. 美国基础教育课程标准述评[J]. 教育研究, (03): 78-83.
闫蒙钢. 2006. 中学化学课程改革概论[M]. 合肥: 安徽人民教育出版社.
杨承印. 2011. 中学化学教学研究与教学设计[M]. 西安: 陕西师范大学出版社.
杨明全. 2010. 课程概论[M]. 北京: 北京师范大学出版社.
杨明全. 2012. 世界著名教育家思想家——泰勒[M]. 北京: 北京师范大学出版社.
杨天平. 2004. 学科概念的沿演与指谓[J]. 大学教育科学, (01):13-15.
阴国恩, 李洪玉, 李幼穗. 1998. 非智力因素及其培养[M]. 杭州: 浙江人民出版社.
游永恒. 2004. 重新思考我们的教育目的[J]. 清华大学教育研究, (02):35-40, 45.
袁爱建. 2010. 初中化学教师应科学使用化学新教材[J]. 教师, (04): 17.
曾涛, 肖伯灵, 王祖浩, 等. 2009. 俄罗斯中等教育化学课程标准述评[J]. 中学化学教学参考, (10): 58-59.
曾天山. 1998. 国外关于教科书功能论争的述评[J]. 西南师范大学学报(哲学社会科学版), (02): 57-62.
张春兴. 1998. 教育心理学[M]. 杭州: 浙江教育出版社.
张凡迪. 2003. 高校学生评价教师教学质量的维度结构研究[J]. 辽宁教育研究, (03): 59-60.
张华. 2001. 课程与教学论[M]. 上海: 上海教育出版社.
张怀志. 2011. 人教版新课标高中化学必修教材分析研究[D]. 重庆: 西南大学.
张念宠. 1988. 教育学词典[M]. 重庆: 西南师范大学出版社.
张荣伟. 2010. 我国基础教育"十年课改"的反思[J]. 课程·教材·教法, 30(12): 3-10.
张文新. 1999. 儿童社会性发展[M]. 北京: 北京师范大学出版社.
赵盼. 2016. 慕课学术资源利用现状、问题及发展对策[J]. 新闻研究导刊, 7(17): 280-281.
赵爽. 2015. 高中化学实验校本课程开发研究——以开发区八中化学实验校本课程为例[D]. 大连: 辽宁师范大学.
赵彦改. 2002. 论化学课程评价的取向[J]. 菏泽师专学报, (04): 68-70, 79.
郑长虹. 2011. 略谈新加坡的教育制度[J]. 读与写(教育教学刊), 8(02): 74, 93.
郑长龙. 2003. 课程标准与教学大纲对比研究·初中化学[M]. 长春: 东北师范大学出版社.
郑小军, 王屹. 2003. 化学工具软件及其在教育中的应用[J]. 化学通报, 08: 553-559.
《中国大百科全书》编辑委员会. 1976. 中国大百科全书(教育)[M]. 北京: 中国大百科全书出版社.
《中国大百科全书》编辑委员会. 1985. 中国大百科全书(教育)[M]. 北京: 中国大百科全书出版社.
中国教育学会科学教育分会大学工作委员会. 2009. 第五届全国科学教育专业与学科建设研讨会会议论文集[C].
中华人民共和国教育部. 2012. 义务教育化学课程标准(2011年版)[S]. 北京: 北京师范大学出版社.
钟奇峰. 2007. 新加坡的精英教育制度[J]. 国际资料信息, (03): 29-31.
钟启泉. 1986. 现代教育学基础[M]. 上海: 上海教育出版社.
钟启泉. 1989. 现代课程论[M]. 上海: 上海教育出版社.
钟启泉. 2010. 打造教师的一双慧眼——谈"三维目标"教学的研究[J]. 上海教育科研, (02): 4-7.
钟启泉, 崔允漷, 张华. 2001. 为了中华民族的复兴, 为了每位学生的发展:《基础教育课程改革纲要(实行)》解读[M]. 上海: 华东师范大学出版社.
周后聪. 2014. 英国 CIE A-level 化学教材与人教版高中化学教材的比较研究[D]. 北京: 首都师范大学.
周青. 2010. 化学学习论[M]. 北京: 科学出版社.
周青, 张惠. 2010. 澳大利亚维多利亚州高中化学新课程标准评介[J]. 化学教育, 31(11): 9-12.
周士林. 1985. 世界教科书概况[J]. 教材通讯, (06): 28-29.
朱慕菊. 2002.《走进新课程——与课程实施者对话》[M]. 北京: 北京师范大学出版社.
Heyworth R M, Briggs J G R. 2007. Chemistry Insights 'O' Level[M]. Singapore: Pearson Education South Aisa Ltd.
Hunt A. 2004. Longman GCSE Chemistry [M]. London: Longman Group UK Limited.

Marsh C J, Willis G. 1999. Curriculum: Alternative Approaches, Ongoing Issues. 2nd ed. New Jersey: Prentice- Hall, Inc.

Norris R, Ryan L, Acaster D. 2011. Cambridge International AS and A Level Chemistry Coursebook[M]. Cambridge: Cambridge University Press.

Philips J. 2009. Chemistry: Concepts and Application[M]. Columbus: Glencoe/McGraw-Hill.

R. M. 加涅, 等. 2007. 教学设计原理[M]. 王小明等译. 上海: 华东师范大学出版社.

Texas Education Agency. Texas Essential Knowledge and Skills[EB/OL]. http: // www. Tea. state. Tx. us/ index2. aspx? id= 2147499971,2013-08-16.

Victorian Curriculum and Assessment Authority . 2005. Chemistry, Victorian Certificate of Education Study Design. Melbourne:Victorian Curriculum and Assessment Authority.